# CORRIDA DE AVENTURA

## A NATUREZA É NOSSO DESAFIO

CACO FONSECA

# CORRIDA DE AVENTURA
## A NATUREZA É NOSSO DESAFIO

Copyright © Caco Fonseca
Todos os direitos desta edição reservados à Editora Labrador.

COORDENAÇÃO EDITORIAL
Beatriz Simões Araujo

PROJETO GRÁFICO, DIAGRAMAÇÃO E CAPA
Caio Cardoso

REVISÃO
Fernanda Marcelino
Perfekta Soluções editoriais
Regina Helena M. Plascak

Dados Internacionais de Catalogação na Publicação (CIP)
Andreia de Almeida CRB-8/7889

Fonseca, Carlos Eduardo Ribeiro da
   Corrida de aventura : a natureza é nosso desafio / Carlos Eduardo Ribeiro da Fonseca. - São Paulo : Labrador, 2017.
   216 p.

ISBN 978-85-93058-14-1

1. Esportes 2. Esportes radicais 3. Aventura e aventureiros I. Título

17-0285                                            CDD 796.5

Índices para catálogo sistemático:
1. Esportes

**Editora Labrador**
Rua Dr. José Elias, 520 - sala 1 - Alto da Lapa
05083-030 - São Paulo - SP
Telefone: +55 (11) 3641-7446
Site: http://www.editoralabrador.com.br/
E-mail: contato@editoralabrador.com.br

A reprodução de qualquer parte desta obra é ilegal e configura uma apropriação indevida dos direitos intelectuais e patrimoniais do autor.

Dedico este livro aos meus pais, Antônio Carlos da Fonseca e Neide Ribeiro da Fonseca, pelo apoio que me dão sempre e pelos valores passados desde criança que resultaram nessa minha carreira de atleta de corrida de aventura.

À minha irmã, Tatiana Ribeiro da Fonseca, que me ensinou o significado de uma equipe/família.

Em memória de meu avô, Nuno Alvares, por todo apoio e telefonemas após as provas para saber se eu estava bem.

Dedico, especialmente, à minha esposa, Fernanda Bredariol Velhote. Fiz alguns testes para saber se suportava ficar no meu lado... quase a congelei em uma expedição nos Andes, quase morremos de sede quando nos perdemos no Deserto do Atacama, quase fomos levados por uma enxurrada no Peru, entre muitos outros perrengues! Dedico muito este livro a ela, por ser meu oposto: me acelerar nos momentos certos, me acompanhar, me aconselhar e me apoiar nos momentos difíceis. Somos uma equipe!

Aos meus cachorros, que são muitos, Lola, Bella, Porthos, meu deficiente Athos e em memória de Bali, que sempre estão me esperando com a mesma intensidade de alegria e são meus companheiros nas trilhas.

# Sumário

9 **Prefácio**

11 **Apresentação**

13 **Introdução** | A corrida de aventura

27 **Capítulo 1** | Ecomotion Pro 2003

41 **Capítulo 2** | Desafio dos Vulcões 2006

57 **Capítulo 3** | Desafio dos Vulcões 2007

79 **Capítulo 4** | Abu Dhabi Adventure Challenge 2007

97 **Capítulo 5** | Brasil Wild 2008 - Corrida das fronteiras

107 **Capítulo 6** | Ecomotion Pro 2009

115 **Capítulo 7** | Patagonia Expedition Race 2011

137 **Capítulo 8** | Patagonia Expedition Race 2012

151 **Capítulo 9** | Costa Rica Adventure Race 2012

165 **Capítulo 10** | Raid in France 2012

177 **Capítulo 11** | Pantanal Pro 2015

189 **Capítulo 12** | XPD Australia 2016

209 **Glossário**

210 **Histórico de competições**

213 **Agradecimentos**

214 **Crédito das imagens**

215 **Sobre o autor**

# Prefácio

Os esportes de aventura e da natureza foram criados com base nas necessidades fundamentais de homens e mulheres que vivem neste século e em sociedades avançadas: o contato com a natureza, a descoberta e o conhecimento do nosso mundo, a vida em grupo, em tribo, em difíceis condições que permitiam demonstrar caráter e valores.

Além do desporto, a corrida de aventura permite uma abertura no mundo dos esportes permanentes e transversais. Dos permanentes, por seu respeito ao meio ambiente, pelo fato de unir a graça de um corpo humano a uma prática sem violência, apesar de certo grau de exigência. Dos esportes transversais, visto que eles são praticados durante toda a vida e não somente em qualquer fase do ano, permitindo uma mescla de gerações e meio social.

Ao longo de 20 anos, os esportes da natureza percorreram diversos caminhos reunindo um grande número de praticantes e competidores, apesar de não ser um esporte da moda. Atletas profissionais são raros.

Esportes de aventura e da natureza são exemplos de valores que servem para ajudar a evolução da humanidade a ter um espírito de consciência, de cultura, de descobertas, de boa forma física... fazendo com que a humanidade evolua para uma boa direção. Que ambição!

Este livro não é apenas interessante, é bastante útil e indica um caminho a ser seguido.

**Gérard Fusil**
JORNALISTA FRANCÊS IDEALIZADOR, CRIADOR E ORGANIZADOR DA PRIMEIRA CORRIDA DE AVENTURA NO MUNDO, O RAID GALOUISES (1989).

# Apresentação

O que leva um grupo de pessoas a passar voluntariamente pelas mais adversas situações, tanto físicas quanto psicológicas, enfrentando as intempéries do meio ambiente e desafiando seus limites pessoais?

## O QUE SERÁ QUE ESSAS PESSOAS BUSCAM?

Se pararmos para analisar um pouco a vida de qualquer pessoa, será que não encontraremos situações muito semelhantes em seu dia a dia? Será que, mesmo não nos encontrando em meio à natureza selvagem, não enfrentamos os mais variados e intensos tipos de desafio testando nossos limites e capacidades o tempo inteiro?

## PROBLEMA OU SOLUÇÃO?

Tanto no âmbito profissional quanto no familiar, social ou em qualquer outro, quem de nós não enfrenta dificuldades? Quem vive esperando uma vida sem obstáculos ou problemas é simplesmente um sonhador mergulhado numa esperança vã, vivendo uma vida amorfa e sem perspectivas. Vida é sinônimo de desafios, problemas e obstáculos que somente deveriam servir para nos tornar mais fortes e maduros.

E aqueles que dão as boas-vindas aos desafios e usam cada momento para sua transformação e evolução são os que terão êxito em qualquer empreendimento.

Conscientemente ou não, essas pessoas que praticam corrida de aventura têm uma sede de superação de obstáculos, de solução de problemas e a firme determinação de atingir suas metas. Essa determinação interior provavelmente significa também uma atitude positiva e proativa em outros aspectos da vida.

## QUEM É MINHA EQUIPE?

Além das dificuldades de ambiente, físicas e psicológicas, um fator muito delicado numa corrida de aventura é o convívio em grupo, que nessas situações adversas se torna muito mais difícil, requerendo a harmonia sem a qual a equipe não consegue progredir. Também sabemos que, independentemente de nosso estilo de vida no mundo, o tempo inteiro temos de conviver em equipe, seja essa equipe a família, as pessoas mais próximas, os companheiros de trabalho, seja até mesmo todos os seres vivos, e sem essa convivência equilibrada e harmoniosa não há progresso. Tolerância, sacrifício das necessidades pessoais por um bem coletivo, olhar para o outro mais do que para si próprio, consciência da interdependência entre todos, tudo isso exige que tenhamos sempre em mira uma meta comum. Não viveríamos num mundo melhor se mais pessoas buscassem essa atitude diária na convivência com os outros? Não estamos todos, sem exceção, tentando atingir o mesmo propósito, que é viver feliz e em paz?

## ONDE QUERO CHEGAR?

Um fator muito importante numa competição dessa natureza é o foco na meta. O grau de dificuldade para superação dos obstáculos irá depender da vontade e determinação de atingir o objetivo proposto, que é a linha de chegada. Se tenho essa meta vibrante à minha frente o tempo inteiro, dificilmente um obstáculo poderá me impedir de atingir o objetivo. Mas, se me esqueço da meta e somente analiso os altos e baixos do percurso, provavelmente não irei muito longe.

Da mesma maneira, pessoas com uma meta clara na vida progridem muito mais rápido e, a partir de então, usam cada passo, cada decisão, cada momento da existência para alcançar seus objetivos, em vez de se desviar deles.

## QUEM SÃO ESSAS PESSOAS?

São aquelas de força interior admirável, certamente não movidas a entrar nesses desafios tão somente por razões financeiras ou em busca de fama e *status*, mas principalmente para dar vazão à sua natureza heroica, refletindo um desejo interno de superação, de transformação e de vitória sobre os obstáculos interiores e também aqueles oferecidos pelo mundo.

E que essa postura exemplar de força, coragem, tolerância, união e determinação possa influenciar cada vez mais pessoas a encarar a vida dessa maneira. Com certeza, a contribuição desse esporte não se restringe ao meio esportivo, também se estendendo à formação de seres humanos melhores, mais equilibrados e prontos para a grande corrida de aventura que é a vida.

E que este livro, elaborado por um grande atleta e um ser humano de valores, que pratica, ensina e respira corridas de aventura, possa trazer motivação e inspiração a todos que o tiverem em mãos.

**Swami Ishwarananda Giri**
MONGE KRIYA, EX-CAPITÃO EQUIPE SELVA

# Introdução
# A corrida de aventura

Wladimir Togumi

A corrida de aventura é um evento multidisciplinar, realizado em equipes, envolvendo modalidades de esportes de aventura. Em geral, é realizada em ambiente *outdoor* e tem como característica uma complexa logística, tanto para a organização dos eventos como para a formação e preparação das equipes de atletas.

É um esporte com alta exigência de preparo físico e psicológico, além do grande senso de trabalho em grupo. Quem se arrisca nessa modalidade esportiva deverá estar ciente de que enfrentará muitas dificuldades e diversos imprevistos.

O objetivo da corrida de aventura é ser a primeira equipe completa, composta de quatro integrantes, a cruzar a linha de chegada, depois de cumprir todos os percursos. São as modalidades mais comuns: orientação, *trekking*, *mountain biking*, canoagem e técnicas verticais, além de outras que já foram inclusas, como patinação, paraquedismo, vela, corrida com camelos, costeira e cavalgada.

Existem diferentes formatos, desde o *triathlon off road* até a expedição com 15 dias de duração. O percurso direciona os competidores a locais remotos e selvagens onde devem ser autossuficientes. Para vencer, cada equipe deve ter uma boa estratégia e determinar a melhor escolha de rota, equipamento, alimentação e ritmo.

Ao longo do percurso são montados postos de controle (PCs), locais de passagem obrigatória, onde as equipes são informadas do caminho correto e, assim, a organização consegue ter o controle exato sobre a localização das equipes. Os

PCs são numerados e devem ser encontrados na ordem correta. Caso a equipe não encontre um dos PCs, estará automaticamente desclassificada da prova.

Em alguns PCs determinados pela organização, as equipes trocam de modalidade. Neste caso, o PC passa a ser conhecido como áreas de transição (ATs). Caso seja permitido, neste local, as equipes terão contato com seu time de apoio ou suas caixas de reabastecimento, podendo trocar o equipamento, se alimentar e dormir, se for necessário!

## TIPOS DE PROVA

Basicamente as provas de corrida de aventura dividem-se em:

- **Expedição –** é o formato de prova que mantém o conceito da "verdadeira" corrida de aventura, com equipes formadas por quatro integrantes, sendo um do sexo oposto, percurso de aproximadamente 400 quilômetros, com mais de três dias de duração, sem paradas obrigatórias e autossuficiência durante a maior parte do percurso. A prova mais longa realizada até hoje foi o Raid Gauloises Vietnã, em 2002, com um percurso de 1.000 quilômetros.
  Exemplos: EMA, *Ecomotion Pro*, *Brasil Wild Extreme*.

- **Estágios –** é uma variação da corrida de aventura tipo expedição. A grande diferença é que essa corrida possui largada e chegada diariamente, obrigando os atletas a fazer paradas durante a noite. Não há privação do sono, mas, por outro lado, torna a prova mais rápida. As provas em estágio não acontecem, necessariamente, durante o dia. A organização pode incluir etapas noturnas, oferecendo a oportunidade de as equipes enfrentarem a escuridão e a privação do sono.
  Exemplos: antigo RioEco, Abu Dhabi.

- **Médias ou de fim de semana –** tem duração de 24 a 40 horas. Os participantes passam a experimentar a privação noturna de sono, o que lhe dá uma pequena amostra do que seria participar de uma corrida expedicionária. Além das modalidades básicas da corrida de aventura, a organização inclui outras específicas, como patinação, costeira, escalada, entre outras. Os atletas mais experientes utilizam esse tipo de prova como treino para as provas mais longas.
  Exemplos: Brasil *Wild*, Expedição Chauás.

- **Curtas –** tem duração de 4 a 8 horas e é a porta de entrada para novos corredores de aventura, pois exige menor investimento em tempo e dinheiro. A corrida curta, geralmente, exige habilidades básicas para as principais modalidades: *trekking*, canoagem, *mountain biking* e técnicas verticais simples, como rapel.
  Exemplos: *Adventure Camp*, EMA Series.

Além dessas principais características, atualmente, existem provas que permitem a participação de atletas em duplas masculinas, duplas femininas, duplas mistas ou categoria solo (podendo ser realizada individualmente).

## CORRIDA DE AVENTURA PELO MUNDO E NO BRASIL

Como a maioria dos esportes de *endurance*, a corrida de aventura surgiu da busca incessante do homem por uma atividade que levasse o corpo humano ao limite extremo.

Nos anos 1970, impulsionado pelo teste físico criado pelo médico Kenneth Cooper e pela recomendação da prática da corrida para a melhora da qualidade de vida, a maratona tornou-se o primeiro grande teste de resistência do corpo humano. Anos depois, os 42 quilômetros de corrida não tinham mais o mesmo apelo, e a partir de uma conversa entre amigos para saber quem seria o melhor entre um corredor, um nadador e um ciclista, surgiu o *Ironman*, por isso, a década de 1980 foi marcada e dominada pelo *triathlon*.

Nesta mesma época, os neozelandeses criaram o que seriam os primeiros eventos de aventura, e com a ideia de fazer uma prova multiesportiva ligada à natureza criaram o *Alpine Ironman* e, em seguida, o *Coast to Coast*, evento que rapidamente se tornou popular e continua sendo realizado anualmente na Nova Zelândia. O Coast to Coast é composto de 36 quilômetros de corrida em montanha/*trekking*, 67 quilômetros de canoagem e 140 quilômetros de *mountain biking*, cruzando toda a ilha sul da Nova Zelândia, com largada em Kumara Beach, no mar da Tasmânia, e chegada em *Summer Beach*, no oceano Pacífico. Em seguida, os americanos lançaram o *Alaska Mountain Wilderness Classic*, com a primeira edição realizada em 1983.

Gérard Fusil, um grande jornalista francês responsável pela cobertura de grandes eventos esportivos, como o *Rally* Paris-Dakar e a regata *Whitbread*, teve durante algumas de suas viagens a ideia de juntar alguns dos principais elementos desses grandes eventos para a criação de um novo esporte. Enquanto viajava pela Patagônia e Terra do Fogo, Fusil começou a desenhar o que seria o *Raid Gauloises*, considerada por muitos a primeira corrida de aventura do mundo. Seu conceito foi montado como se os integrantes da equipe fizessem parte de uma tribo indígena, Alakaluf, localizada no extremo sul do Chile, que deveria escapar dos colonizadores espanhóis atravessando montanhas, utilizando canoas e meios de transporte não motorizados para ter sucesso na fuga.

Seguindo seus conceitos, Fusil determinou que a corrida de aventura deveria ter o formato de expedição e percorrer longas distâncias, sendo as equipes autossuficientes na maior parte do percurso. Nelly, esposa de Fusil, veio com a proposta dos PCs, locais de passagem obrigatória que registraria a localização das equipes e das áreas de transição, onde, também, as equipes trocariam de modalidade e poderiam receber ajuda externa para troca de roupa e alimentação.

A principal ideia era não haver caminhos demarcados, pois os participantes deveriam se localizar utilizando somente mapas topográficos e bússolas. Além desses diferenciais, em relação aos outros eventos multiesportivos já existentes, os participantes teriam um desafio ainda maior: completar o percurso em equipe, com a presença obrigatória de pelo menos um integrante do sexo oposto, mudando radicalmente a dinâmica das competições realizadas até então. Para determinar o número de atletas em cada equipe, Fusil decidiu que deveria ser ímpar e que fosse um número suficiente para garantir a segurança dos atletas ao longo do caminho. Assim, as primeiras edições do *Raid Gauloises*, realizadas na Nova Zelândia, Costa Rica e Nova Caledônia, contaram com equipes compostas de cinco integrantes. No decorrer do tempo, em razão da utilização de modalidades realizadas em duplas, como a inclusão do caiaque oceânico nas etapas de canoagem, foi necessária a formação de quatro integrantes, mantendo-se assim até os dias atuais.

O primeiro *Raid Gauloises* teve a participação de 35 equipes, na Nova Zelândia, em 1989, e foi visto como o maior teste de resistência física humana já realizado. Em pouco tempo, essa modalidade se tornou um sucesso, passando a ser organizada a cada ano em um país diferente, com exceção nos anos 1996, 1999 e 2001 em que a prova não foi realizada.

Além dos esportes tradicionais que hoje fazem parte de qualquer corrida de aventura, como orientação, *trekking*, *mountain biking* e canoagem, a organização do *Raid Gauloises* utilizou, em cada prova, esportes "não comuns", como *canyoning*, iatismo, exploração de cavernas, escalada em rocha, paraquedismo, montaria em camelo e até mesmo voo livre.

Em 1998, Gerard Fusil deixou a organização do *Raid Gauloises* para montar um evento que trouxesse de volta as raízes do esporte, buscando maior aproximação dos atletas com a natureza e com as comunidades locais. Para isso, ele criou a obrigatoriedade de um projeto social ou cultural no país anfitrião.

**TABELA 1.** PAÍSES QUE SEDIARAM O *RAID GAULOISES*.

| ANO | PAÍS |
|---|---|
| 1989 | Nova Zelânida |
| 1990 | Costa Rica |
| 1991 | Nova Caledônia |
| 1992 | Omã |
| 1993 | Madagascar |
| 1994 | Bornéo |
| 1995 | Argentina (Patagônia) |
| 1996 | Não realizado |
| 1997 | África do Sul |
| 1998 | Equador |
| 1999 | Não realizado |
| 2000 | Himalaia |
| 2001 | Não realizado |
| 2002 | Vietnã |
| 2003 | Quirquistão |

Em 1999, Gerard Fusil montou nas Filipinas a primeira edição do *Elf Authentic Adventure*, com largada em Catarman. As 40 equipes inscritas atravessaram o interior da ilha de Samar durante duas semanas até chegarem em Tacloban Leyte. Fizeram parte dessa prova as modalidades de orientação, vela, canoagem oceânica, *mountain biking*, expedição em caverna, natação, escalada e cavalgada. No ano seguinte, o Brasil, país que ainda engatinhava no esporte, recebia a segunda edição do *Elf Authentic Adventure*, na Região Nordeste.

Trinta equipes largaram da cidade de Camocin, no Ceará, para chegar em São José de Ribamar, no Maranhão. A equipe Pharmanex-Spie foi a primeira a completar os 847 quilômetros do percurso em 12 dias distribuídos nas modalidades de canoagem oceânica, vela, *mountain biking*, *trekking*, cavalgada, escalada, rapel e natação. Na manhã seguinte, a equipe brasileira Reebok-Endurance, composta dos atletas Said Aiach Neto, Carmen da Silva, Fabrizio Giovannini e Luiz Ishibe, venceu a categoria *Adventure* com um percurso de 808 quilômetros.

Nesse mesmo ano, a principal empresa patrocinadora do evento, *Elf Aquitaine*, foi comprada pelo grupo Total-Fina, e com as mudanças na estratégia de *marketing* e comunicação impostas pelos novos donos, a *Elf Authentic Adventure* deixou de ser realizada, apesar do grande retorno de mídia.

A partir de 2004, o *Raid Gauloises* passou a ser chamado *The Raid World Championship*, tendo como principal ideia organizar um circuito de provas de corrida de aventura ao redor do mundo para assim estabelecer uma equipe campeã mundial. Formou-se, então, o *The Raid World Cup*, realizado em apenas três edições: Argentina (2004), França/Itália/Suíça (2005) e Canadá (2006).

O espaço em branco deixado pelo *Raid Gauloises* permitiu que Geoff Hunt, guia neozelandês de *rafting*, criasse em 1991 a *Southern Traverse*, uma corrida de aventura que se tornou uma das provas mais tradicionais do mundo. Com o mesmo formato que a *Raid Gauloises*, a *Southern Traverse* ficou conhecida como a prova "neozelandesa de gente grande", em razão do alto nível das equipes locais que participavam. Uma curiosidade dessa prova é que ainda nenhuma equipe estrangeira a venceu, e as colocações mais próximas do primeiro lugar foram um segundo e um terceiro lugares no ano de 2000, conquistados por uma equipe da Finlândia e dos Estados Unidos, respectivamente.

Apesar do grande sucesso das corridas de aventura e o rápido crescimento do esporte nos países da Europa, na Austrália e na Nova Zelândia, seu público era predominantemente europeu e o esporte ainda era completamente desconhecido na América do Norte. Até que, em 1992, a corrida de aventura teve a participação da primeira equipe norte-americana, que tinha como líder o ex-militar britânico, Mark Burnett, que encontrou nas corridas de aventura uma grande oportunidade de *marketing*, unindo um esporte bastante exigente, de contato com a natureza e muitas histórias de sofrimento e vitória.

Após participar de duas edições do *Raid*, Burnett levou o esporte para os Estados Unidos, passando a organizar sua própria corrida de aventura, o *Eco-Challenge Expedition Race*, o evento de corrida de aventura mais conhecido no mundo. A principal novidade foi que o *Eco-Challenge* eliminou a equipe de apoio responsável por ajudar as equipes nas áreas de transição, fazendo com que os atletas fossem mais autossuficientes em todos os trechos da prova, sendo responsáveis pela montagem e desmontagem de seus equipamentos, preparação de comida, entre outros. A organização seria responsável somente pelo transporte da caixa de suprimentos em postos predeterminados.

A primeira edição do *Eco-Challenge* foi realizada em 1995, no estado de Utah, com 50 equipes participantes, sendo transmitida exclusivamente pelo canal de televisão aberto MTV norte-americana. Oficialmente, somente 20 equipes terminaram a prova, sendo Team Hewlett Packard a grande equipe campeã, concluindo o percurso de 595 quilômetros em 7 dias, 16 horas e 20 minutos. Porém o grande salto do *Eco-Challenge* ocorreu no ano seguinte, em 1996, quando a competição passou a ser transmitida pelo canal de televisão a cabo *Discovery Channel*, popularizando o esporte em todo o mundo.

**TABELA 2.** LOCAIS QUE SEDIARAM O *ECO-CHALLENGE*.

| ANO | LOCAL |
|---|---|
| 1995 | Utah |
| 1995 | New England |
| 1996 | British Columbia |
| 1997 | Austrália |
| 1998 | Marrocos |
| 1999 | Argentina |
| 2000 | Bornéo |
| 2001 | Nova Zelândia |

Em 2002, mesmo ano em que aconteceu nas ilhas Fiji a última edição do *Eco-Challenge*, foi realizado nos Estados Unidos a primeira edição do *Primal Quest*, uma corrida de aventura cuja premiação ainda chegou em torno de US$ 250.000,00. Assim, o *Primal Quest* se tornou um sucesso instantâneo.

Após sua quarta edição, realizada em 2006, no estado do Utah (em 2005 não houve corrida), a organização do evento divulgou que o *Primal Quest* deixaria de ser realizado somente nos Estados Unidos, passando a ser itinerante, tentando ocupar o espaço deixado pelo *Eco-Challenge*. Rumores sobre quais países poderiam sediar o evento começaram a correr, porém a ideia não foi concretizada, o *Primal Quest* continua sendo realizado somente em solo norte-americano.

**FIGURA 1.** LARGADA DA PRIMEIRA EXPEDIÇÃO MATA ATLÂNTICA (EMA).

Em 1997, o empresário Alexandre Freitas, envolvido na época no mercado financeiro, foi convidado por um de seus funcionários para participar de uma corrida de aventura realizada na Nova Zelândia, o *Southern Traverse*, e se apaixonou pelo esporte que oferecia um novo estilo de vida que integrava o homem à natureza.

Alexandre trouxe a corrida de aventura para o Brasil e passou a se dedicar quase exclusivamente a este novo projeto, criando a Sociedade Brasileira de Corridas de Aventura (SBCA), entidade responsável pela organização da primeira corrida de aventura brasileira, a Expedição Mata Atlântica (EMA). A primeira edição da EMA aconteceu em 1998, com 33 trios participantes e um percurso de aproximadamente 220 quilômetros montado no estado de São Paulo, com largada na cidade de Paraibuna e chegada à cidade litorânea de Ilhabela. Fizeram parte dessa prova as modalidades de orientação, *trekking*, *mountain biking* e canoagem em canoa canadense. A EMA teve como ganhadora uma equipe estrangeira, a New Zealand 13 (Nova Zelândia), que cruzou a linha de chegada após três dias de competição, seguida por uma equipe brasileira, Pedal Power/Can Airque, que finalizou a prova 6 horas e 20 minutos após a equipe campeã.

Nesse mesmo ano, o Brasil foi representado pela primeira vez no *Eco-Challenge*. Os mineiros da Brasil 500 anos estiveram presentes em Marrocos e conquistaram a 27ª colocação, de 55 equipes, atravessando 480 quilômetros entre a costa do Atlântico e as montanhas do Alto Atlas. Durante essa corrida, os atletas

**FIGURA 2.** LARGADA DA PRIMEIRA EMA.

**FIGURA 3.** ETAPA DE CANOAGEM CANADENSE – EMA.

utilizaram caiaques oceânicos e *mountain bikes*, nadaram com as mochilas nas costas, rapelaram inúmeras vezes, caminharam pelo deserto, montanhas e rios e pela primeira vez andaram em camelos. Pelas dificuldades daquele ano, o tempo limite para concluir a prova foi aumentado em mais um dia, passando para 11 dias e 12 horas.

A presença do Brasil no ano seguinte foi assegurada novamente, desta vez na prova realizada no Parque Nacional Nahuel Huapi, na Patagônia. A equipe Brasil 500 anos conquistou a 17ª colocação, e a *Brazil Adventure Team*, equipe de São Paulo, não conseguiu concluir a prova.

Em 1999, a EMA se deslocou do litoral norte para o litoral sul de São Paulo, passando a ter um percurso de 400 quilômetros a serem completados em cinco dias entre os municípios de Iporanga e Cananeia. As 33 equipes inscritas percorreram ininterruptamente os dias de prova orientando-se por cartas topográficas e bússola em terrenos inóspitos e acidentados da Mata Atlântica, praticando as modalidades de orientação, *trekking*, *mountain biking*, canoagem, caverna, rapel e boia *cross*. A equipe brasileira Quasar consagrou-se a grande campeã seguida das equipes Lontra e Pedal Power/Can Air, na categoria expedição.

A partir de então, o esporte começou a ganhar espaço na mídia e com a popularização das corridas de aventura no Brasil começaram a surgir eventos mais acessíveis e com menor duração, permitindo a participação no *Weekend Warriors*, nome dado pelos norte-americanos aos participantes que tinham pouco tempo e dinheiro para investir nas corridas de aventura mais longas.

No início de 2000, com o mercado em crescimento, dois circuitos foram lançados quase simultaneamente com o objetivo de trazer novos atletas e servir de treino para as equipes participantes da 3ª edição da EMA, única corrida de aventura realizada no Brasil até então. Foram eles, o Circuito EcoAventura, organizado por Mário Lopes, e o Circuito Brasileiro, organizado pela própria SBCA.

Nesse mesmo ano, o francês Laurent Maubré, que tinha em seu currículo uma vitória no *Raid Gauloises*, organizou a primeira edição do RioEco, uma corrida de aventura que trazia para o país um conceito diferente. O percurso, de aproximadamente 500 quilômetros, era realizado em etapas diárias e não de forma ininterrupta como acontecia tradicionalmente nas corridas de aventura. Todo dia havia uma largada e uma chegada, e os atletas podiam se alimentar e dormir nos acampamentos para a nova etapa do dia seguinte.

No final do ano de 2000, acontecia também o lançamento do *Ecomotion Circuit*, organizado pelo atleta Said Aiach Neto. O circuito era composto de três etapas com provas de aproximadamente 100 quilômetros e duração de dois dias e contou com a presença de 33 equipes na 1ª edição.

Em 2001, a EMA trocou novamente de local e seguiu para o norte do país, realizando sua 4ª edição na região da Amazônia, que passou a fazer parte do circuito mundial recém-criado, o *AR World Series*. Contando com 50 equipes participantes, a prova da Amazônia foi composta de 550 quilômetros de muita floresta, cerrados, campos naturais, pastos, praias fluviais e grandes rios com igarapés, em um tempo máximo para a realização de 140 horas. A equipe *Nokia Adventure* (Finlândia) foi a grande campeã, seguida pela equipe brasileira Lontra Radical e pela APN (Finlândia).

A tradição da EMA, sua inclusão em um circuito mundial e o apelo da realização da última etapa na Amazônia acabaram atraindo muitas equipes estrangeiras e isso fez com que o país entrasse em definitivo no mapa das corridas de aventura mundial.

Enquanto isso, no estado de São Paulo, o atleta Sérgio Zolino iniciava o *Adventure Camp*, uma clínica de corrida de aventura com cursos teóricos e práticos das principais modalidades, que se encerrava com uma minicorrida de aventura para colocar em prática os ensinamentos das técnicas aprendidas. O evento cresceu rapidamente e hoje é o maior circuito de corrida de aventura de curtas distâncias do Brasil. O *Adventure Camp* conta também com o *Adventure Kids*, em que há a participação de crianças e adolescentes entre 6 e 16 anos de idade.

Em 2002, a SBCA lançou a EMA *Series*, um circuito de três etapas de provas de curtas distâncias. Neste mesmo ano, Alexandre Freitas participou da 9ª edição do *Eco-Challenge*, nas ilhas Fiji, com a equipe EMA Brasil, completando aproximadamente 600 quilômetros em 9 dias, 15 horas e 46 minutos. Nesta mesma edição, Alexandre foi infectado por um parasita endêmico da região de Fiji, provavelmente por ingestão de verduras cruas ou peixes malcozidos, deixando-o debilitado fisicamente até os dias de hoje. Assim, a EMA deixaria de existir.

O Ecomotion, que até então realizava apenas provas de 24 horas, passou a organizar em 2002 um circuito de minicorridas para atrair novos adeptos para o esporte. O *Ecomotion Short Adventure* teve sua 1ª edição realizada na cidade universitária da USP – Universidade de São Paulo – e foi a primeira prova totalmente urbana do país. As provas tinham percursos com distância de 60 quilômetros e modalidades de *mountain biking*, *trekking*, orientação, canoagem, técnicas verticais e *special tests*.

O catálogo de produtos do Ecomotion se completaria em 2003 quando foi realizado o 1º Ecomotion Pro, uma prova de aventura de longa distância, com as mesmas características da EMA, na Chapada Diamantina, Bahia, composta de 500 quilômetros, herdando o título da etapa do *AR World Series*. Com belos visuais por toda a extensão do percurso, teve sua largada aos pés do Morro do Pai Inácio, cartão-postal da região, cruzando o Vale do Pati em um dos *trekkings* mais bonitos do país, terminando com um rapel na boca da Gruta do Lapão e chegada à cidade de Lençóis. A Meridianoraid.com, formada por três atletas espanhóis e um argentino, foi a vencedora, com o Hertz Mamelucos na segunda colocação que foi a primeira equipe brasileira na prova.

Com o sucesso e a grande repercussão pelo mundo todo, o Ecomotion Pro entrou definitivamente no calendário das equipes nacionais e internacionais. Em 2004, o Ecomotion Pro foi realizado novamente no estado da Bahia, seguindo para a região litorânea, conhecida como Costa do Dendê.

A largada aconteceu na península de Maraú, formada por praias de areias claras, ilhas desertas, cachoeiras e piscinas naturais, de onde as equipes partiram em canoas caiçaras para cruzar toda a Baía de Camamu e seguir para dentro do continente. No decorrer da semana, o sol intenso dos primeiros dias deu lugar a uma forte e persistente chuva, obrigando os atletas a carregar suas bicicletas em longos trechos de *mountain biking*. Apesar das apostas nas equipes estrangeiras, desta vez a vitória ficou com a brasileira Mitsubishi QuasarLontra, que superou grandes equipes de peso.

Em 2005, o Ecomotion Pro trocou o sol, o calor e as praias do Nordeste pelas montanhas e o frio das Serras Gaúchas, no estado do Rio Grande do Sul. Mais uma vez, a chuva se fez presente, aumentando ainda mais a dificuldade da prova. Os belos percursos e a grande premiação em dinheiro atraíram as melhores equipes do mundo, como a Merrel Wigwan Adventure (Nova Zelândia/EUA) e a Buff (Espanha), ofuscando a presença das melhores equipes brasileiras e a aposta em uma vitória delas.

> Depois da largada em cavalos e canoas caiçaras, o Ecomotion Pro 2005 inovou ao fazer uma largada em técnicas verticais. Cinquenta e dois atletas desceram de rapel os paredões de pedra na praia de Torres ao sinal da largada e se reuniam com seus companheiros de equipe ao chegar ao chão para dar prosseguimento à prova.

Depois da largada em cavalos e canoas caiçaras, o Ecomotion Pro 2005 inovou ao fazer uma largada em técnicas verticais. Cinquenta e dois atletas desceram de rapel os paredões de pedra na praia de Torres ao sinal do início da prova e se reuniam com seus companheiros de equipe ao chegar ao chão para dar prosseguimento à prova.

Após muitas subidas e descidas, nenhuma roupa seca para trocar e mais de 400 quilômetros percorridos, a equipe espanhola Buff Nike ACG tornou-se a campeã do Ecomotion Pro 2005. A melhor colocação brasileira ficou com a Oskalunga Brasil Telecom, de Brasília.

As duas edições seguintes foram realizadas no estado do Rio de Janeiro, sendo a primeira delas na região sul e a segunda na região norte do estado.

O percurso montado pela Ecomotion em 2006 conseguiu concorrer em beleza com a 1ª edição, levando os atletas a percorrer a pé as montanhas do Parque Nacional de Itatiaia, cruzar toda a extensão da Ilha Grande e remar nas águas cristalinas de Angra dos Reis. A Team Sole (EUA/Nova Zelândia) foi a vencedora, seguida da Merrel/Wigwan (Nova Zelândia/EUA) e da Abarth Teva (Espanha), mas a grande comemoração aconteceu com a chegada da equipe completamente feminina, Vivo/Atenah, em quarto lugar.

Uma prova que passou a atrair cada vez mais equipes internacionais, nada melhor que uma largada aos pés do Pão de Açúcar com vista para o Cristo Redentor. Foi nesse cenário que as equipes partiram remando na largada do Ecomotion Pro 2007, passando por baixo da ponte Rio-Niterói e cruzando toda a Baía de Guanabara.

Participando pela primeira vez da prova, os franceses da Wilsa HellyHansen e os neozelandeses da OrionHealth.com, equipes muito fortes e de destaque internacional, elevaram o nível técnico da competição e quase conseguiram evitar o bicampeonato da equipe espanhola Buff.

A prova ficou marcada pelas imagens dos caiaques atolados no mangue no final da seção inicial de canoagem e teve como ponto alto a travessia da Serra dos Órgãos, debaixo de forte chuva e neblina, onde os espanhóis conseguiram recuperar terreno e garantir uma vitória (quase) tranquila.

Após dez anos de existência do esporte no Brasil, o país recebe pela primeira vez a grande final do circuito mundial, o *AR World Championship*, e o Ecomotion Pro 2008 é nomeado a prova-sede, sendo realizada em um dos locais mais bonitos do país, o Delta das Américas, no estado do Pará.

Em 2008, a organização do circuito *Brasil Wild* de corridas de aventura promoveu a maior prova em distância de corrida de aventura realizada no Brasil, a *Brasil Wild Extreme*, com mais de 600 quilômetros entre canoagem, *trekking*, *mountain biking* e técnicas verticais, no sertão nordestino, cruzando quatro estados – Bahia, Pernambuco, Sergipe e Alagoas. Foi a primeira vez que o Brasil sediou duas provas de longa duração no mesmo ano.

## REFERÊNCIAS E SUGESTÕES DE LITERATURA

Adamson I. *Guide to Adventure Racing* – How to become a successful racer and adventure athlete. Rodale Inc, 2004.

Caldwell L., Siff B. *Adventure Racing* – The ultimate guide. Bolder: Velo Press, 2001.

Dugard M. *Surviving the toughest race on Earth*. Ragged Mountain Press, 1998.

Paterson D. *Adventure Racing* – Guide to survival. Sporting Endeavours, 1999.

# Capítulo 1

# Ecomotion Pro 2003

## CHAPADA DIAMANTINA (BA)

**Integrantes da prova: Aurora[1], Caco Fonseca, Marcio Campos e Ricardo Conceição**

## A PRIMEIRA PROVA LONGA DA EQUIPE DOEU!!!

Equipe formada por Marcio, Ricardo e eu, e convidamos a Aurora. Tínhamos uma grande e misteriosa missão de ingressar em uma prova de muitos dias com pouca experiência e com uma integrante desconhecida. Primeira corrida longa, acima de 400 quilômetros. Até então, a equipe Selva trazia no currículo provas de aventura com no máximo 250 quilômetros de percurso. Provas famosas entre os praticantes, como o Mini-Ema e duas edições do Raid Terra, que foram provas duras, mas com uma distância menor.

Com base nessas experiências, percebemos uma vocação para provas maiores, levando-nos a participar do Ecomotion Pro 2003. Com passado nas forças armadas, Marcio e eu decidimos que os demais integrantes da equipe também deveriam ser militares, pois assim aceitariam com mais facilidade as loucuras que praticávamos na época do exército. Apesar da expectativa, a estratégia acabou por causar alguns conflitos internos nas equipes montadas por nós a partir daí, incluindo a prova que estaria por vir na Chapada Diamantina (BA).

Realizamos a inscrição da prova antes mesmo de decidir quem seria a mulher da equipe. Acabamos convidando a Aurora e, sem muitas perguntas, ela topou. A experiência dela em corridas de aventura consistia basicamente em provas de até 50 quilômetros, as chamadas na época *Short Adventure*. Definitivamente,

---

[1] Nome fictício.

ela não tinha ideia da baita roubada que estava se metendo, ainda mais com três militares na equipe.

## PREPARAÇÃO PARA A PROVA

Para o primeiro Ecomotion, preparamo-nos do jeito que achávamos ser o correto, sempre levando em consideração a pouca verba disponível. Mas o que parecia apenas um detalhe se tornou um peso na logística da prova, tanto em relação aos equipamentos quanto a deslocamento e alimentação. Contávamos com dois apoios: Fernando Bortoleto (amigo de infância) e um motorista contratado para a Van alugada.

### EQUIPAMENTOS

Recebemos a lista de equipamentos da competição e assustamos com a quantidade de itens que não tínhamos e outros até desconhecidos por nós. Apesar da surpresa até natural, dada a pouca experiência em provas de longa distância, nosso real problema era a dificuldade de acesso ao conjunto de suprimentos. Naquela época, pouquíssimos equipamentos para atividades *outdoor* estavam disponíveis no Brasil e, quando encontrávamos, não podíamos comprar.

Marcio e eu usamos a criatividade para cuidar da logística, recheada de muitos improvisos. Já havíamos estudado a região, sabendo, por exemplo, que na Chapada Diamantina o clima era muito quente durante o dia, com uma queda considerável na temperatura ao longo da noite. Com base nessas informações, encomendamos nossos uniformes para a prova: calças de *lycra* verdes, no tom da Selva, e camisetas de manga comprida, como forma de proteção contra galhos e espinhos para o caso de precisarmos fazer algum vara-mato. Para o frio da madrugada, reservamos roupas de lã de nossas mães, tomadas por empréstimo em segredo. Simplesmente não podíamos comprar as tão sonhadas peças feitas em tecido tecnológico. No lugar de *fleeces*, *underwarms* e tênis específico para trilhas, complementamos nosso *kit* de vestuário com moletons de algodão e tênis de corrida de asfalto. Lembro-me de ter corrido com um único par de tênis Rainha, o Marcio com um Mizuno e o Ricardo com o que chamávamos de "Bamba-cabeção" do exército. A Aurora tinha um pouco mais de recursos e acabou fazendo um investimento maior em equipamentos.

### TREINAMENTO

"Prova com mais de 400 quilômetros: melhor focar em volume."

Com a estratégia de treino definida, traçamos o primeiro percurso. Seria de bicicleta, de São Paulo até Campinas, cerca de 200 quilômetros somando ida e volta. Teoricamente, o trajeto traçado não seria nada mau para um primeiro treino, caso a realidade acrescida de um temporal na madrugada quase não tivesse nos congelado. Apesar do imprevisto, acabamos salvos por plásticos-bolha, devidamente vestidos sob nossos pesados e ensopados casacos de lã.

"Ah! A prova também tem corrida e é contínua, não precisamos parar para dormir." – Às 2 horas da madrugada, saíamos para correr e só parávamos ao menos seis horas depois. Ou, ainda, descíamos a serra pedalando, fazíamos um *trekking* no oleoduto da Petrobras no litoral e depois voltávamos pedalando para casa.

Achávamos que eram necessários treinos longos, simulando a prova. No geral, o pré-prova foi emocionante, cheio de treinos loucos e extensos, estratégia esta abandonada no decorrer do tempo. Deus já nos protegia bastante naquela fase!

## CAPTAÇÃO DE RECURSOS

A captação de recursos foi mais um desafio engraçado. Marcio e eu já tínhamos criado uma assessoria esportiva; seria nossa fonte de financiamento das corridas de aventura. Em 2003, a recém-inaugurada Selva Aventura ainda contava com pouquíssimos alunos, consequentemente, a verba disponível para nosso primeiro Ecomotion não seria o suficiente.

No entanto, sempre fomos *experts* na elaboração de estratégias e improvisos. Tanto que, para complementar o caixa, decidimos promover um bingo. O evento aconteceria no salão da igreja, frequentada pela mãe do Marcio. Bingo! Conseguimos levantar o montante suficiente para custear boa parte da prova. Exceto, é claro, o valor da inscrição, pago em dez prestações ao organizador. A ideia inovadora do crediário deu certo e ainda seria usada em competições do ano seguinte.

Parte do dinheiro captado no bingo foi destinada ao aluguel do veículo usado pela equipe de apoio na prova. Diferentemente das demais equipes, cujos apoios dirigiram até a Bahia e os atletas se deslocaram de avião, fomos ávidos o suficiente para encaixar todo o equipamento e ainda seis pessoas na Van – quatro atletas e dois apoios. Mesmo com os assentos a 90 graus, a viagem de São Paulo a Bahia foi bem animada.

# A VIAGEM

Toda a empolgação para nossa estreia em provas longas foi mantida nos mais de 1.300 quilômetros de viagem. Deixamos de lado o cansaço de dois dias dentro do carro e brincávamos como crianças.

Saímos de São Paulo, passamos por Governador Valadares, em Minas Gerais, parando apenas em Vitória da Conquista, já no estado baiano. Foi lá que resolvi esquentar minha navegação para a prova. Peguei o mapa rodoviário comprado antes do embarque, olhei, olhei e percebi que poderíamos pegar uma estrada de terra, cujo caminho nos levaria diretamente a Lençóis, município sede da competição. O dia já estava caindo e a pouca luz não me impediu de perceber alguns olhares desconfiados de dentro da Van.

Aproveitei uma parada para abastecer e me certificar sobre a rota alternativa com um frentista. A resposta ouvida me fez sentir um misto de alegria e medo: "Sim, essa estrada de terra corta mais ou menos 400 quilômetros do caminho de asfalto. Mas se vocês quiserem sobreviver, é melhor seguirem viagem só ao amanhecer". Com o risco de contribuirmos para as estatísticas de latrocínio, paramos para dormir.

Nossa acomodação, se assim posso dizer, foi da mais simples possível. Havia paredes que não iam até o teto, lençóis surrados e camas rangendo; as nossas provocadas pelas gargalhadas ao longo de toda a madrugada e as dos vizinhos pelo intenso comércio sexual incentivado pela hospedaria de beira de estrada.

Com o raiar do dia, seguimos nossa viagem com o objetivo de desembarcarmos em Lençóis a tempo de fazer a checagem de equipamentos e testes de habilidades.

## FINALMENTE, LENÇÓIS

Nos tempos de vacas magras (e gordas também), não tínhamos o hábito de reservar hotéis antes de chegarmos ao destino. E assim fizemos na Chapada Diamantina, naquele ano. Desde o fim do ciclo da mineração, Lençóis continuava sendo um dos principais destinos turísticos da região. E, com o Ecomotion acontecendo, a possibilidade de não haver vagas era ainda maior.

A estratégia nesse caso seria contar com a hospitalidade do povo baiano e, quem sabe, conseguir um lugar para ficar. Conversamos com uma senhora e ela, educadamente, cedeu o quintal da casa dela para colocarmos a Van e acampar; detalhe: tínhamos uma barraca para duas pessoas. Cada um foi se acomodando, na Van, na barraca e eu, como sou rústico, peguei minha cobertinha (não havia saco de dormir nessa época) e deitei na grama. O Marcio e o Ricardo, como bons militares, bivacaram (termo utilizado por militares para dormir no relento) para começar a se adaptar com a natureza da chapada. Até aí tranquilo, o mais difícil foi acordar com o meu despertador: um beijo de língua de um porco... Selvaaa!!!!

Devidamente instalados, pegamos os equipamentos e seguimos para o

> Cada um foi se acomodando, na Van, na barraca e eu, como sou rústico, peguei minha cobertinha (não havia saco de dormir nessa época) e deitei na grama.

local onde aconteciam os testes de habilidades, que eram praticamente nulas na nossa equipe. O teste de técnicas verticais consistia basicamente em subir e descer a corda, utilizando os equipamentos. Se valesse pontos, o exame final para os três militares, mesmo com a falta de prática desde a época do exército, seria um 5, suficiente para passarmos. Já o da Aurora foi um grande indicativo do que estaria por vir, com direito a choro, esperneio e alguns palavrões.

Por imprevistos ou mesmo falta de recursos, faltaram alguns itens obrigatórios na bagagem, que, com fé, acreditávamos poder encontrar já em solo baiano. É evidente que a confiança se esvaía à medida que tomávamos ciência do ainda inexistente comércio esportivo *outdoor* no interior da Bahia. Restava-nos contar com a boa vontade dos amigos competidores, emprestando possíveis equipamentos sobressalentes. A alternativa, aliás, acabaria como uma espécie de marca registrada da equipe Selva nos anos seguintes.

Com os equipamentos checados e testes de habilidades concluídos, seguimos para o *briefing*, onde, além de retirar o primeiro mapa, também receberíamos da organização as principais informações da prova. O evento de abertura da competição foi um verdadeiro acontecimento na cidade. As informações técnicas foram acompanhadas de uma grande festa cultural, com direito a apresentação de um grupo profissional de capoeira, regada a uma modesta participação de alguns ousados atletas, inclusive eu.

## MORRO DO PAI INÁCIO

Ao amanhecer, todas as equipes partiram em comboio de Lençóis para o local da largada, um dos principais pontos turísticos da Chapada Diamantina, o Morro do Pai Inácio. No topo da montanha de 1.120 metros de altitude, dezenas de carros, caminhonetes e jipes se alinharam; atletas, agora devidamente uniformizados com os coletes oficiais da prova, aglomeravam-se na tentativa de escolher o melhor cavalo; e apoios, cinegrafistas e fotógrafos disputavam o melhor ângulo daquele dia ensolarado.

Nesta primeira etapa da competição, cada equipe deveria estar acompanhada de um único cavalo. A escolha do animal era estratégica e determinante para o resultado final na prova. Para alguns, literalmente, significou o início e o fim da prova. O encontro de cavaleiros inexperientes com cavalos indóceis acabou por ocasionar alguns acidentes e, infelizmente, retirar equipes da prova antes mesmo do primeiro dos mais de 400 quilômetros que estariam por vir. Para a Selva, a escolha de um cavalo manso e a estratégia de ficarmos afastados da multidão acabaram por beneficiar a equipe.

A Aurora estava montada quando soou a sirene que marcava a largada da prova. Corremos muito rápido até o ponto onde deixaríamos o quinto elemento da equipe. Sem saudosismo, nos despedimos e, de volta à formação original, entramos para um *trekking*. Foi um trecho relativamente curto, carregando uma bandeira de volta ao Morro do Pai Inácio, onde deixamos o acessório já com o cair do dia.

Descendo por uma trilha rumo a Lençóis, a navegação foi um tanto complicada. Embora eu tivesse um histórico de vários anos participando de corridas de orientação, a diferença na escala do mapa da corrida de aventura nos fez voltar ao ensino básico da navegação por mapa e bússola. As aulas de recuperação ocorreram ao longo de toda a prova, regadas a vários erros, por vezes, de apenas alguns minutos, por outros, de várias horas.

A principal dificuldade na navegação era ao anoitecer. Sem referências visuais geográficas, o progresso na prova se tornava mais lento, crescendo o risco de optarmos por caminhos errados. O primeiro deles nos fez perder algumas horas no meio da mata. Mas, como não éramos os únicos perdidos, algumas equipes se uniram a nós. Seguimos juntos até encontrarmos um rio, que acabou nos levando até uma estrada conhecida no mapa e, de lá, até o próximo posto de controle.

De volta a Lençóis, já em plena madrugada, recebemos as outras folhas de mapas. Extraídos da escala, eram mais de 400 quilômetros a serem traçados, orientados e encapados com plástico à prova de chuva. De novo, a falta de experiência nos fez dedicar tempo e concentração em excesso na escolha dos potenciais melhores caminhos.

Voltamos para a prova, desta vez, sobre as bicicletas. Pedalamos por cerca de 50 quilômetros, em puro areião, até amanhecer. O segundo dia da competição nos reservaria surpresas inesquecíveis no longo trecho de canoagem que estaria por vir.

Nos primórdios das corridas de aventura, um barco inflável para duas pessoas era o principal meio de transporte aquático ofertado pelos organizadores. Desenvolvido principalmente para corredeiras, em razão da flexibilidade ao se chocar com quedas e rochas, o *duck* era, até então, considerado o caiaque ideal para remadores inexperientes. Afinal, na velha máxima, corredor de aventura era o atleta frustrado que optou pelo esporte por não fazer nada direito, pois ele corre, pedala e rema mal. É claro que, com a evolução da modalidade, o ditado caiu por terra, pois muitos atletas antigos se aperfeiçoaram e os novos já chegaram ao esporte totalmente preparados.

Os *ducks*, por sua vez, eram e continuam sendo desesperadoramente lentos. Somado ao fato de não sabermos remar, sofremos. O começo da corrida de aventura no Brasil foi marcado por essa embarcação inflável, fácil de transportar, por isso os organizadores optaram por ela. A maioria dos corredores de aventura vinha das modalidades de corrida de rua, *mountain biking* e alguns do montanhismo; mesmo os que vieram da modalidade canoagem não estavam acostumados com essa embarcação. O *duck* não tem quilha para direcioná-lo em linha reta, por isso o atleta que está atrás tem de fazer o leme; isso faz com que muitas equipes rodem muito e em um percurso de, por exemplo, um quilômetro reme 50% mais. A falta de experiência era grande, muitas equipes não sabiam nem que a sincronia de remarem juntos fazia grande diferença, sem contar as muitas batidas de remo no percurso. Não foi nada diferente com a Selva, sofremos um pouco no começo, mas contávamos com o Marcio, que era remador; no entanto, logo nos adaptamos e ficamos *expert* na modalidade.

No *briefing* pré-largada, uma das orientações recebidas era de que, por conta das várias bifurcações, nenhuma equipe deveria cogitar dormir antes dos primeiros 15 quilômetros de canoagem. Por sorte, passamos pelo trecho de confusos pântanos ainda de dia e caímos em um belo rio no fim do entardecer.

Ainda na canoagem e sem dormir, entramos na segunda noite de prova. Já não bastasse a progressão mínima permitida pela embarcação, um dos flutuadores infláveis centrais de um dos nossos barcos furou. O ar rapidamente se foi e logo a sortuda dupla já estava com água na cintura. Apesar da força imposta, nossa velocidade caiu ainda mais, o que fez com que o sono nos pegasse por completo.

> Já não bastasse a progressão mínima permitida pela embarcação, um dos flutuadores infláveis centrais de um dos nossos barcos furou. O ar rapidamente se foi e logo a sortuda dupla já estava com água na cintura.

Alguns fatores são críticos nas corridas de aventura e o sono é um deles. Muitas vezes, suportamos dores, cansaço e esgotamentos físicos e mentais, mas ninguém é capaz de vencer o sono.

Seguimos a distância restante no rio, tentando superar um a um dos obstáculos. Ora encalhávamos, ora fazíamos mais força para evitar o frio. Fomos nesse ritmo até que a Aurora não aguentou o cansaço e dormiu. Prendeu o remo no barco, se acomodou como dava e dormiu. Como se já não bastasse a batalha de Marcio e Ricardo remarem com o barco furado, restou-me remar sozinho por mais de cinco horas.

Minha companheira de remo despertou apenas após o raiar do dia, quando já estávamos prontos para desembarcar na próxima área de transição. Abriu os olhos, esticou os braços numa invejosa despreguiçada e disse: "nossa, que canoagem gostosa. Nem cansou tanto!". Parei, pensei e a encarei olhando fundo nos olhos dela, mas continuei quieto.

## ESPINHOS BAIANOS

Na sessão seguinte, voltaríamos ao *mountain biking*. Nossos apoios se encarregaram de preparar a comida e reabastecer as mochilas. As magrelas já estavam limpas, revisadas, lubrificadas e testadas. Tudo na mais linda sintonia, se não fosse o detalhe do teste pós-revisão ter ocorrido numa pista de espinhos.

Sem perceber o problema, saímos para uma das mais lindas pedaladas da minha vida. O visual, no entanto, acabou sendo deixado de lado, pois tivemos de nos concentrar em trocar todas as oito câmeras. Perdemos horas tentando retirar os espinhos com a ajuda de uma pinça. Com o fim das câmeras reservas, partimos para a última opção de conserto: os *kits* remendos. Já havíamos contabilizado oito câmeras furadas e 15 remendos, quando descobrimos que os pneus, e não só as câmeras, também estavam cheios de espinhos. Um a um, retiramos as dezenas de espinhos para, horas depois, prosseguirmos.

Voltamos ao pedal aos pés de uma subida imensa, que antecedia a entrada de Xique-Xique de Igatu. Passamos pelo distrito de construções de pedra, conhecido por Machu Picchu Baiano, quase desértico e abandonado. No local, uma equipe tentava socorrer um dos integrantes, caído no chão após uma queda de bicicleta. Tínhamos na Selva um bombeiro, então paramos para tentar ajudar o acidentado.

O Ricardo é um cara incrível e, para nós, até então, excessivamente precavido. Frequentemente, ele carregava quilos a mais na mochila com itens de primeiros socorros muito além dos exigidos pela organização. Embora tivéssemos vasculhado a mochila dele e retirado o "peso extra" para a prova, sem percebermos, ele havia devolvido tudo, para a sorte do atleta de capacete trincado. Entre os itens excedentes, havia um colar cervical e diversos equipamentos de primeiros socorros de uma vítima de traumatismo craniano, todos prontamente à disposição da equipe concorrente. Primeiros socorros prestados, o rádio de emergência foi acionado. O atleta foi resgatado por um helicóptero e pela equipe médica da prova, comandada pelo neurologista e especialista em resgates *outdoor* dr. Clemar Corrêa.

Continuamos nossa prova, chegando em Andaraí para deixar as bicicletas e sair para um *trekking* gigantesco, outro trecho que considero um dos mais lindos da minha vida, no Vale do Pati. O caminho incluía um vale cercado por imensos paredões de pedras, com o centro ocupado por mata virgem, cujas encostas lembram o leito de um longo, largo e verde rio. A imagem registrada na memória foi a última antes do anoitecer e de mais uma vez que erramos a navegação na prova.

Pedi à equipe que parasse para eu tentar investigar a trilha. Caminhei alguns metros sozinho, quando avistei um lobo imenso. Os dentes à mostra me fizeram correr de volta, sem olhar para trás. Passei pela equipe aos berros, gritando "corram, corram, um lobo está vindo para nos devorar!". Sem entender as minhas palavras engasgadas, todos saíram correndo, até que, do nada, freei sem saber o porquê havia iniciado aquela prova de velocidade. Já estávamos na terceira noite de prova, com poucas horas de descanso. As alucinações estavam apenas começando.

Assim como nós, várias equipes ficaram desorientadas naquele trecho, por isso todos concordaram em dormir até o dia raiar. Esperávamos conseguir sair juntos da mata antes do final do próximo dia. Na tentativa de nos proteger do frio e do vento, nós da Selva resolvemos escolher algumas pedras como abrigo, vestindo as blusas de lã emprestadas de nossas mães.

Dormimos cerca de duas horas, acordamos famintos e sedentos, porém, mesmo sem suprimentos, voltamos ao deslocamento da prova. Varamos um longo trecho de mata fechada até cruzarmos com um buraco de onde ouvíamos um barulho distante de água corrente. Para alcançarmos nossa salvação para a sede já avançada, improvisamos um sistema de captação, no qual eu era a corda, a caramanhola e o balde, e o Ricardo, a manivela de segurança da corda.

Devidamente hidratados e reabastecidos, seguimos nosso caminho rumo a Mucugê. Àquela altura, a Aurora já estava com muita dor nos joelhos, amparada física e psicologicamente pelo Ricardo. Ressaltado pela exaustão de todos, o clima da equipe estava muito tenso. Caminhando por uma rua, já próximos à cidade, a Aurora discutia com o Marcio quando um motoqueiro passou por nós. Um único e agudo grito foi suficiente para o piloto parar. Catatônicos, olhamos a moto sumir no horizonte com dois ocupantes. Numa fração de segundo, perdemos o elemento feminino da equipe.

Ao chegarmos à cidade, encontramos nossa equipe de apoio e soubemos que a Aurora estava sendo atendida pelo médico da prova numa pousada próxima. Fui ao encontro dos dois, já questionando o dr. Clemar sobre as condições físicas da nossa companheira de equipe. Com o sorriso no rosto, característico de que a situação estava sob controle, ele me respondeu que os joelhos estavam bons, no entanto, ela não estava suportando o cansaço e o estresse de ficar sem dormir. Estávamos todos em condição semelhante, afinal, já haviam se passado três noites de prova com poucas horas de sono. Em momentos como esse destacam-se aqueles que mais suportam o estresse e o esgotamento físico. Enfim, é uma questão muito mais de saber como administrar tudo isso.

## A VEZ DO URSO

A Aurora ainda chegou a lamentar nossa desclassificação, provocada pela desistência dela. No entanto, desde a origem da equipe Selva tínhamos como compromisso nunca desistir. Mesmo desclassificados, nosso objetivo sempre foi completar as provas, pois cada uma delas nos traria novas experiências tanto para a equipe como para cada um de nós.

Sendo assim, retornamos à área de transição para nos alimentar, reabastecer as mochilas e voltar à prova, desta vez para um longo trecho de bicicleta. Seriam cerca de 90 quilômetros, com um início relativamente plano, seguido por muitos desníveis.

Com as energias renovadas, assumimos de volta o espírito do exército, impondo um ritmo forte na estrada e uma excelente velocidade. Claro que a empolgação, ritmada pelos nossos gritos de "Infantaria Selvaaaa!!!", durou apenas até o entardecer. Com o cair do dia, o sono voltou a nos dominar, principalmente para mim, que acabei ficando um pouco atrás do pelotão de três.

Eu mal conseguia fixar os olhos na longa reta da estrada sem fim. Em um momento, durante uma longa descida, simplesmente apaguei. Havia pegado no sono a 25 quilômetros por hora, mas a soneca profunda durou só até a primeira curva, quando passei direto com a bicicleta, acordando já dentro de um brejo sem saber o que havia acontecido.

Já desperto, passei a ser escoltado pela equipe, onde o Marcio utilizava a técnica de manter outro integrante acordado com tapas no capacete, até a entrada de uma vila chamada Guiné. Na época, esse vilarejo tinha poucas casas e uma praça, fomos bem acolhidos pelos moradores com água e toda simpatia do povo baiano. No local, aproveitei para fazer curativos nas pernas raladas no recente acidente, trabalho seguido de um belo lanche de um bar local. Recuperados e alimentados, seguimos no pedal, agora já no trecho de maior desnível, porém final do *mountain biking*.

Entramos para um novo *trekking*, um dos maiores que havíamos feito na vida, de 70 quilômetros. Como bônus, a organização transformou o posto de controle numa espécie de PC *lounge*, decorado com pufes, redes e telefones celulares. Naquela prova, o Ecomotion Pro foi patrocinado por uma empresa de telefonia móvel e os atletas tinham aparelhos à disposição com as equipes de apoio e um benefício extra naquele PC localizado em algum ponto remoto da Chapada Diamantina. Na minha vez, tentei ligar para minha mãe, mas como eu, ela nunca atende ao telefone.

Prosseguimos na prova em um dos *trekkings* mais famosos da região, saindo novamente de Lençóis, passando pelo rio Capivara até chegar à Cachoeira da Fumaça. Finalmente, fizemos um percurso com uma navegação relativamente boa, apesar de algumas perdidinhas. A sorte veio com a companhia de uma cadela, que passou a nos seguir logo na saída da cidade. Apesar das diversas tentativas de espantá-la antes que entrássemos na mata, a desobediente tornou-se nossa nova companheira de equipe, enfrentando todos os obstáculos que apareciam pelo caminho.

Assim como nós, a cachorrinha andou por leito de rios, pedras, mata fechada e ainda escalou cachoeiras. Em uma delas descemos durante a noite, baixando pelo paredão lateral da linda cachoeira. O visual era incrível, com a lua iluminando o caminho que, embora errado, era a nossa única opção naquele momento.

O mesmo luar que nos guiava foi o que nos colocou numa nova situação de desespero. Mais uma vez eu liderava o grupo. Descíamos na quase escalada, quando vi a sombra de um imenso urso a uns 30 metros de distância. Rapidamente, alertei os meninos e, sem questionarem, esconderam-se comigo e a cadela atrás de uma pedra. Ficamos vários minutos observando a sombra, imaginando o que poderíamos fazer caso fôssemos atacados pela fera. Quinta noite de prova, três seres alucinados no meio da mata. A cadelinha, no mínimo, imaginava o que os três malucos estariam fazendo se espremendo atrás daquela pedra. Não bastasse o olhar indagador da nossa companheira canina, uma equipe surgiu da mata. Quase no sussurro, o Marcio ordenou que todos se abaixassem, avisando sobre a presença do urso. Ainda lembro de ter ouvido um "nossa! coitado deles!", antes que se afastassem de nós.

Tempos depois acabamos desistindo de esperar o ataque do urso, optando por seguir no *trekking*, praticamente ancorados um pelo outro de tanto sono. Desistimos depois que o Ricardo pediu para dormir um pouco. Passadas cerca de duas horas, Marcio e eu acordamos e não encontramos o Ricardo. Perdemos mais duas horas na procura do então desaparecido, já desesperados e pensando que ele poderia ter caído em algum buraco. Só o encontramos graças à cadelinha, que me levou até ele, dormindo sobre uma moita alta.

Já havíamos andado muitos quilômetros quando descobrimos o nome da cachorrinha, Nina. Antes disso, ela já foi literalmente integrada à equipe. Dividimos esforços, alegrias, medos e, claro, alimentos também. Quando nossa comida acabou, passamos a compartilhar géis de carboidrato, e ela pareceu saborear todas as opções do cardápio.

Finalmente, encontramos a trilha paralela ao rio Capivara, onde cometi um novo erro de navegação. Cansado, optei por descer um morro, achando que deveríamos subir à direita de uma cachoeira. Andamos três horas para o lado errado, andando em meio a pedras e ainda quase sofremos um novo acidente. Desta vez, havíamos chegado ao fundo de um vale, a partir de onde o Marcio decidiu escalar algumas pedras na tentativa de observar a geografia ao redor. Estávamos muito perdidos, sem saber se deveríamos continuar naquela rota ou retornar. Na escalada, sem perceber, o Marcio pisou numa pedra solta gigantesca, que desceu rolando em direção ao Ricardo e à Nina. Só houve tempo para o Ricardo agarrar a cadela e, num salto, sair da rota de colisão.

Enfim, conseguimos nos reorientar, encontramos uma equipe liderada pelo Philipe Campello e chegamos à base da famosa Cachoeira da Fumaça pouco tempo depois. Os *staffs* da prova nos disseram o nome da cachorrinha na base da cachoeira e também nos informaram que o dono estava à procura dela desde o dia anterior. Contei para eles o ocorrido, detalhando a valentia da cadela em vários trechos extremamente técnicos, inclusive o fato de termos a amarrado a uma corda ao longo de algumas transposições de paredes de pedras.

Os *staffs* decidiram devolver a cadelinha para o dono, enquanto tentávamos seguir nosso caminho. Já estávamos em plena trilha do Macaco e ainda assim ouvíamos ao longe os gritos e latidos da cachorrinha. Minutos depois os sons haviam cessado. Achávamos que ela finalmente havia desistido, quando do nada ela surge em plena trilha, novamente reintegrada à equipe. Imagino que possa ter fugido ou sido solta pelos PCs, que não aguentaram os gritos de desespero. De qualquer forma, a trilha de grandes degraus não impediu o progresso dos quatro, embora a Nina e seus cerca de 10 quilos estivessem literalmente em meus braços.

No topo da montanha, assinamos mais um PC, na Fumaça de Cima, de onde podíamos observar os cerca de 400 metros de queda da Cachoeira da Fumaça. Seguimos nossa rota, sem erros, até o PC seguinte, instalado ao lado de uma casa da brigada de incêndio local. A essa altura já estávamos mais uma vez famintos, mas, por sorte, os bombeiros do turno nos serviram um delicioso prato de arroz e feijão. Estávamos há horas sem comida e aquela refeição veio muito bem a calhar. Foi também um momento especial, pois era o ponto onde definitivamente deveríamos nos despedir da Nina. Afinal, logo estaríamos de volta às bicicletas e seria impossível ela nos acompanhar. Tentamos despistá-la, mas ela comia com olhos fixos em todos nossos movimentos. Parecia perceber nossos planos. Apesar de até termos cogitado carregá-la na *mountain bike*, acabamos por pedir que a colocassem numa coleira improvisada por um tempo e, assim, pudéssemos partir.

Seguimos tristes no *trekking* do Capão, local magnífico, passando ao lado do Morrão, mais um famoso ponto turístico da Chapada Diamantina. Nossa próxima meta era a cidade de Campos de São João, onde estavam nossas bicicletas prontas para nosso último trecho da prova. Infelizmente, fomos cortados da prova. Consequentemente, deixaríamos de fazer mais um *trekking* e uma canoagem, isso incluiria uma passagem pela Pratinha, outra área turística fantástica, composta de cavernas e um rio, cujo leito é recheado de microconchas e águas consideradas das mais cristalinas do mundo.

Retiramos nossas bicicletas por volta das oito horas da noite, com a expectativa de percorrer os últimos 40 quilômetros da prova em, no máximo, cinco horas. Obviamente, nossa já programada comemoração, com direito a pizza, banho e cama, esperaria muito mais. A última noite de prova não poderia ser diferente das anteriores e, mais uma vez, erramos a navegação. Assim como nas outras, a última noite da equipe Selva no Ecomotion Pro 2003 foi novamente regada a tentativas e erros de sair da mata.

Esse foi o trecho em que realmente passamos fome. É engraçado como o parâmetro muda de uma dificuldade para outra. Cada vez que a situação piorava, passávamos a ter real noção de que o obstáculo anterior não era tão difícil assim. A organização havia autorizado as equipes de apoio apenas a deixarem as bicicletas na última transição, sem qualquer assistência de comida ou água. Já vínhamos de um duro e longo *trekking*, no qual nossa última refeição havia acontecido muitas horas antes, justamente o arroz e feijão dos bombeiros, divididos com a Nina. Talvez o próprio dom de compartilharmos nosso pouco suprimento, tenha nos dado uma bênção. Em meio ao nada, mais uma vez, tivemos a sorte de encontrar ajuda. Dessa vez, de uma equipe de amigos, a Espírito Livre, do João Bellini e do Jorge Elage, que nos cedeu um gel, devidamente compartilhado por nós três da Selva.

Famintos e dominados pelo sono, os sete atletas decidiram parar para dormir na madrugada de sexta para sábado. Após um curto, porém revigorante, período de sono, fomos premiados por mais um lindo amanhecer baiano, seguido de uma deliciosa e longa descida até a chegada da prova, em Lençóis.

Festejamos nossa chegada com nossos apoios, que estavam exaustos tanto quanto nós, talvez um pouco mais em razão da comemoração antecipada nas baladas da Chapada. Eles felizes ainda sob o efeito do álcool e nós anestesiados pela alegria de concluir aquele longo e duro desafio. Pagamos nossas primeiras dez flexões de chegada. A comemoração, aliás, tornou-se tradicional e obrigatória em todas as chegadas de provas na década que viria a seguir, tanto por nós da equipe quanto pelos futuros alunos da recém-criada Selva Aventura Assessoria Esportiva. As flexões representam a comemoração da superação de todos os desafios daquela etapa, assim como significam que sempre é possível ir além. Afinal, o que são 10 flexões depois de uma semana de esforço intenso?

*Falar do professor e atleta Caco em poucas palavras talvez fique vago, mas vou tentar ser breve: corremos juntos por alguns anos e ele é sinônimo de superação, resistência a qualquer adversidade, espírito total de equipe, excelência em planejamento e logística, leal e fiel aos ensinamentos da Gloriosa Infantaria, nossa Rainha das Armas...*

**Ricardo Conceição da Silva**
EX-MILITAR DE INFANTARIA, ATUAL BOMBEIRO, EX-INTEGRANTE DA EQUIPE SELVA EM DIVERSAS PROVAS, SENDO AS PRINCIPAIS: ECOMOTION PRO 2003, 2004, PATAGONIA EXPEDITION RACE 2011.

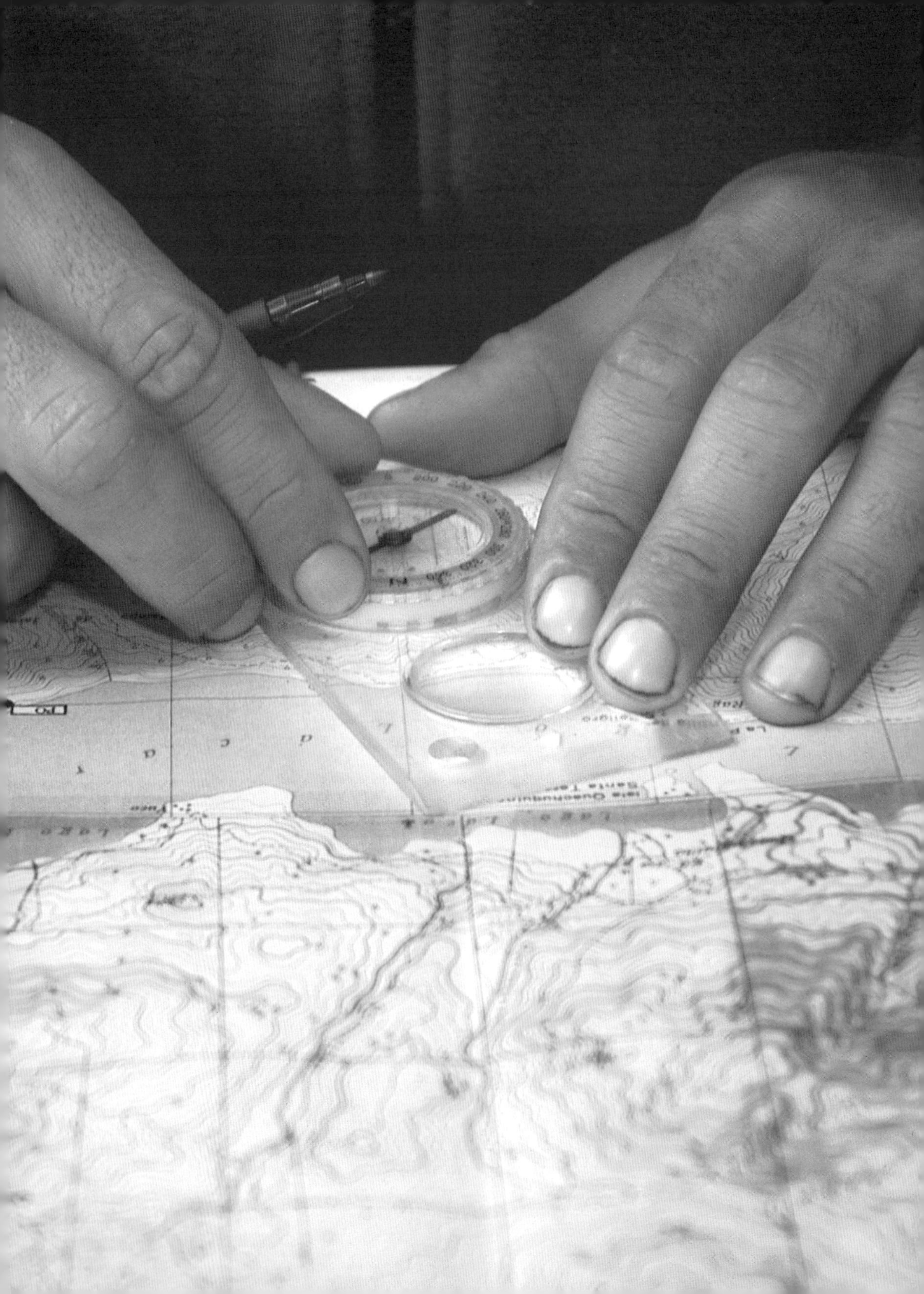

Capítulo 2

# Desafio dos Vulcões 2006

## TRAVESSIA DO CHILE PARA A ARGENTINA PELOS ANDES

Integrantes da prova: Caco Fonseca, Marcio Campos, Ricardo Conceição e Rose Hoeppner

## ENTRE DOIS PAÍSES

A primeira prova internacional da Selva aconteceu na região fria e úmida da Patagônia, em um local conhecido como círculo do fogo, em razão da imensa quantidade de vulcões e relevo bastante diferenciado. O Desafío de Los Volcanes, ou Desafio dos Vulcões, surgiu no ano 2000, em um papo informal entre dois argentinos e dois chilenos, e fascinava competidores de corrida de aventura do mundo inteiro, por trazer um formato expedicionário, alto grau de dificuldade técnica e o desafio de cruzar a fronteira de dois países, Chile e Argentina.

Depois de muitos desafios, treinos e busca por patrocínios, conseguimos a tão sonhada vaga para participar da 6ª edição.

Naquela época, já carregávamos a experiência de três EcomotionPro, a principal marca de corridas de aventura de longa distância no Brasil. No entanto, ainda nos faltava a experiência em competições longas em frio extremo.

Já tínhamos definido a parte masculina do quarteto, mas faltava uma mulher. Fomos então apresentados a Rose, atleta experiente em corridas de aventura com um currículo de tirar o chapéu para qualquer atleta. Além de já ter participado das edições anteriores do Desafío de Los Volcanes com equipes de ponta, carregava na bagagem outras provas difíceis e importantes como *Ironman*, Extra distância de ciclismo, entre outras. Era o começo de um relacionamento de longos anos da Rose com a Selva.

Com a equipe formada, Alexandre Hadade (Ale), Marcinho, Rose e eu focamos nos treinos. Fizemos alguns treinos muito malucos, como dar a volta a remo no Guarujá, *trekking* contornando toda a Ilhabela em um único dia e ir de São Paulo a Angra dos Reis (RJ) pedalando, cerca de 15 horas, sem parar, logo após a ceia do Natal. Dessa vez, por sinal, assim que chegamos em Angra, alugamos imediatamente um barco a remo para irmos até a Ilha Grande e aproveitar as trilhas até o Réveillon.

Depois de muita pescaria e treino, no último dia do ano, Marcio e eu tivemos a "brilhante ideia" de bater o recorde de uma das trilhas, na Ilha Grande, que liga a praia de Parnaioca à praia de Dois Rios, e fomos desafiados pelos moradores locais a fazer a ida e a volta desta trilha, que somava 24 quilômetros, em 2 horas e 30 minutos. A placa de sinalização apontava que os mais rápidos já haviam feito somente a ida em 3 horas. Para apimentar a aposta, o dono do *camping* onde estávamos hospedados disse que, se conseguíssemos o feito e ainda comprássemos um pacote de café (em Dois Rios para comprovar o desafio), dentro deste prazo, não precisaríamos pagar o *camping* pelo resto de nossa vida.

Desafio aceito! Marcio e eu corremos como loucos pela trilha até Dois Rios e fizemos o primeiro trecho de 12 quilômetros dentro da previsão: 1 hora e 15 minutos. Compramos o café com pressa sem ninguém entender o que estava acontecendo, afinal, éramos dois malucos correndo, suados, enlameados e alucinados para comprar um simples pacote de café. Colocamos o pacote na mochila e voltamos correndo insanamente.

> **Estávamos a ponto de bater o recorde da trilha, quase chegando de volta à Parnaioca, quando aconteceu um grande imprevisto: concentrado, não vi um galho caído no chão que estava no meio do caminho, torci o pé e senti dor do rompimento de todos os meus ligamentos do tornozelo.**

Estávamos a ponto de bater o recorde da trilha, quase chegando de volta à Parnaioca, quando aconteceu um grande imprevisto: concentrado, não vi um galho caído no chão que estava no meio do caminho, torci o pé e senti dor do rompimento de todos os meus ligamentos do tornozelo. Ainda no chão, ouvia o Marcinho dizer: "Para de frescura! Selvaaaa! Levanta e vamos ganhar essa aposta". Respondi dizendo que não conseguia mais andar e ele insistiu, dizendo que eu ainda tinha a outra perna e dois braços. Nervoso, levantei, comecei a caminhar e logo já estava correndo novamente. Vencemos a aposta dos 24 quilômetros com 2 horas 22 minutos e tivemos o nosso tempo registrado na placa de entrada da trilha!

Ao encontrar o dono do *camping*, entregamos o café, fui tomar um banho de mar e deitei na rede para descansar. Quando acordei, já não conseguia mais colocar o pé no chão. Meu pé estava extremamente inchado e passei o Réveillon na praia, literalmente pulando de um pé só.

No dia seguinte, voltamos de carro para São Paulo e fui direto procurar meu fisioterapeuta na clínica para uma avaliação e início imediato do tratamento do tornozelo. Afinal, faltava pouco menos de um mês para a competição mais aguardada de todos os tempos, e, precisava me recuperar o mais rápido possível para voltar aos treinos. Sabíamos da gravidade da lesão, que havia sido constatada como ruptura total dos ligamentos do tornozelo, mas, mesmo assim, eu estava decidido a participar da prova a qualquer custo.

Nos dias que antecederam a competição, meus treinos consistiram basicamente em pedalar e remar, e para amenizar os riscos, deixei as corridas de lado, dediquei-me à fisioterapia e passei a usar um protetor de tornozelo.

Tudo ia muito bem, até que, dias antes da prova, tive outra surpresa.

Faltavam exatamente cinco dias antes da nossa viagem e meu telefone tocou. Era o Alê dizendo que queria desistir. Por causa do excesso de trabalho nos últimos meses, ele achava que não havia se dedicado o suficiente e o quanto gostaria e que não se sentia seguro para um desafio tão grande. Assim, tivemos a nossa primeira baixa e precisávamos de um quarto elemento, em cima da hora, a qualquer custo. Não tínhamos outra opção a não ser convidar o "bom e velho amigo topa-tudo" Ricardo.

Ricardo é militar, ex-sargento do exército, bombeiro e dono de um condicionamento físico impecável, que o levou diversas vezes a disputar o prêmio internacional de bombeiro mais resistente do mundo. Sabíamos que ele estava de férias em Florianópolis, mas precisávamos arriscar. Marcio telefonou para ele e disse: "temos uma missão para você". Imediatamente, ele respondeu: – "Eu sabia que você ia me ligar! Sonhei com isso. Não sei o que é, mas estou pronto. Vamos embora! Volto para São Paulo hoje. Selvaaaaa!".

Encontramos com o Ricardo no dia seguinte para explicar todos os detalhes da prova. Como ele ainda estava de férias da corporação, precisou negociar apenas alguns dias a mais com o batalhão e foi conosco para a prova, completando o quarteto, sem treino específico algum e com todos os equipamentos e roupas emprestadas pelo Alê, que se tornou capitão da nossa equipe de apoio.

# RUMO AO CHILE

A organização do Desafío de Los Volcanes exigia diversos equipamentos obrigatórios sendo muitos deles desconhecidos no Brasil. Tentamos conseguir a maior parte a tempo para o nosso embarque e deixamos outros, mais específicos, para comprar por lá.

Desembarcamos em Santiago, no Chile, e seguimos direto para Valdivia, cidade-sede da largada. Assim, já em Valdivia, saímos à procura de uma casa para alugar onde teríamos conforto e espaço para organizar nossos pertences pessoais e todos os equipamentos. Marcio e eu montamos duas bicicletas e saímos à procura do nosso novo "QG". Encontramos "una cabaña perfecta" bem próxima à estrutura da organização. A casa era espaçosa, com um terraço grande, macieiras no quintal e uma cozinha bem equipada para podermos preparar toda a comida durante os dias que antecederam a prova.

Fechamos o aluguel e começamos a discutir sobre como transportaríamos todas aquelas caixas e malas de equipamentos da rodoviária até a nossa nova residência temporária. O dono da casa alugada ouviu a conversa e, gentilmente, emprestou um furgão estilo americano de transporte de leite, bem antigo e sem portas. Voltamos para a rodoviária e surpreendemos a Rose e o Ricardo com nosso novo transporte, que ficou emprestado por toda nossa estadia, ajudando muito a nossa logística. Somos muito gratos por isso!!!

Devidamente instalados, era a hora de cuidar dos equipamentos. Tínhamos de ajustar as bicicletas e instalar bagageiros nelas, checar os equipamentos obrigatórios, iluminação, mochilas, entre outras coisas que deveriam estar prontas para o dia da largada. Apesar de ser uma prova completamente expedicionária, contaríamos com uma equipe de apoio, liderada pelo Alê, que levaria alguns outros equipamentos e alimentos em um carro fornecido pela organização e exclusivo para a nossa equipe.

No dia seguinte, as vésperas da largada, resolvemos fazer um treino para acelerar a aclimatação ao local. Ricardo e Rose não se conheciam. A Rose tinha fama de ser casca-grossa por ter feito todas as cinco edições anteriores do Desafío de Los Volcanes. Durante o nosso pedal, encontramos quatro atletas locais de *mountain biking* extremamente fortes, diga-se de passagem, que nos convidaram para fazer uma trilha de 60 quilômetros, cansativa e altamente técnica na região. Pedalamos com eles e fizemos uma desnecessária disputa e no final decidimos dar um mergulho nas gélidas águas da Patagônia, só para "aclimatar". Os três homens, otários, da equipe entraram na água, assistidos pela Rose, que do lado de fora não parava de dizer que ficaríamos doentes.

Na volta, o Ricardo começou a ter fortes câimbras, rolando no chão de tanta dor. Ao ver a cena, a Rose falava em alto e bom som: "Vocês trouxeram isso aí para fazer a prova?". Sem deixar passar, o Ricardo, que é a calma em pessoa, responde: "Filha, só falta eu programar minha cabeça sobre o que eu vou fazer. Durante a prova, pode ficar tranquila que vai correr tudo bem, não precisa se preocupar". De fato, tudo ocorreria bem com o Ricardo.

## LARGADA NA PRAIA

Na noite anterior à largada, o Ale chega de São Paulo pronto para fazer nosso apoio, mas antes de chegar na nossa casa passou por uma festa na cidade. Ao amanhecer, levantamos com ele todo alegre acordando e atormentando a equipe. O carro estava devidamente equipado, com barcos, bicicletas e caixas. Saímos em comboio até uma praia de Valdivia, onde os mapas foram entregues em três partes. Passada a bebedeira, mas ainda morrendo de sono, o Ale fez um pequeno discurso o qual lembro ainda hoje. Nas palavras dele, a motivação da equipe estaria comigo, por conta da navegação, e, mesmo se eu errasse, eu deveria continuar motivado, estando bem ou não. Levo essas palavras sempre comigo, tentando manter o pensamento positivo, mesmo quando em dificuldade, para não abalar a equipe e atrapalhar a prova. Ele passou a mesma mensagem para o Marcio, que tinha uma característica muito forte de passar toda a prova empolgando a equipe, competindo, querendo ir para a frente. Depois da prova, o Marcio desligava, mas durante ficava pilhado o tempo todo, o que era bom por nos manter focados e concentrados na competição.

Finalmente, é dada a largada do Desafio dos Vulcões 2006. A largada no oceano Pacífico consistiria em 70 quilômetros de canoagem, sem paradas. Remamos em caiaques oceânicos duplos, em uma situação bem agradável, com o mar *flat* e sem vento. Apesar da distância, foi uma canoagem bem gostosa de fazer, atingindo uma velocidade média de 10 quilômetros por hora, em cerca de 7 horas de remada. O Ricardo, que não remava fazia um bom tempo, sofreu um pouquinho, mas nada que ele não tivesse cabeça para suportar as dores e, principalmente, a posição sentada num caiaque, o que gera bastante dor nas costas e nas mãos também para quem não está acostumado.

Impomos um ritmo sempre forte, porque pensávamos muito no resultado, o Marcinho principalmente. O trecho final era subindo contra a corrente de um rio, com muitos trechos rasos que nos obrigava a descer do barco e puxá-lo. Foi um começo de prova bom para mim, que estava com um dos tornozelos sem ligamentos. Quanto menos *trekking* tivesse no começo da prova, melhor seria para mim. No *mountain biking* e na canoagem, eu tiraria de letra.

Terminamos a canoagem em um excelente tempo, fomos a 15ª equipe a sair da água, mas todas chegaram muito próximas uma das outras. Iniciamos um trecho de *mountain biking* de 130 quilômetros. Detalhe: a Rose nunca havia usado sapatilhas, ela pedalava apenas com firma-pé e tênis. Entramos num pelotão com outras equipes de argentinos e chilenos. Aceleramos para dar uma animada e para que o trecho passasse mais rápido. Chegamos já à noite no PC4, final do *mountain biking* e onde começaríamos o segundo trecho de canoagem.

Já era madrugada e o frio mais intenso. Estrategicamente, havíamos levado roupas de Neoprene® para nos aquecer do frio. Devidamente vestidos, nos alimentamos e abastecemos o barco com mais comida para o trecho. Tivemos que carregar o barco até a entrada da água, a cerca de um quilômetro do PC. Este trecho foi muito sofrido, porque o barco estava muito pesado com equipamentos e mochilas. Para piorar, sofremos com o calor do esforço intensificado por causa do Neoprene®. Para chegarmos até a água, contávamos 30 passos e parávamos para descansar, mais 30 passos e mais um descanso.

Entramos na remada de 31 quilômetros em um rio bem calmo. Já próximos ao PC5, encontramos com algumas equipes um pouco perdidas, uma delas havia virado os caiaques na água e estavam em estado de hipotermia, mas uma fogueira no PC os ajudou a se aquecerem. Sabíamos que se virássemos o barco, a situação poderia piorar, assim como havia piorado para a outra equipe.

Logo após a canoagem, chegamos ao primeiro ponto de parada obrigatória. No Desafio dos Vulcões, era comum ter paradas obrigatórias por questão de segurança. O organizador da prova prezava que a equipe parasse para descansar, para poder seguir em segurança. O PC6 seria a primeira parada obrigatória, de 5 horas, e também onde recebemos a segunda parte do mapa. Plotamos o mapa, marcamos as distâncias, para não molhá-lo o encapamos e rumamos para um novo trecho da prova. A parada obrigatória era excelente para toda a equipe, mesmo para o navegador que precisava acordar duas horas antes dos demais para preparar o mapa.

Estávamos em 10º lugar na classificação geral do PC6, uma excelente posição para nossa primeira prova internacional. Eu estava com um pouco de infecção nos olhos, piorada com o esforço da plotagem do mapa, chegando a ponto de não conseguir mais abri-los. Não sei se queimou um pouco a retina na primeira canoagem, quando o sol estava a pino e eu não estava usando óculos. Fui atendido pela equipe médica, que me tratou com colírio, no meio do processo de plotagem do mapa.

Mapa pronto! Acordei os demais da equipe 30 minutos antes do prazo das 5 horas, para que pudessem se aprontar para o trecho seguinte, de 60 quilômetros, *mountain biking* com bastante navegação, trechos de trilhas técnicas e uma tirolesa, um caminho único que cruzava uma cachoeira. Fazíamos a tirolesa carregando a *bike* com a gente até o outro lado do rio, num lugar muito alto e com uma queda-d'agua monstruosa abaixo de nós. Fui o primeiro a atravessar os cabos, sentindo muita dificuldade para sair da corda no final, pois não alcançava os pés no chão em razão do meu peso. Fiquei pendurado na corda para poder tirar o mosquetão que prendia a bicicleta. Os que vieram na sequência não sentiram tanta dificuldade porque acabei ajudando na saída das cordas. O Desafio dos Vulcões tinha por tradição oferecer trechos bem longos e difíceis nas técnicas verticais. O *staff* da prova tinha ordens de não ajudar as equipes, pois os atletas tinham a obrigação de ter conhecimento sobre técnicas verticais em segurança. Por esse motivo é que a organização realizava testes de habilidades antes da prova, para comprovar se todos eram capazes de executar as técnicas verticais da melhor forma possível.

> O Desafio dos Vulcões tinha por tradição oferecer trechos bem longos e difíceis nas técnicas verticais. O *staff* da prova tinha ordens de não ajudar as equipes, pois os atletas tinham a obrigação de ter conhecimento sobre técnicas verticais em segurança.

Logo chegamos ao PC9. Estávamos uma noite sem dormir e havíamos percorrido cerca de 280 quilômetros da prova quando iniciamos o primeiro trecho de *trekking*. Ter percorrido quase 300 quilômetros de prova sem *trekking* foi importante para poupar meu tornozelo. Chegava a hora de testar se eu seria capaz de suportar 100 quilômetros de caminhada, um dos *trekkings* mais duros e inesquecíveis da minha vida e ainda usando um imobilizador de tornozelo.

O *trekking* incluía a subida do vulcão, com uma altitude de 1.950 metros acima do nível do mar. Fizemos uma transição para o *trekking* extremamente lenta. O Ricardo pediu 15 minutos ao Marcio para ir "ao banheiro", dizendo que não poderia ser interrompido "no meio do processo". Apesar do aviso, o Marcio não conseguiu esperar e, em menos de 5 minutos, já estava gritando para o Ricardo sair do meio do mato. O Ricardo voltou muito bravo com o Marcio, sem concluir o "processo". Os dois ficaram sem se falar por um tempo. O Marcio sempre foi muito acelerado e competitivo, se alguém demorasse na transição, ele ajudava para ir mais rápido.

Naquela época, não fazíamos previsões de tempo por trecho. Tudo era muito empírico, pois não tínhamos muita noção. Por já termos participado de outras provas longas, achávamos que estávamos totalmente aptos, inclusive nas questões logísticas. A diferença era de que nossa experiência consistia apenas em provas brasileiras, nas quais, em geral, passávamos por vilarejos ou cidades, onde poderíamos reabastecer as mochilas de comida e água. Já naquela prova, o desafio logístico era muito maior, uma vez que os trechos de cada modalidade eram longos e totalmente expedicionários.

Ficamos em uma situação bem ruim no final daquele *trekking*. Embora tivéssemos abastecido as mochilas de comida com o máximo possível, elas eram pequenas para a quantidade de equipamentos obrigatórios de alta montanha que deveríamos carregar. Sobrava pouco espaço para alimentos e água. Também não tínhamos altímetro para saber em qual altitude estávamos. Fazíamos tudo por instinto, para não dizer por inexperiência.

Por volta das 10 horas da noite, avistamos uma areia branquinha no topo da subida. Chegamos a pensar em dunas, quando na verdade era neve sobre pedras e areia. Atingimos um ponto sem trilha marcada, algo também novo para nós, que não estávamos acostumados a navegar em locais como este no Brasil. Continuamos caminhando até avistarmos uma luz distante, que concluímos ser o PC10; no entanto, ao nos aproximarmos mais, percebemos que, na verdade, se tratava de uma equipe perdida, sentada.

**Fizemos um cálculo sobre quanto tempo levaríamos até o PC e concluímos que seriam cerca de 30 minutos, o que significava que a equipe perdida e as outras que apareceram depois ainda estavam longe de onde deveria estar o ponto-alvo.**

Marcio e eu discutimos o que faríamos a partir dali, já que também não sabíamos onde estaria o PC. Decidimos retornar até o trecho onde ainda havia trilha e de lá tentar traçar um azimute em direção ao posto de controle. Fizemos um cálculo sobre quanto tempo levaríamos até o PC e concluímos que seriam cerca de 30 minutos, o que significava que a equipe perdida e as outras que apareceram depois ainda estavam longe de onde deveria estar o ponto-alvo. Traçamos uma reta e seguimos até um trecho bem íngreme, onde tivemos de subir apoiados pelas mãos. Ao escalar, um farol se acendeu no meu rosto, era o *staff* do PC-alvo.

Atingimos o ponto na 5ª colocação, o que nos deu um grande ânimo para acelerar o ritmo. O PC havia nos alertado sobre os gêiseres, que expeliam água em alta temperatura, por isso, deveríamos tomar muito cuidado pelos trechos perigosos. Perguntei ao Marcio o que significava gêiser e ele me respondeu apenas com um "sei lá, mas segue com a navegação para buscarmos os primeiros colocados". Deus protegeu a equipe!

Seguimos noite adentro até o PC seguinte, no topo do vulcão ainda ativo no Chile. Já havíamos avistado o vulcão; bastava traçar a rota, tentando desviar dos grandes penhascos. Subimos inicialmente com as equipes que estavam na 3ª e 4ª colocações, mas acabei passando mal por conta de uma hipoglicemia muito forte. Eu havia passado a noite navegando e simplesmente esqueci de comer. Apesar do esforço físico, eu nem sequer tive fome. Comecei a sentir tontura, com a vista escurecida. O Marcio continuava pilhado, ainda mais porque acabamos assinando o PC na 3ª colocação.

Como eu estava passando muito mal, passei a navegação para ele. Marcio pegou o mapa e foi perguntar para o *staff* argentino o caminho por onde as equipes estavam seguindo. Não sei se o argentino fez de propósito ou se realmente conhecia somente aquele caminho por onde tínhamos vindo, o fato é que ele indicou um caminho no qual retornamos praticamente para o PC que já havíamos passado. Estranhei quando voltamos para o mesmo PC, então peguei o mapa das mãos do Marcio e percebi um erro de mais de 30 graus na navegação, o que na prática significava que deveríamos voltar para a base do vulcão para tentarmos pegar outra crista de montanha. Para cruzar as cristas onde estávamos, teríamos de transpor muitos penhascos. A melhor solução seria subir para o começo da ravina para cruzá-la numa parte mais baixa e transponível e então seguirmos pela crista certa e sairmos do vulcão. Acertar a crista correta era a única maneira de deixar o vulcão, por conta dos penhascos. Um erro de navegação como esse nos fez perder horas preciosas da prova, o que, além de desmotivar a equipe, também nos aproximou dos horários de cortes, mas não poderíamos desmotivar, havia muita prova pela frente. Nessa região havia uma mutuca gigantesca que a picada era bem dolorida, e essas malditas foram acompanhando a equipe por horas tentando nos picar, acertávamos elas, mas não morriam, desesperador!

Enfim, conseguimos corrigir o erro, mas com cerca de 4 horas de atraso, rumo ao PC13. Ainda na ravina, entramos numa área de bosques (termo usado no Chile e na Argentina como região de mata densa), onde encontramos o *staff* do PC antes do local marcado no mapa. O *staff* disse que estava fora do local traçado por questões de segurança. A partir dali, teríamos de rever o mapa para uma nova rota até o PC seguinte. Descíamos por uma crista até um ponto onde haveria um rio de cada lado do nosso caminho, com cerca de um quilômetro de diferença entre um rio e outro. Na rota anterior, a trilha que seguia depois do PC13 original ficava do lado direito da margem do rio do lado direito. Na mesma linha, começava a trilha que nos levaria para o PC14, que ficava na margem do rio do lado esquerdo. Como não tínhamos passado pelo PC13 original, decidi que iríamos direto pelo rio do lado esquerdo até conseguir atingir a trilha. Na teoria, para quem não conhece a região e não conhece esse tipo de prova, seria a forma mais sensata. Nada justificaria irmos para o rio do lado direito, se nosso rumo agora era o lado esquerdo. Ir direto para o lado esquerdo foi uma das piores decisões da minha vida no assunto navegação. Embora o lado direito não tivesse trilha, o caminho mais fácil teria sido seguir pelo rio da direita, que tinha uma vegetação mais fácil de transpor, algo que só descobrimos depois com o relato de outras equipes.

**Em meio à dificuldade do trecho do rio esquerdo, percebemos que não teríamos alimentos suficientes para terminar todo o trecho de *trekking*. Quase não tínhamos mais comida e ainda faltavam 55 quilômetros até o próximo posto de abastecimento.**

Em meio à dificuldade do trecho do rio esquerdo, percebemos que não teríamos alimentos suficientes para terminar todo o trecho de *trekking*. Quase não tínhamos mais comida e ainda faltavam 55 quilômetros até o próximo posto de abastecimento. A Rose nos fez parar, abrir as mochilas e tirar o resto de alimentos que ainda tínhamos para podermos calcular o racionamento. Estávamos em um trecho de alta montanha e, em nenhum momento do *trekking* havíamos passado por uma casa. Começamos uma descida, em meio a uma floresta de bambu. Enroscávamos na vegetação densa e mal conseguíamos progredir. Para piorar, os bambus mais pareciam lâminas, rasgando nossas mochilas e roupas e depois a nossa pele. Não bastassem os alimentos racionados, somados ao esforço extremo para transpor a vegetação, nossas reservas de água também secaram. Embora ouvíssemos o barulho de um rio muito próximo a nós, não podíamos alcançá-lo em razão do enorme penhasco que nos cercava. Escutávamos o barulho da água, já totalmente desidratados, mas não conseguíamos alcançá-la. Eu já estava apelando, quebrando bambus e os chupando, na tentativa em vão de matar a sede. Percorremos 3 quilômetros de floresta extremamente densa de bambus em torno de 15 horas, com fome e sede.

Sair dos bambus tinha sido uma grande vitória para nós, mas na prova significava a perda de inúmeras colocações. Ainda continuávamos famintos, no entanto, enfim conseguimos alcançar o rio e matar a sede. Totalmente cabisbaixos, lamentando o ocorrido e já pensando em desistir, ainda tínhamos 50 quilômetros pela frente. Alguém perguntou o que faríamos, quando o Marcio prontamente respondeu que seguiríamos em frente e só pararíamos quando o primeiro caísse e não levantasse mais.

Seguimos em frente por mais 10 quilômetros, até que resolvemos parar, já sem nenhuma energia para continuar. Sentamos no chão e continuávamos lamentando, quando a santa Rose nos deu uma lição inesquecível. Horas atrás, quando tínhamos jogado nossas comidas no chão para calcular o racionamento, ela havia escondido um saco de pães, um salame gigantesco e uma lata de Coca-Cola® para um momento como aquele. Ela atirou os alimentos no chão e disse: "Isso aqui é para vocês, moleques, aprenderem para o resto da vida de vocês que precisam carregar comida extra, seus idiotas!". E ainda completou: "se não fosse isso aqui, estaríamos todos mortos", a Rose salvou a equipe. Fizemos quase um banquete, embora a Rose ainda continuasse a racionar os alimentos; o salame e o pão em partes e a Coca-Cola® servida em conta-gotas.

Conseguimos terminar o longo trecho correndo, com direito a mais uma porção de pães servidos por um morador de uma casa localizada a 5 quilômetros antes do PC. Os 100 quilômetros duraram 48 horas, um dos *trekkings* mais longos e sofridos da minha vida. Caímos da terceira colocação para mais de quadragésima. Amigos e parentes já estavam preocupados, pois acompanhavam nossa progressão pela internet e haviam percebido o *delay* da atualização.

Fomos recepcionados com alegria pelos nossos apoios na transição, onde haveria uma nova parada obrigatória e um novo trecho de mapa até a chegada. Lembro-me de ter dormido tentando plotar o mapa, enquanto a Rose cuidava dos pés extremamente machucados. Comemos muito naquele ponto, tudo o que era ou não servido pelos apoios. Definitivamente, tínhamos aprendido a carregar comida extra.

Saímos para mais um trecho de canoagem, desta vez de 30 quilômetros, com uma tranquila navegação. O remo foi seguido por um *mountain biking* de 180 quilômetros com navegação e muita subida. Impomos um ritmo forte no trecho plano, com a equipe alinhada, fazendo vácuo. Depois entramos numa trilha, quando a navegação se tornou mais difícil. Aquele tipo de carta era novidade para mim, com trechos de estrada representados por trilhas no mapa ou vice-versa. O organizador nunca atualizava muito bem os mapas, impondo um desafio adicional à navegação.

Progredíamos em um bom ritmo, atravessando a cordilheira rumo à Argentina, quando o Ricardo errou a troca da marcha da bicicleta, talvez por desregulagem ocorrida no transporte, e o câmbio entrou no raio da roda, o pneu girou e torceu a peça, arrebentando a roldana do câmbio traseiro. Perdemos muito tempo tentando arrumar a bicicleta. Tiramos o parafuso do *break light* da bicicleta, tentando improvisar no conserto. Conseguimos recuperar parte do câmbio, mas ele ainda precisava tomar cuidado para não usar todas as marchas, pois havia sobrado um pedaço do parafuso improvisado que poderia enroscar no raio novamente.

Em uma trilha nos perdemos um pouco, onde haveria uma ponte velha e abandonada, no entanto, passamos cerca de 20 metros de distância do alvo, por outra trilha. Atingimos o rio, mas a corredeira era muito forte. Não sabíamos por onde as demais equipes haviam passado, pois com a força da água certamente aquele não seria o local. A ponte estava uns 500 metros para trás. Ficamos perdidos por volta de uma hora, tentando atravessar o rio, até enfim encontrarmos a ponte para seguirmos na trilha.

Finalmente, chegamos ao PC antes da subida dos Andes, já era noite, com muito frio e bem cansados. O *staff* estava dentro da barraca e de lá mesmo avisou para não subirmos durante a noite por conta do frio, pois congelaríamos. Ouvimos as instruções e decidimos dormir ali mesmo por cerca de 3 horas e subir apenas ao amanhecer. Aproveitamos a parada para tentar eliminar a ponta extra do parafuso da *bike* do Ricardo. Cortamos o parafuso com uma faca de serra, uma situação inédita, que resolveu nosso problema, mas destruiu a faca do *staff*.

Ainda faltava toda a subida dos Andes e, para variar, nossa comida estava acabando mais uma vez. Encontrei uma lata de Coca-Cola® fechada "dando sopa" em cima de uma mesinha dos *staffs*. Olhei para o Marcio e falei que seria um grande pecado roubar aquele refrigerante naquela situação, mas estávamos precisando muito. Relutamos ainda por cerca de meia hora, até que não resistimos e bebemos. O médico ficou bem bravo com a gente, pois estávamos longe de qualquer lugar onde fosse possível comprar outra.

Dormimos embaixo da Land Rover dos *staffs* e saímos antes mesmo deles acordarem, rumo à subida dos Andes. Subíamos ora pedalando, ora empurrando por cerca de 5 horas até o topo, onde reencontramos com a neve num lugar bem bonito. Naquela época ainda tínhamos *mountain biking* bem rústicas, ao estilo Selva, de alumínio, com grupo bem inferior ao que usamos nos dias atuais. O freio era *v-break*, de pastilhas convencionais, pouco propícias para os 20 quilômetros de descida que viriam a seguir. Lembro de ter empurrado a *bike* na descida, pois eu não aguentava mais frear. Fizemos a descida, mais uma vez em uma situação deplorável por estarmos sem comida. Ao menos tínhamos água, pois tínhamos recolhido neve. Só não estávamos em uma situação pior que a dos canadenses. Um deles descia com a bicicleta nas costas, partida ao meio.

Enfim, chegamos na fronteira entre Chile e Argentina, momento bem engraçado para os chilenos e argentinos, mas nada engraçado para mim. Na sala da imigração chegamos juntos com uma equipe chilena e, no momento de registrar nossa passagem, o policial da imigração chilena não carimbou meu visto de entrada. Havia uma zona neutra entre Chile e Argentina de 8 quilômetros de sobe e desce em uma estrada de terra. Depois de pedirmos comida para os motoristas que estavam na fila da imigração, seguimos pedalando pelos 8 quilômetros até a Argentina. Quando chegamos na imigração, para enfim entrarmos na Argentina, o oficial da imigração se desculpou e avisou que eu não tinha o carimbo de saída do Chile e que eu não poderia entrar na Argentina. Fiquei muito bravo, pois percebi que o oficial chileno não havia carimbado meu documento para que a equipe chilena ficasse na nossa frente.

Voltei para a imigração chilena em um único tiro, mesmo já tendo percorrido quase 170 quilômetros de *mountain biking*. Cheguei batendo a porta, mas me contive porque sabia que poderia ser preso. Os oficiais riram da situação, pois realmente haviam feito de propósito. Voltei nervoso os 8 quilômetros; quanto mais bravo, mais força fazia. Voltei para o lado argentino e encontrei os três dormindo. Ainda me perguntaram se eu queria dormir, mas estava com sangue quente demais.

Enfim, concluímos os 180 quilômetros no PC localizado em uma pizzaria, onde não encontraríamos os apoios. Apesar de famintos, não podíamos comprar nada para comer. Falhamos no planejamento logístico ao não lembrar que precisaríamos carregar dinheiro argentino. Tínhamos apenas a moeda chilena, que não era aceita no local. Por sorte, um fotógrafo que acompanhava a prova nos emprestou alguns pesos argentinos e pudemos comer. Com 100 pesos compramos duas *pizzas* e ainda uma cerveja, para matar a vontade da Rose de tomar a bebida.

Era um ponto onde deixaríamos as *mountain bikes* para o último trecho de 20 quilômetros de *trekking* e de vertical, que consistia em um quilômetro de ascensão em uma parede de pedra para completarmos a competição. Também era o último trecho onde teríamos a participação do Hadade, que precisava voltar para São Paulo por conta do aniversário do pai – ou ele estava pressentindo algo, pois os outros dois apoios corriam muito e estava fácil acontecer um acidente. A equipe não encontrava com o apoio nesta transição, porém eles retirariam nossas *bikes* após a passagem.

Depois da transição, eles foram até a cidade deixar os dois barcos e o Hadade na rodoviária de San Martín de Los Andes. No retorno para buscar as bicicletas, os apoios capotaram a Land Rover. O acidente deu perda total no veículo e nas nossas caixas de equipamentos. A grande sorte foi o Hadade ter ido embora, do contrário ele poderia estar dentro do carro e ter acontecido algo muito sério com ele, já que durante a prova ele se sentava no banco de trás, com as caixas e, normalmente, sem cinto de segurança. Os dois apoios da frente só não se machucaram gravemente porque estavam usando os cintos de segurança. Foi uma situação em que Deus protegeu o Hadade ao mandá-lo embora antes do acidente. O carro também já não estava com os caiaques da organização. Se tivessem capotado com

**No retorno para buscar as bicicletas, os apoios capotaram a Land Rover. O acidente deu perda total no veículo e nas nossas caixas de equipamentos.**

os barcos, estaríamos pagando os custos até hoje. Se o acidente tivesse acontecido na volta da transição, eles já estariam com as quatro bicicletas moídas. Mas graças a Deus os apoios argentinos não sofreram nada sério.

Sem saber do acidente, fizemos a transição para *trekking* após um bom trecho impondo um ritmo forte e recuperando inúmeras posições, até atingirmos a 28ª colocação naquele ponto. Achei bem bacana, uma vez que havíamos saído da 48ª posição.

Depois das *pizzas*, saímos para o *trekking* mais uma vez sem nenhum alimento nas mochilas. Como eram 20 quilômetros, pensamos que passaria rápido, então seguimos em frente. Progredimos bem até o 15º quilômetro, em trilhas de locomoção mais tranquilas e navegação fácil. A partir dali, a trilha tornou-se mais estreita e técnica e, para piorar, a fome aumentou e o sono veio. Estávamos com os pés bem machucados, meias furadas, já totalmente exaustos. O Marcio e eu estávamos um pouco à frente, quando encontramos, em plena mata, dois pares de meias ao lado de uma porção generosa de doces sobre uma pedra. Felizes com os achados, sentamos para trocar as meias, enquanto nos fartávamos com os doces vermelhos. Minutos depois, o Ricardo chega e pergunta: "Oh, filhos! Por que vocês estão comendo velas?". Velas? Com o cansaço e a fome, estávamos alucinando, comendo velas em vez de doces. Ainda não sei se as meias existiram, só sei que comemos as velas!

Já no último trecho da caminhada, chegamos ao terreno em que deveríamos costear o lago Lacar, que margeia San Martín de Los Andes. Ficamos um longo trecho andando na beira do lago. O Marcinho já havia perdido 30% dos equipamentos e roupas, inclusive as de frio, algo que acontecia em todas as provas. Eu continuava firme e forte com meus bastões de *trekking*. Os do Marcio, ele havia perdido no primeiro *trekking* da prova. Em dado momento da caminhada, escorreguei numa pedra e cai dentro da água gelada. Como o equipamento era e é caro, fiquei tentando recuperá-lo a 3 metros de profundidade. Fiz vários mergulhos, tentando alcançá-lo, mas minha cabeça doía muito em razão da baixa temperatura da água. Do lado de fora, o Ricardo dizia para eu desistir e que não valeria a pena morrer por conta de um bastão. Para finalmente me convencer, ele disse que me daria outro. Desisti!

Voltamos a caminhar e logo chegamos ao trecho das verticais. Faríamos um quilômetro de cordas, revezando entre uma ascensão e via ferrata em um paredão de rochas. Não havia *staffs*, apenas a corda. Progredimos bem em todo o trecho. Já no final, encontramos um *staff* da organização, que pediu pelo rádio um barco para nos resgatar e nos levar para a chegada.

A chegada em San Martín de Los Andes foi bem bacana. Nossos apoios esperavam por nós para fazermos uma grande festa.

Após um banho merecido, saímos para comer. Durante toda a prova, eu falava do bife de chouriço tradicional em San Martín que eu comeria assim que chegássemos da prova. Naquela época, o Marcio já havia se tornado vegetariano e não comia carne, mas de tanto eu falar na carne, ele acabou comendo também.

Devidamente alimentados e limpos, voltamos para o local da premiação. Na competição, todos que terminavam subiam ao pódio, um reconhecimento por todo o esforço e superação. Estávamos lá! Havia sido uma prova bem dura, com vários aprendizados de equipe que carregamos até hoje durante as corridas de aventura, principalmente com toda a experiência passada pela Rose.

*Transformar sonhos impossíveis em realidades possíveis tem sido a missão do atleta e professor Caco. Só mesmo um livro seu para deixar a marca indelével deste sábio do esporte.*

**Eduardo Salum**
ALUNO SELVA, INTEGRANTE DA EQUIPE EKOS NO ECOMOTION PRO 2011 (SUL DA BAHIA).

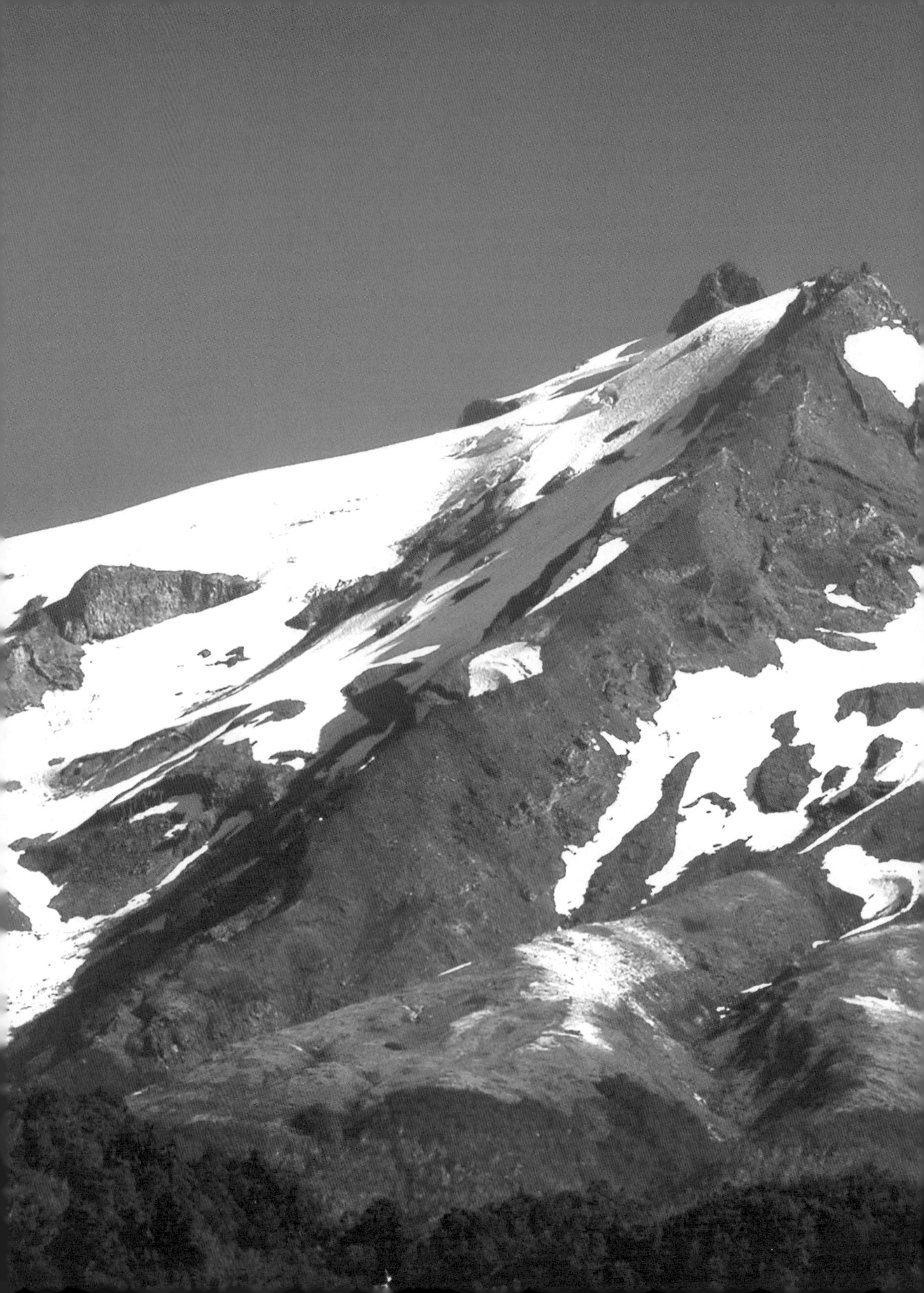

# Capítulo 3

# Desafio dos Vulcões 2007

## ARGENTINA/CHILE

**Integrantes da prova:** Caco Fonseca, Erasmo Cardoso, Marcio Campos e Rose Hoeppner

## VULCÕES – A REVANCHE

Depois da experiência de 2006, tivemos um longo ano de preparação. Havíamos ganhado muita experiência logística e adquirido mais equipamentos, materiais e vestimentas, e quanto aos mapas... já estávamos bem mais familiarizados com eles. Mudamos um integrante da equipe, saindo o Ricardo e entrando o Erasmo Cardoso, conhecido como Chiquito, que chegava para impor um pouco mais de ritmo à equipe.

Logo depois da prova do ano anterior, passado um mês do trauma, já havíamos esquecido os problemas e iniciado novamente os treinamentos. Só faltava melhorar a minha lesão no tornozelo, que acabou piorando. Voltei para a fisioterapia, mas sem deixar de competir, o que incluiria uma prova média – de 150 quilômetros – e duas curtas, todas com *aircast®* no pé. Em todas, terminava com o pé inchado e ia direto para a fisioterapia. O lado bom é que pude aprimorar minhas técnicas no *mountain biking*.

Resolvi fazer uma ressonância magnética para saber como de fato estaria minha lesão. O que mais me incomodava a essa altura era não conseguir surfar. Havia um movimento em que era necessário fazer uma rápida flexão, mas uma dor insuportável surgia, a ponto de eu precisar sair da água me arrastando pela areia e esperar por cerca de meia hora até a dor diminuir. Já havia passado da hora de procurar um médico e conhecer o real problema.

Descobri que três ligamentos estavam rompidos junto ao osso e algumas fagulhas do osso tinham se movido para a articulação. Isso explicava a dor durante o surfe. Aceitei a recomendação cirúrgica ainda na primeira semana de agosto de 2006. A cirurgia seria um pouco delicada e a recuperação lenta. Meu fisioterapeuta, Gustavo Fogolin, também acompanhou a cirurgia, realizada por uma ótima equipe médica especializada em tornozelos.

Tanto a cirurgia quanto o processo da longa fisioterapia ocorreram muito bem. Minhas sessões na fisioterapia consistiam em no mínimo cinco vezes por semana, de 2 horas e 30 minutos a 3 horas cada uma. Fiz também bastante musculação para não perder massa muscular e garantir meu retorno mais rápido aos treinos.

Um mês depois da cirurgia, já estava liberado para pisar no chão. Foi uma época de bastante sofrimento, pois as dores durante a fisioterapia eram fortes. Um mês e meio depois já estava fazendo meu primeiro trote na esteira. Na verdade, foi um primeiro teste inesquecível. Senti uma dor tão grande, que parecia que os ligamentos tinham rompidos mais uma vez. O diagnóstico era de uma fibrose liberada, ocasionando a dor já conhecida. Era realmente apenas um susto, apesar de eu ter sentado para esperar a dor passar.

Minha dieta nesse período também passou a ser bastante rigorosa, evitando um ganho de peso desnecessário. Até a operação eu comia de três mil a quatro mil calorias por dia, caindo para mil calorias no pós-cirúrgico. Passei por duas semanas de adaptação árdua, até o organismo se ajustar e aceitar apenas aquelas míseras calorias.

Em novembro, fiz minha primeira prova depois da cirurgia, a Chauás, uma prova de 80 quilômetros na Praia Grande, em São Paulo. Competi em dupla com a Fernanda, minha esposa. Conquistamos a segunda colocação, mesmo após ela ter sofrido dois acidentes durante a prova. Em um deles, um espinho atravessou o pé dela e mesmo assim ela continuou. No outro, foi uma queda pedalando, que partiu o guidão ao meio. Embora tivesse se machucado bastante, pois bateu o rosto no chão, ainda assim ela quis continuar.

Os treinos já estavam evoluindo quando chegou a boa notícia do adiamento do Desafio dos Vulcões. Agendado inicialmente para janeiro, a prova foi transferida para abril, aumentando meu *gap* de treinos. O Marcio e o Chiquito estavam numa progressão de treinos e provas muito boa. Haviam feito o Ecomotion com o Zolino e a Tatiana Cirilo, todos muito fortes, enquanto eu ainda estava retornando aos poucos. Tive de correr atrás do prejuízo e, em pouco tempo, estar apto para o Desafio dos Vulcões, mesmo sabendo que ficaria bem abaixo do nível deles.

# RUMO A SAN MARTÍN DE LOS ANDES

A logística de materiais estava quase pronta. Viajamos para Buenos Aires na mesma situação de sempre, sem muito dinheiro. Passamos a noite na capital argentina em um hostel, aguardando a manhã seguinte para seguir para San Martín de los Andes. O hostel tinha uma enorme escadaria, dificultando o transporte, pois já estávamos carregados com quase 200 quilos de equipamentos. Levamos tudo para cima e no dia seguinte para baixo, para embarcarmos numa viagem de 24 horas de ônibus até a cidade-sede de largada da prova.

Chegamos na mesma situação, sem hotel reservado nem nada. Como sempre, encontramos uma cabana, com preço super em conta, menos de 7 dólares por cabeça por dia. O lugar era bacana, espaçoso para todos dormirem bem e ainda com uma cozinha equipada para prepararmos nossas próprias refeições.

Depois de acomodarmos, saímos pela cidade ao encontro do nosso apoio argentino. Desde aquele momento, ele nos ajudaria nos preparativos pré-prova, com a compra de alguns equipamentos e alimentos. O nome dele era Martín, conhecido de todos e conhecedor de tudo na cidade. Naquele ano, pela primeira vez, usaríamos um altímetro, obviamente emprestado. Mas o relógio – do Zolino – estava sem bateria, um pequeno detalhe a ser providenciado. "Martín, onde podemos trocar a bateria? Martín, onde compramos tal equipamento?" Enfim, ele conhecia tudo, foi praticamente nosso anjo antes da prova.

Muitos equipamentos de alta montanha foram emprestados por amigos ainda no Brasil. Além de ceder alguns acessórios, a alpinista brasileira Helena Coelho foi nossa treinadora. Ninguém entendia nada como usar piquetas e grampons e fazer encordoamento. Treinamos na USP, pessoas que passavam por ali não entendiam nada ao nos ver subindo barrancos inclinados de grama com grampons. Ela nos ensinou a fazer o encordoamento e a usar a piqueta para não nos matar durante a competição.

Passamos por vários treinamentos e técnicas diferentes, os quais não estávamos acostumados. Tudo desenrolou bem até a hora da checagem dos equipamentos. Estávamos um tanto apreensivos, pois os organizadores eram extremamente criteriosos com a checagem de equipamentos de segurança. Tivemos uma pré-prova bastante agitada.

## APOIOS TAMBÉM SÃO PARTE DA EQUIPE

Nosso apoio, Martín, sugeriu levar um amigo dele para nos ajudar. O amigo era um *chef* de cozinha, o que cairia como uma "luva" para as cinco transições com paradas obrigatórias de três horas cada uma. Ter um ótimo cozinheiro, com uma comida gostosa, faria a diferença. O *chef* nos acompanhou nas compras de supermercado. Escolhemos os itens de nossas preferências e ele deu um toque pessoal, complementando com outros suprimentos.

Logo, nosso terceiro apoio se uniu à equipe: Pedro Viana; um aluno novo da Selva, que chegava para somar. Fiz um *script* – para minha alegria ou tristeza – com tudo o que ele deveria fazer durante a prova e como proceder quando a equipe chegasse às transições. Minhas orientações reforçavam a importância de seguir tudo à risca para podermos fazer boas e objetivas transições. Começaríamos, sem perder tempo, trocando as roupas e meias quando necessário e nos prepararmos para sair para a próxima etapa. Ao longo do processo, o Pedro deveria dar a cada um de nós meia garrafa de *whey protein*. Depois, uma comida quente já pronta seria dada pelos apoios nas nossas bocas. Todos prontos, as mochilas deveriam ser preparadas para o próximo trecho. Em cada transição, eu falaria quanto tempo seria estimado para o próximo trecho. As comidas de mochilas eram dispostas em uma lona no chão, com uma configuração previamente planejada para facilitar a logística de reabastecimento.

Mochilas prontas, se a transição não exigisse uma parada obrigatória, deveríamos fazê-la o mais rápido possível, entre 20-30 minutos. Se houvesse uma parada para sono, decidiríamos na chegada quantas horas ficaríamos de acordo com a estratégia de horário para os trechos seguintes. O Pedro também tinha a missão de ficar atento às equipes que passassem na nossa frente nas transições, com o intuito de investigar as trilhas certas, para que eu pudesse me localizar no mapa.

As 15 horas a serem investidas em tempo de sono poderiam ser distribuídas em cinco postos de transição. As horas seriam gastas em horas cheias, uma, duas, três horas ou conforme a equipe determinasse, porém era necessário informar ao *staff* da transição.

> Acabei por me arrepender posteriormente de uma das tarefas dadas ao Pedro. Ele seguiria exatamente à risca tudo o que eu havia detalhado, inclusive o aviso de que a equipe tentaria impedi-lo de seguir todos os procedimentos previamente acordados.

Acabei por me arrepender posteriormente de uma das tarefas dadas ao Pedro. Ele seguiria exatamente à risca tudo o que eu havia detalhado, inclusive o aviso de que a equipe tentaria impedi-lo de seguir todos os procedimentos previamente acordados. Eu havia dito a ele que precisaria ser firme. Dei alguns exemplos para ilustrar o que tentava explicar: "Pedro, nós não vamos querer beber o *whey protein* e você vai nos obrigar a beber. Vamos começar a ficar lentos e você terá de nos acelerar. Vamos parar para dormir e, quando você nos acordar, vamos dizer que vamos ficar mais um pouco. Se dissermos que vamos sair em duas horas, você tem de nos acordar pelo menos 15 minutos antes para podermos comer mais um pouco e sair. Quando eu disser que vamos ficar mais uma hora, você não vai deixar. Vale o que foi estabelecido antes da largada". Dito isso, não haveria vírgulas ou "se", teria de ser assim. Ele concordou!

Nosso quarto apoio se uniu a nós, Marcão, um ex-aluno da Selva que dias antes estava visitando o sul do Chile, pegou um ônibus e também foi pra lá para nos ajudar.

## UMA DOR DE CABEÇA A MAIS

Quando eu havia saído do Brasil, eu acabara de defender meu mestrado. A tensão pré-prova havia sido acentuada com o estresse da correria da carreira acadêmica. Um integrante da equipe, o Hadi Akkouh, foi acompanhar minha defesa de tese muito gripado. Ao final da apresentação, ele veio me abraçar e, com a baixa imunidade do estresse daquele período, acabei ficando gripado na minha chegada a San Martín.

Fiquei de cama em meio aos preparativos da prova. Na data anterior ao *briefing*, terceiro acamado, eu estava deitado na casa alugada de dois andares, em que havia um sistema de aquecimento central para a casa e o chuveiro. A Rose se dispôs a fazer um chá para mim, ligou o fogão para aquecer a água, mas não encontrou os sachês do chá. Já esquecida do botão do fogão ligado, ela me disse que achava que os meninos não tinham comprado o chá, portanto, deixaria para prepará-lo para mim no dia seguinte. Ela subiu para tomar banho, quando notei um barulho estranho. Voltei para o Chiquito que estava deitado ao meu lado, assistindo à televisão e perguntei que barulho era aquele. Parecia uma torneira ligada. O Chiquito respondeu: "não enche o saco, me deixa assistir ao filme sossegado". Insisti, dizendo que ele não estava entendendo nada do filme em espanhol e poderia muito bem ver o que estava acontecendo. Dei as costas no sofá, me cobri melhor e o ignorei.

Cinco minutos depois voltei a insistir: "Chiquito, já gastamos mais de uma caixa-d'água porque você não quer fechar a torneira". Xingando, ele levantou para ver o que estava acontecendo. Só ouvi um grito: "Minha nossa senhora!". Era o gás que estava ligado na potência alta, como se fosse uma torneira. Levantei correndo, sem saber se saía correndo para fora da casa ou se tentava desligar o sistema. Se a evaporação estivesse a favor do sistema central, que ficava no corredor e que mantém uma chama acesa o tempo todo, já teríamos ido para o espaço. Apaguei o aquecedor, desliguei o gás e abrimos toda a casa para ventilar, apesar do frio do lado de fora. A Rose quase tinha provocado um grave acidente, mas estávamos todos a salvo.

No dia seguinte, começava a me recuperar. Fui para o *briefing* me sentindo bem melhor, pronto para absorver as informações preciosas que seriam dadas. Como no ano anterior, o mapa continuaria desatualizado. Tanto que no final do *briefing*, o organizador ressaltou que no último *trekking* da prova haveria uma estrada que nos levaria a um posto de controle, mas na carta o caminho não seria visível. No mapa, a estrada aparecia mais em cima e não chegava até o PC. A informação foi pontuada rapidamente, mas eu prestara muita atenção, anotando todas as informações. Escrevi na carta: "estrada não chega na carta, mas leva até o PC. Não é preciso pegar outro caminho". A pouca atenção tiraria várias equipes da prova.

Ao longo do *briefing*, a Rose levantou a mão para fazer uma pergunta. Já olhei para o Marcio, com os dois tentando imaginar o que ela perguntaria e que, com certeza, nos causaria vergonha. Ela perguntou se as técnicas verticais seriam tão difíceis quanto 2006. Sempre simpático, Guri, o organizador, respondeu que no ano anterior ele não considerava ter tido técnicas verticais na prova, pois foram trechos extremamente fáceis. Disse ainda que as técnicas verticais reais aconteceriam naquele ano e que muitas equipes sairiam da prova neste trecho. Se um integrante não conseguisse passar, a equipe estaria desclassificada.

Terminado o *briefing*, comecei a traçar o mapa naquele mesmo dia, apesar da largada agendada para dois dias depois, ao meio-dia. Recebemos diversas folhas para 580 quilômetros de prova. Continuei preparando os mapas no dia seguinte, tentando conciliar com os preparativos logísticos.

Prontos para a largada, fomos para o lago Lacar, que naquele dia estava muito agitado, com muitas ondas e ventos. A imagem era inesquecível, 80 equipes, 160 barcos alinhados à beira daquele imenso lago azul para a largada do Desafio dos Vulcões.

Apesar da nossa empolgação, notei as equipes argentinas reunidas e discutindo. Eles haviam decidido cancelar a largada, por conta do alto risco de hipotermia caso o barco virasse no lago formado por águas de degelo. Após muitas discussões entre as equipes argentinas, organizadores e imprensa, concluiu-se que o melhor a fazer seria adiar a largada por 24 horas. Assim que recebi a notícia, corri para o carro, já me cobri com um cobertor e pedi a Martín que me levasse de volta para a cabana. Eu havia ganhado 24 horas de presente para poder me recuperar antes da largada. A febre já tinha passado e a sinusite estava melhorando.

## CONDIÇÕES PERFEITAS PARA A LARGADA

O dia amanheceu perfeito, claro, sem vento e com o lago sem ondas. Atravessaríamos o lago Lacar de ponta a ponta, totalizando 30 quilômetros de canoagem em barco duplo e veloz. Como esperado, a largada foi extremamente forte. Tentávamos nos manter no pelotão da frente, pois nossa equipe era bem forte na modalidade. Com cerca de 10 quilômetros, o Marcio começou a reclamar de dores no corpo e nos braços, mesmo assim continuou no mesmo ritmo. Mais dez quilômetros e ele já estava de volta ao ritmo inicial.

Terminamos o primeiro trecho ainda de dia, o que foi ótimo para iniciar um *trekking* com bastante navegação dentro de um parque nacional até uma lagoa escondida.

> Corríamos quando era possível e a navegação ia muito bem apesar de complicada. Passamos por um trecho com muitos bambus, em que um atleta de outra equipe havia pisado em um deles e, com a quebra, um pedaço acabou perfurando um dos olhos dele.

Fizemos uma transição, deixando alguns equipamentos nos barcos, pois depois da caminhada voltaríamos a eles para remar de volta a San Martín.

Iniciamos o *trekking* num ritmo bem forte para uma prova de mais de 500 quilômetros. Corríamos quando era possível e a navegação ia muito bem apesar de complicada. Passamos por um trecho com muitos bambus, em que um atleta de outra equipe havia pisado em um deles e, com a quebra, um pedaço acabou perfurando um de seus olhos. Traçamos um azimute e uma hora depois já havíamos encontrado o PC da lagoa escondida, na quinta colocação.

Voltamos por várias pequenas estradas dentro do parque nacional, por caminhos mais turísticos. Alcançamos duas equipes, uma argentina e outra brasileira que, aparentemente sem motivos, pararam para mexer nas mochilas. Passamos e seguimos nossos caminhos seguindo o mapa, sempre correndo, com muitas subidas e poucas descidas. Faltavam mais ou menos 8 quilômetros para chegarmos de volta às embarcações. Não paramos de correr, pois queríamos aproveitar ao máximo a luz do dia na canoagem. Ainda teríamos que passar por vários PCs virtuais à margem do lago e com o cair do dia ficaria mais difícil.

Para nossa surpresa, chegamos aos barcos na 14ª colocação. Ninguém havia passado por nós, mas por algum milagre os argentinos haviam nos ultrapassado. Eu havia seguido o único caminho desenhado na carta, não havia uma segunda opção. Só Deus e os argentinos sabem o que aconteceu. Todos haviam ido por um caminho muito mais curto. A essa altura, a equipe que havia parado para mexer na mochila já estava meia hora na nossa frente. Alguns caminhos melhores existiam, mas não estavam descritos na carta. Apesar do prejuízo no tempo, ainda era começo de prova, então não desanimamos e mantivemos nossa estratégia e ritmo.

Entramos de volta à canoagem, já tendo encontrado alguns PCs virtuais, quando a noite caiu. Estávamos sem luva e sem roupas de Neoprene®, por isso tínhamos que manter o ritmo muito forte para terminarmos o trecho o quanto antes.

De volta a San Martín, fizemos uma transição de cerca de meia hora, com uma deliciosa refeição servida pelo nosso mega *chef* de cozinha. Trocamos as roupas e saímos para um *mountain biking* de mais ou menos 80 quilômetros. Logo na saída da cidade, encontramos um grupo de duas equipes argentinas. Encostamos neles e seguimos juntos, revezando as equipes que puxavam o ritmo.

O frio apertou com o aumento da altitude. Como mantínhamos um ritmo forte, não percebemos que nossas extremidades estavam congelando. Não estávamos com equipamentos próprios para o clima. Em vez de luvas completas, usávamos luvas de *mountain biking* de dedos cortados. Além das pontas dos dedos das mãos congelados, os pés também estavam na mesma situação. As sapatilhas que havíamos adquirido ainda no Brasil tinham furos, por onde o frio passava. O diagnóstico era de geladura, congelamento dos membros mais periféricos, seguida de dores intensas nos locais.

> **O frio apertou com o aumento da altitude. Como mantínhamos um ritmo forte, não percebemos que nossas extremidades estavam congelando. Não estávamos com equipamentos próprios para o clima.**

Paramos para cuidar das extremidades, enquanto os argentinos seguiram seus destinos. Envolvemos nossos pés com cobertor de sobrevivência, colocando as meias e vestimos novamente as sapatilhas. Desta forma, o ventou parou de entrar nos pés e com o aquecimento do corpo, as extremidades começaram a esquentar novamente. Não tivemos uma alternativa melhor para as mãos. Apesar de também envolvidas nos plásticos metálicos, não conseguíamos prendê-los adequadamente e os dedos acabavam expostos novamente. Quando o terreno permitia, colocávamos as mãos nos bolsos e assim conseguimos alcançar o posto de imigração entre Argentina e Chile.

O Marcio entrou no escritório argentino para cuidar da papelada no momento em que eu reclamava do Pedrão, apoio, que tinha deixado a mangueira do *camelbak*® virada e ainda uma caramanhola com defeito e eu não conseguia me hidratar. Enquanto aguardávamos do lado de fora pelo processo de emigração, todos começaram a reclamar que também não conseguiram beber água. O problema não tinha sido um erro do apoio e sim que todas as mangueiras e caramanholas estavam congeladas. Olhei para as costas do Chiquito totalmente branca. O suor que exalava pela roupa também tinha congelado.

O Marcio demorou para voltar. A cada minuto que passava, sentíamos mais frio e nada dele. Decidi procurar por ele e para minha surpresa estava deitado, descalço com os pés virados para uma lareira aquecida e ainda dormindo, enquanto esperávamos por ele do lado de fora e a -5 graus. Eu o acordei rapidamente, já avisando que a Rose daria uma bronca nele se soubesse.

Voltamos para as bicicletas, mas o Marcio continuava com muito sono, não conseguia mais pedalar direito. Ainda faltavam 20 quilômetros quando resolvi parar para ele descansar. Haveria muitas descidas dali para frente, qualquer descuido poderia ser perigoso. Marcio e Chiquito cochilaram, enquanto a Rose e eu tentávamos nos aquecer com polichinelos, flexões e tiros de 20 metros. Em 9 minutos, acordei os dois, eles estavam com frio intenso, com tremedeiras, pois o chão acaba sugando mais o calor do corpo. Ainda travados, os colocamos em cima das *bikes*. Em cinco minutos já voltaram a se aquecer, quando pudemos impor novamente um ritmo forte.

Uma das equipes argentinas do trecho inicial da bicicleta voltou a nos encontrar. Eles também tinham parado um tempo para descansar na imigração. Seguimos juntos até a transição para um *trekking* de montanha, que subiria um vulcão.

Alguns PCs de transição tinham checagem de equipamento obrigatório. Antes de chegar ao apoio, deveríamos passar pela mesa da organização para apresentar algum equipamento que pedissem de forma aleatória. Caso não apresentássemos, seríamos penalizados em algumas horas, parados no ponto sem poder sair. Nessa transição, poderíamos ter uma parada de sono, dentro das 15 horas estabelecidas.

Resolvemos fazer uma transição rápida, pois já havia amanhecido e teríamos que aproveitar a luz do dia para fazer o *trekking* em alta montanha. Saímos por volta da 11ª colocação para mais ou menos 20 quilômetros, com muito desnível. O trecho consistiria em subir até o topo de uma montanha, descer pelo outro lado até um vale e então subir uma nova montanha até um rapel de cerca de 80 metros.

Havia risco de desabamento no rapel, com muitas pedras soltas, por isso, foram instaladas quatro cordas, uma para cada atleta da equipe. Todos deveriam descer alinhados, para não haver risco de pedras rolarem na cabeça de quem por ventura estivesse logo abaixo. Cinco ou seis equipes estavam paradas, esperando para descer. Como não havia previsão de tempo para descer, decidimos dormir, pedindo para o *staff* nos acordar quando estivesse chegando nossa vez.

Deitamos sob uma sombra de uma árvore. O *staff* já sabia onde estávamos, para quando fosse nos acordar. Recontei as equipes que aguardavam em fila e peguei no sono. Cerca de duas horas depois acordei no susto e fui falar com o PC para checar a nossa vez. Havia uma nova equipe na espera, que eu tinha certeza de que estava atrás de nós, pois havíamos passado por eles anteriormente. Eles estavam se preparando para descer, quando comentei com o fiscal que estavam furando a fila. Eles responderam aos risos que estavam na nossa frente e continuaram se equipando. Foi quando dei uma de maluco, saquei da minha pequena faca de um palmo, fui na base da corda e falei aos berros para o fiscal "pode descer, porque se alguém entrar na via, eu corto a corda". Gritei para o Chiquito pegar a planilha com a passagem das equipes. Fiquei atordoado quando vi que quatro equipes que estavam atrás já haviam descido. Lamentavelmente, aquela seria a quinta equipe que chegara atrás de nós a descer. Se continuássemos dormindo, ficaríamos em último na classificação, sem ninguém nos acordar.

Entramos para descer o rapel com um enorme desconforto pelo ocorrido. Havia um pequeno trecho de troca de cordas, onde precisaríamos apenas de uma cadeirinha e mosquetão de segurança. A pessoa principal do vertical, que era uma mulher, estava num patamar um pouco abaixo do nosso. Para ajudar ainda mais a nossa já delicada situação, o Chiquito tira o ATC (descensor) de dentro de um saquinho e deixar cair cachoeira abaixo. Escutei o barulho de um metal batendo na pedra. Olhei para cima e disse "me fala que é um mosquetão e não um ATC". Tínhamos mosquetões extras, mas nenhum ATC a mais. Já sem graça, o Chiquito responde que tinha derrubado o ATC. O Marcio, que passou o ATC dele para o Chiquito, tinha experiência em descer com descensor por corda e a mulher autorizou e todos descemos.

Continuamos por um cânion, até a base de um vulcão, para fazer umas das maiores ascensões por corda que eu já fiz, de uns 100 metros, cuja entrada era por um barranco bem inclinado. Mas estávamos preparados, havíamos treinado bastante, inclusive a Rose que tinha um pouco mais de dificuldade. Decidimos dividir o peso da mochila da Rose, para que ela pudesse fazer o percurso com menos dificuldade. O Chiquito dizia que aguentaria até 100 quilos nas costas e que poderia ascender com as duas mochilas nas costas. Mas ele subiu uns 15 metros e desistiu, pediu para dividirmos o peso, tarefa esta que foi feita já em plena ascensão.

Caso um integrante da equipe demorasse mais de 40 minutos na corda, a equipe estaria automaticamente desclassificada. A regra era pelo fato de que ficar muito tempo sentado na cadeirinha de vertical poderia afetar a circulação sanguínea, podendo levar à morte.

Os últimos 20 metros foram extremamente exaustivos. Eu estava com muito peso e quase desisti. Pensava na equipe caso fôssemos desclassificados, então busquei energia gritando "Selvaaa!". Até conseguir completar o desafio, exausto e com os braços em frangalhos.

De volta à prova, sem água, continuamos rumo à boca do vulcão, correndo em areia vulcânica fofa e sedentos. Cerca de duas horas depois, enfim encontramos um rio, reabastecemos e nos hidratamos. Seguimos para o PC, onde haveria uma parada de sono opcional.

Chegamos ao PC e a organização imediatamente nos abordou, questionando alguns equipamentos obrigatórios. Apresentamos todos, já comunicando da nossa decisão de pararmos por 3 horas para descansarmos. Sairíamos por volta da meia-noite, para um *trekking* de cerca de 40 quilômetros.

Mais uma bela refeição do nosso *chef*, com o Martín cuidando de toda a logística. Fizemos todo o procedimento combinado com o Pedro, tomamos *whey protein*, comemos, trocamos as roupas e arrumamos as mochilas, enquanto os apoios davam comida nas nossas bocas. Em cerca de 30 minutos já estávamos na barraca, aquecidos pelo saco de dormir próprio para o clima, com capacidade térmica de -20 graus.

Tivemos 2 horas e 10 minutos de sono, sendo acordados pelo Pedro 20 minutos antes do horário de partida combinado. Obviamente, tentamos enrolar o Pedro com o horário. Parecia que tínhamos acabado de deitar, quando ele nos acordou. Pedi mais uma hora de sono, porém, como previamente combinado e seguindo à risca minhas orientações, Pedro não nos deixou dormir além do tempo combinado. Continuava insistindo para mais uma hora, quando de repente ele arrancou todos os sacos de dormir da equipe e saiu correndo. Ainda bem que eu não estava com minha faca desta vez, pois estava muito frio, por volta de -3 graus, e talvez eu agisse sem pensar.

Voltamos para a corrida congelados, mas em menos de 15 minutos já estávamos rindo do ocorrido. Aceleramos para cumprir o trecho da melhor forma possível. A navegação ajudava no começo, a maior dificuldade mesmo foi a travessia de um rio com uma boia, que molhava a bunda já madrugada adentro.

Mantivemos um ritmo bem forte, trotando em alguns momentos. Por volta das 6 horas da manhã o ritmo caiu, o sono voltou e já não conseguíamos mais nos manter acordados. Resolvemos parar por dez minutos para reestabelecer o corpo e voltar. A parada foi providencial, suficiente para recuperarmos o pique e retomarmos o ritmo anterior, andando e correndo.

Com o clarear do dia, já por volta das 10 horas da manhã, atingimos a transição para *mountain biking*. Não teríamos contato com os apoios, que apenas tinham deixado as bicicletas no posto e seguido viagem. Fizemos uma transição rápida, pois não adiantaria ficar ali parados, perdendo tempo, sem o auxílio dos apoios.

De volta às bicicletas, atingimos novamente a fronteira Chile-Argentina, desta vez sem a soneca do Marcio. Documentos carimbados, subimos nas *bikes* de volta ao trecho de 70 quilômetros. Já estávamos perto dos 15 quilômetros finais quando encontramos próximo a um vilarejo uma equipe brasileira que, na teoria, deveria estar cinco a seis horas atrás da nossa. Parei ao lado do capitão e ele me perguntou se havíamos nos perdido durante toda a noite. Respondi já meio bravo, dizendo que não tínhamos nos perdido e eu queria saber o que fizeram para se adiantarem seis horas. Um pouco sem jeito, ele respondeu que havia atravessado o rio junto com uma equipe argentina e as duas teriam seguido juntas até o final do *trekking*. Eles tomaram um caminho que não estava marcado na carta e cortava o percurso em uns 25 quilômetros. Concluí que parecia que estávamos numa corrida maluca, onde deveríamos tentar sobreviver do lado argentino e tentar brigar por alguma colocação apenas do lado chileno. Acabamos rindo da situação absurda, mas continuamos fazendo a nossa prova, pois ainda faltaria metade da prova.

Terminamos o *mountain biking* com a equipe brasileira até o novo PC, onde também seria possível fazer uma parada de sono. Decidimos ficar por apenas uma hora e logo sair para a canoagem.

Para o remo, o Pedro já havia se informado com os locais sobre o percurso do rio. Ele descobriu que haveria dois caminhos possíveis em um rio cheio de pedras, e em um deles teríamos a chance de cortar muitos quilômetros. O problema seria encontrar essa saída para o percurso mágico, pois estaria escondida em meio a muito mato fechado.

Mantivemos a logística da transição, adicionando alguns equipamentos extras de vertical. Teríamos de usar uma corda para descer uma corredeira a nado e a segurança era para que não continuássemos descendo o rio depois do ponto de saída da água. Todos desceriam o rio, ou seja, precisaríamos de quatro *kits* com cadeirinha, mosquetão e fita solteira. O único problema foi que o Chiquito simplesmente esqueceu de colocar o equipamento na mochila.

Saindo para a canoagem, estimei a distância para a saída estratégica do caminho mais curto do rio e calculei o tempo que levaríamos até ela. Quando deu o tempo, começamos a procurar a saída, até que notei um fluxo de água diferente no meio da mata. Bingo! Teríamos a chance de diminuir vários quilômetros da canoagem.

Era um caminho bem difícil, com muitas árvores caídas e ainda estávamos com as canoas oceânicas, nada propícias para aquele tipo de percurso. Para não sofrermos com a gélida água, estávamos todos vestidos de Neoprene®, o que nos ajudou muito nos trechos em que deveríamos transpor os barcos por cima das árvores caídas. Cheguei até pensar que as roupas não eram apropriadas, pois sentíamos muito calor com tanto esforço para vencer as barreiras.

Enfim, atingimos um lago de águas tranquilas, onde encontraríamos um novo PC e deixaríamos os barcos, rumo a uma costeira de mais ou menos 15 quilômetros. Nosso apoio havia percebido o erro do Chiquito e acabou rompendo uma regra da prova, na qual o carro não deveria deixar o posto de transição por um tempo mínimo de horas e, assim, evitar que encontrasse a equipe na saída do lago, onde pegariam nossos barcos. Eles inventaram uma desculpa de que precisariam comprar comida, então saíram antes do previsto, a tempo de nos encontrar na saída da canoagem.

Quando eles chegaram na praia de rio, notaram duas luzes na água e perguntaram quanto tempo as equipes estavam levando. O *staff* respondeu que eram muitas horas e que, muito provavelmente nossa equipe demoraria, pois haveria um trecho bem enroscado com madeiras caídas e ninguém estava achando a entrada mais curta, levando as equipes a fazer o percurso em 6-7 horas. Os apoios concluíram que não chegaríamos a tempo, mas o Pedro resolveu esperar pela equipe já à vista na água. Foi a nossa sorte! Fizemos o caminho em umas 3 horas.

O Pedro me chamou de lado, jogou um saco no meu pé e disse: "O Chiquito esqueceu o vertical!". Respirei aliviado pela iniciativa, pois do contrário seríamos penalizados. Mas não contente, o Chiquito queria ser penalizado a qualquer custo.

Logo em seguida, retiramos as mochilas dos barcos e saímos para o *trekking*. Teríamos de levar o colete salva-vidas e, obviamente, o Chiquito deixou o dele no barco. Quando chegamos ao ponto onde cruzaríamos o rio, ele estava sem colete. Para, mais uma vez, contornar a situação, o Chiquito se vestiu com todas as roupas de frio que estavam na mochila. Mesmo com o fiscal jogando um farol contra nós, conseguimos fingir que estávamos prontos para a travessia aquática, para o azar dele.

Continuamos na costeira, atrás de um PC virtual, até a transição seguinte, de canoagem e a terceira parada estratégica de sono. Consumimos mais uma hora do tempo de descanso, numa rápida transição, com uma bela refeição, seguida de uma merecida bronca no Chiquito para não esquecer mais nada.

Saímos bem preparados para o frio, inclusive com roupas impermeáveis. Queríamos remar a todo vapor e, assim, aproveitar o máximo possível a luz do dia. Remamos forte, pegamos todos os PCs virtuais nos 40 quilômetros do trecho, o que também nos permitiu avançar na classificação geral e terminar a canoagem na 12ª posição.

Nessa transição não havia parada de sono. Trocamos as roupas, comemos e saímos rapidamente para uma perna de *mountain biking* de 80 quilômetros e bastante navegação. Estávamos animados com o ganho de posições. Quanto mais animados, menos sono tínhamos e ainda conseguíamos progredir rápido nas longas subidas naquele trecho da prova.

## EFEITO SONO

As curtas paradas de sono que tivemos ao longo da prova teriam um preço alto. Dormir 20, 30, 40 minutos a cada parada obrigatória não seria o suficiente para manter o ritmo e a classificação. Para ajudar, a organização ainda havia esquecido de nos avisar na saída para o *mountain biking* sobre uma mudança na chegada do posto de controle dos 80 quilômetros.

O cansaço extremo estava nos causando alucinações, colocando-nos numa situação bem crítica. Descemos uma estrada até uma ponte, onde tracei o azimute e disse para meus companheiros que teríamos apenas mais um quilômetro para o PC, que estaria do lado esquerdo. Saímos a todo vapor, planejando algumas merecidas horas de sono, pois já não estávamos conseguindo ficar acordados sobre as bicicletas.

Um quilômetro depois, havia alguns sítios, todos apagados. A dúvida na navegação já batia na equipe. Apesar do sono extremo, eu tinha certeza de que estávamos no local certo. Decidimos voltar para a ponte e refazer o azimute para conferir a localização. Estava revendo a navegação detalhadamente, quando um carro passou direto por nós, sem passar pela ponte, e entrou numa porteira próxima a nós. Parecia um carro de equipe de apoio. Comentei com o Marcio e, apesar do PC estar plotado no mapa depois da ponte, a organização havia transferido o posto para antes da ponte. Tivemos sorte de ver o carro, apesar da meia hora perdida tentando encontrar o PC.

Cheguei à transição totalmente atordoado de sono, mal conseguia me comunicar. Os apoios já estavam a postos, com toda estrutura montada e prontos para nos receber. Eles fizeram toda a estratégia de alimentação. Sentamos nas cadeiras, todos estavam muito atrapalhados com o cansaço. O Pedro insistia para tomarmos o *whey protein*, mas não conseguíamos raciocinar para engolir a bebida.

O Pedro me lembrou de que havíamos esquecido de avisar a organização sobre o tempo que ficaríamos naquela transição. Perguntei quantas horas já havíamos gasto e ele me respondeu que foram cinco, portanto, ainda teríamos dez horas disponíveis. Respondi que dormiríamos 10 horas. Ele me chamou de louco e retornei dizendo que precisaríamos dormir o máximo possível, antes de entrar para os últimos 90 quilômetros de *trekking* e mais de 20 quilômetros de *mountain biking* planos e finais. Enfrentaríamos uma dura navegação no *trekking*, por isso o descanso seria fundamental.

Para nos preparar para o longo *trekking* a seguir, os apoios providenciaram bacias com água para lavarmos os pés. O cansaço era tanto que, ainda com os pés sujos na bacia, aproveitei a mesma água para lavar o rosto. O Martín pediu pelo amor de Deus para eu parar, pois havia água farta no acampamento para que eu pudesse me lavar.

Eu já nem sabia o que estava fazendo ou falando. Os apoios literalmente conduziram nossas ações. Depois de trocados e alimentados, levaram-nos para as barracas e nos colocaram dentro dos sacos de dormir. Dormiríamos por volta de 8 horas, mas cinco horas depois levantei num salto, assustado, sem saber onde estava e sedento. Os apoios me deram água e me mandaram voltar a dormir, ordem obedecida prontamente!

Já estava amanhecendo quando acordamos para arrumar as mochilas, sorridentes e descansados. Ainda estávamos na 12ª posição, porém totalmente revigorados para retornar à competição.

O Pedro já havia se informado sobre a saída do *trekking*. Em cerca de 40 quilômetros não encontraríamos os apoios, no entanto, teríamos acesso à comida e aos equipamentos de alta montanha para subir o vulcão Villarrica.

Despedimo-nos dos apoios e seguimos na prova. A navegação seria fácil até cruzarmos um rio. Seguíamos à margem esquerda do rio, subindo uma montanha, em busca de uma estrada no topo do morro. Em algum momento, deveríamos atravessar o rio. Seguindo na navegação, notei que a vegetação estava mudando para um tipo de reflorestamento. Decidi manter o azimute e não cruzar o rio em busca da estrada. Na teoria, seria a decisão mais rápida e foi exatamente o que aconteceu. Conseguimos chegar à mata, azimutando em direção à estrada. Navegação perfeita até a estrada.

Atingimos o ponto onde várias equipes seriam retiradas da prova. No *briefing* antes da prova, o organizador havia dado uma informação muito importante, dizendo que a estrada acabava na carta, porém apenas deveríamos continuar nela até o PC, no meio do nada. Como o organizador não havia atualizado o mapa, parecia que o posto de controle estaria no meio do nada, quando na verdade estaria mesmo na estrada. Nem todas equipes ouviram isso, fazendo com que algumas saíssem da prova.

Ganhamos algumas posições até aquele PC, na base do vulcão Villarrica, a mais ou menos 1.500 metros de altitude. Deveríamos continuar andando para a beira do vulcão, com pouca referência topográfica, até descermos a mais ou menos 500 metros de altitude, onde estariam nossos equipamentos de alta montanha e nossa comida. Os equipamentos consistiam em grampon, piqueta e capacete.

Quando estávamos chegando ao PC, encontramos um atleta de outra equipe, dando-nos os parabéns por estarmos na 5ª colocação, com o quarto ainda na transição. Nessa hora já estávamos bem baleados, com os pés e joelhos bem machucados. A Rose estava com o tornozelo totalmente inchado. Os quatro capengavam naquele final de tarde.

Apesar de fisicamente exauridos, falei para o Marcio que acabaríamos com a autoestima da equipe que estava logo à nossa frente. Apesar de mal conseguirmos andar, decidimos correr os últimos 50 metros até o PC, gritando "Selvaaa"!

A equipe quarta colocada era uma equipe uruguaia, que já tinha feito todas as edições anteriores do Desafio dos Vulcões, desde a primeira, quando a menina da equipe teve um ataque cardíaco e faleceu em plena prova. Desde o incidente, a equipe ganhava a inscrição da competição, competindo sempre com o número 1, em todas as sete edições.

Os uruguaios nos viram chegando e ficaram um pouco atrapalhados, tentando acelerar a saída do PC e tomar alguma vantagem sobre nós. Eles saíram muito fortes, nossa estratégia de chegar correndo tinha ido por água abaixo. Em vez de relaxarem, eles ganharam fôlego com nossa chegada para saírem forte.

Quando chegamos ao PC vimos nosso grampon, piqueta, capacete e logo ao lado uma linda *pizza* com um bilhete em português. Rapidamente começamos a devorar a *pizza*, que havíamos pensado ser um presente dos nossos apoios. Foi uma das *pizzas* mais gostosas que já comi na vida.

Enquanto saboreávamos o "presente", um argentino correu na nossa direção, gritando e perguntando por que estávamos comendo a *pizza* da equipe dele. Na verdade, estávamos comendo a *pizza* de uma equipe que tinha dois argentinos e dois brasileiros. Já era tarde, a *pizza* já tinha sido devorada. Para compensar nosso deslize, acabamos cedendo as quatro empanadas que nossos apoios realmente tinham deixado para nós. O que acabou sendo um desperdício, já que aquela equipe estaria entre as equipes perdidas no trecho da estrada e, consequentemente, tirada da prova naquele ponto.

Colocamos os equipamentos nas mochilas e saímos para a subida do vulcão na última luz do dia, por volta das 22 horas, horário que normalmente escurecia. Encontramos com o fotógrafo Theo Ribeiro que, além de tirar algumas belas fotos nossas, nos disse que faríamos o percurso turístico pelo lado contrário.

A navegação estava um pouco complicada, com algumas partes de vertical bem interessantes no caminho. Para nossa surpresa, a equipe uruguaia havia se perdido nesse trecho e acabamos chegando uns cinco minutos na frente deles na entrada do vertical.

> A navegação estava um pouco complicada, com algumas partes de vertical bem interessantes no caminho. Para nossa surpresa, a equipe uruguaia havia se perdido nesse trecho e acabamos chegando uns cinco minutos na frente deles na entrada do vertical.

Entramos nas cordas para fazer uma tirolesa. Tínhamos quatro polias, uma delas era uma polia *speed*. Peguei a *speed* para mim, pois eu teria agilidade para virar o corpo e usar os pés para parar no final da corda. Desci primeiro com a polia que justificava o nome. Peguei muita velocidade. Tentava girar para frente e estabilizar o corpo, mas a velocidade era incrível. A minha sorte era de que eu estava com uma luva de vaqueta, feita de couro. Agarrei a corda e usei as luvas como freio. As luvas queimaram e ainda assim dei uma grande pancada no final, em uma madeira usada para fazer a segurança de saída da corda. Os outros três passariam tranquilamente.

Continuamos andando por uma montanha até um novo trecho de vertical. Desta vez, deveríamos transpor uma ponte tibetana, que consiste em uma corda fazendo o papel de ponte e outras duas funcionando como um corrimão. Andamos lentamente pela corda, um pé na frente do outro, mochilas pesadas e ainda com os uruguaios na nossa cola. Uma verdadeira disputa internacional no final do Desafio dos Vulcões.

Saímos das cordas e seguimos para uma ascensão em uma cachoeira, de mais ou menos 30 metros. A água era gelada, portanto, deveríamos ser ágeis para não congelar. As duas equipes terminaram praticamente juntas, com os uruguaios saindo para o *trekking* na nossa frente.

Estávamos numa região de várias pedras vulcânicas, com alguns morrinhos no horizonte. Passávamos um deles quando de repente os uruguaios sumiram das nossas vistas. Eles haviam apagado as lanternas, tentando nos despistar.

Decidimos desencanar e continuar focados na nossa prova. Traçamos um azimute, pois não havia trilha naquele terreno pedregoso. Conseguimos encontrar o *light stick* que nos direcionaria para uma série de três ascensões, que totalizariam cerca de 200 metros, todas negativas. Quando estávamos perto de um *light stick*, os uruguaios acenderam as lanternas atrás de nós, colados na gente para não se perderem.

Havia uma corda para cada equipe. Estávamos disputando a colocação literalmente pendurados, na beira do vulcão. De dia a vista deveria ser linda, mas ainda bem que não vimos nada. Era melhor mesmo não enxergar a ascensão na beira do abismo. Os uruguaios acabaram terminando as cordas alguns minutos à nossa frente.

Voltamos para o *trekking*, reabastecemos as mochilas com água em um rio e seguimos até a próxima referência: um posto de controle em uma barraca, que marcaria a saída das pedras vulcânicas para a neve. Deveríamos seguir as instruções do *staff*, para não corrermos o risco de cairmos em gretas ou outros lugares perigosos.

Azimutei na saída do PC, andando por algumas cristas de morros. Os uruguaios haviam apagado as lanternas mais uma vez, na tentativa de nos despistar.

Encontrei a crista que procurávamos, com um azimute perfeito, desviando apenas quando o terreno não era muito seguro. Em cerca de três ou quatro horas, já estava amanhecendo quando finalmente encontramos a barraca que marcava a entrada na neve.

Perguntamos ao PC o horário que os uruguaios haviam passado. Ele respondeu que éramos o quarto colocado e que não havia passado mais ninguém. A última equipe era chilena e havia passado duas horas antes de nós. Os uruguaios tinham errado uma ravina, estavam visualmente perto, porém com alguns penhascos separando-os de nós. Eles teriam de retornar o caminho e consertar o erro, o que levaria de 5 a 6 horas. A disputa com a nossa equipe estava encerrada.

## EM BUSCA DOS PRÓXIMOS DESAFIOS

Saímos para buscar o terceiro colocado, separados por nós por muitas subidas rumo ao topo do famoso e ativo vulcão Villarica. Antes do ataque ao cume, preparamo-nos calçando os grampons, piquetas em punho, capacetes e ouvindo as imprescindíveis instruções do *staff*, que incluía memorizar a frase deixada em uma faixa no cume do vulcão, comprovando nossa passagem pelo local.

Finalmente amanheceu e sob o céu azul, subimos pela neve. Era nossa primeira vez andando com grampons, testados nos treinos no gramado da USP. Deu tudo certo!

Já próximos ao cume, estávamos bem cansados, mas ainda tínhamos o último trecho de pedra para encarar antes do topo. Guardamos os grampons nas mochilas e seguimos até atingir o cume pouco tempo depois, já em busca da faixa.

Obviamente, a mensagem tinha de estar do lado oposto ao nosso. Um dos poucos vulcões ainda ativos na Patagônica Argentina, o Villarica deve ter por volta de 1 quilômetro de circunferência. Era a distância que ainda nos separava da faixa PC e da descida em busca da terceira colocação.

Saí sozinho, correndo pelas pedras, deixando o restante da equipe descansando. Tive que enfrentar o incômodo cheiro de enxofre, ainda piorado pelo vento a favor. Quando cheguei na metade daquele pequeno percurso comecei a passar mal. Enjoo, vômito e a vista embaçada tornaram a missão ainda mais lenta. Corria pelas pedras, tropeçando insanamente, batendo as canelas. Minhas roupas começaram a rasgar nas pedras afiadas e eu só queria sair dali. O frio era intenso pela altitude de 2.900 metros, precisava terminar aquilo e começar logo a descida com meus companheiros. Andei o mais rápido que pude até alcançar a faixa.

A descida era mais tranquila, por um caminho turístico, permitindo-nos até brincar no percurso. Estávamos tranquilos com relação ao quinto colocado, bem distante de nós. Aproveitamos a descida descontraída, naquele dia maravilhoso, que nos permitia avistar Pucón de longe.

Mas como tudo na natureza, do nada, ventos fortes começaram a surgir. As intensas rajadas dos chamados ventos brancos patagônicos não nos permitiam enxergar um palmo à nossa frente. Como já tínhamos perdido nossos óculos durante a prova, a nossa situação ficou ainda mais crítica. A cada rajada éramos jogados à neve. Conseguimos nos agrupar, amarramos uma corda em todos nós e traçamos uma estratégia para chegar até a uma pedra que poderia nos proteger dos ventos. A partir dela estaríamos próximos da descida de um dos lados da montanha, no qual ficaríamos totalmente protegidos e livres daquela situação.

A temperatura estava por volta de -20 graus, muito frio. Não estávamos com roupas adequadas para ficar parados naquela ventania. Demos início à nossa estratégia, na qual a cada intervalo entre as rajadas, eu andaria um metro e cravaria a piqueta no chão para esperar os demais se aproximarem. Quando a rajada de vento começava novamente, deitávamos no chão até a próxima janela. Foi assim que conseguimos chegar atrás de uma pedra um pouco mais abrigada. A essa altura, a organização já havia enviado dois guias de montanha para nos ajudar. Vimos por onde eles subiram e fomos na direção deles. Com uma ajuda mútua, finalmente, conseguimos alcançar a parte abrigada da montanha e seguimos na prova.

## FALTA DE COMUNICAÇÃO

Apenas um pequeno detalhe, embora todos estivessem animados por estarem avistando a cidade-sede do final da prova, eu havia esquecido de avisá-los que a descida do vulcão não significava rumar direto para a chegada. Antes disso, tínhamos de atingir a altitude de 1.500 metros e então seguir paralelo ao cume por oito quilômetros, em uma região sem a existência de trilhas.

Antes de deixar o tapete branco gelado, abasteci todos meus recipientes de hidratação com neve, pois não sabia quando e se encontraríamos água pelo caminho. A falta de comunicação significava que apenas eu teria água e ainda um pouco de comida, guardada providencialmente para as próximas 8 horas, tempo estimado para terminar a prova daquele ponto.

Com todos quietos a partir do entendimento de que ainda teríamos um bom trecho pela frente, passei a compartilhar minha comida e água. Apesar do racionamento, nossos suprimentos duraram muito pouco. O duro percurso diminuía nossa progressão e, consequentemente, aumentava o tempo sem hidratação e alimentação até o vale, ponto no qual teríamos de descer em busca de uma estrada e, teoricamente, encontrar água.

O vale era profundo, com muitos penhascos, foi muito difícil encontrar um lugar adequado para a descida. Estávamos na parte alta de um penhasco, com dois patamares. Se conseguíssemos acessar o primeiro patamar, conseguiríamos escalar o penhasco e chegar ao fundo do vale. Mas para isso tínhamos de descer cerca de cinco metros negativos. Era literalmente uma parede que antecedia um trecho de areia vulcânica, em uma inclinação próxima aos 45 graus, onde provavelmente teríamos condições de descer escorregando ao patamar seguinte. A teoria era interessante, mas só nos faltava a corda para descer os 5 metros.

A saída foi buscar outra solução mais arriscada, porém a única possível naquele momento. Procuraríamos uma árvore fina, aparentemente resistente, que poderia nos servir de apoio. A ideia era entortar a ponta da árvore, descendo pela parede do penhasco, o que diminuiria a altura para cerca de dois metros até a parte de inclinação de 45 graus. Iríamos um por vez, soltaríamos e escorregaríamos até o patamar seguinte. A ideia era boa, faltava ver na prática.

Encontrei uma árvore que entortava e não quebrava. O Chiquito foi o primeiro voluntário, largou a mochila e foi seguindo a estratégia. Ele escalou a árvore com as mãos até ela envergar à altura estrategicamente prevista de dois metros do ponto de areia, largou e foi escorregando até o patamar. Deu certo!

"Rose, sua vez!", gritei. Como a Rose estava com sono e não havia entendido 100% do plano, acabou largando precocemente e não na ponta da árvore. Ela caiu os cinco metros direto na areia vulcânica e foi descendo, rolando a toda velocidade. Gritávamos insanamente: "Chiquito, segura a Rose. Não deixa ela passar!!!". Nosso pavor devia-se a um penhasco negativo, de uns 100 metros, logo depois do patamar de areia. O Chiquito conseguiu agarrá-la, mas ela ficou desacordada. Desci rápido, na tentativa de saber o que tinha acontecido e se ela estava com sinais vitais. Gritei para o Marcio descer para ver o que podíamos fazer. O Marcio gritou de volta, dizendo que jogaria a mochila e me pediu para segurá-la. A mochila descia com a piqueta e o grampon pendurados. Rolava a toda a velocidade. Definitivamente, não era nada saudável ficar na frente de uma mochila com tantas pontas afiadas. Tive de sair da frente e a mochila caiu em um penhasco de cerca de cem metros de altura. Ao ver a mochila desaparecer no abismo, o Marcio gritou: "Pô, Caco, você não segurou a mochila?!". Respondi de volta: "Vem você segurar a mochila com várias pontas afiadas, a cem quilômetros por hora na tua direção!".

Com a mochila desaparecida, voltamos novamente a atenção para a Rose. Estávamos todos tentando reanimá-la quando de repente ela abre os olhos e começa a nos xingar, dizendo que quase a matamos jogando ela de um penhasco. Fomos escutando as broncas até o final da prova.

Descemos pela encosta do penhasco, encontramos com as mochilas na parte baixa e seguimos por dentro do vale até chegar à estrada. Muitas horas sem comida e água havia passado, mas a pior sensação era mesmo a falta de água. Não tínhamos mais saliva na boca e o desespero pela sede aumentava a cada minuto.

Enfim, chegamos à estrada que nos levaria até o PC, onde encontramos um carro da organização. O *staff* nos perguntou se estávamos bem, respondemos que precisávamos de água. Para nossa alegria, ele disse que em uns 50 metros para frente já encontraríamos uma ponte onde teria água. Corremos para a ponte e bebemos muita água, muito mais do que precisávamos e ainda assim parecia que a sede não saciava. Estávamos a apenas um quilômetro do PC seguinte, onde encontramos as bicicletas para os últimos 20 quilômetros de prova até a chegada.

Pegamos as *bikes* e saímos pedalando rumo à chegada. Um pneu furou dentro da cidade, poucos quilômetros antes do final, mas rapidamente o Chiquito trocou a câmera para finalmente avistarmos o pórtico de chegada na praia de rio da cidade. Muitas pessoas nos esperavam festejando, dado à nossa excelente recuperação no último trecho de *trekking*.

O VII Desafio dos Vulcões, em 2007, foi considerado pela organização, mídias e atletas a edição mais difícil de todas, por questões de desnível, dificuldades de percurso, muita navegação e frio. Para a equipe foi uma grande realização, tanto pela 4ª colocação, entre as 70 equipes que largaram e apenas quatro terminaram o percurso completo, quanto por termos conseguido terminar todos bem e felizes, depois de todas as dificuldades superadas na prova.

*Correr uma prova de aventura com o Caco é uma experiência única de vida e um aprendizado sem igual. A prova começa muito antes da largada, pois o Caco faz todo o planejamento de treinos e logística seis meses antes da largada. Ele prepara os treinos dos atletas de forma personalizada e acompanha seus resultados para garantir que todos tenham o melhor resultado como time. Dada a largada, é o Caco que conduz todos de PC a PC até a chegada. É nele que confiamos para que nos leve com segurança ao destino final. Caco, com sua humildade, conhecimento, técnica apurada em todas as modalidades e absurda força física e mental, ganha rapidamente confiança e admiração da equipe. Acima de tudo, eu treinava e corria no meu limite pelo Caco e por seus ideais de companheirismo, solidariedade, perseverança, resiliência e respeito ao ser humano, fauna e flora. Ter corrido com ele e ter feito parte da Selva, como aluno e atleta, me fez crescer, rever meus valores e evoluir como ser humano.*

**Alexandre Hadade**
EX-INTEGRANTE DA EQUIPE SELVA EM DIVERSAS PROVAS E NO ECOMOTION PRO SERRAS GAÚCHAS 2005.

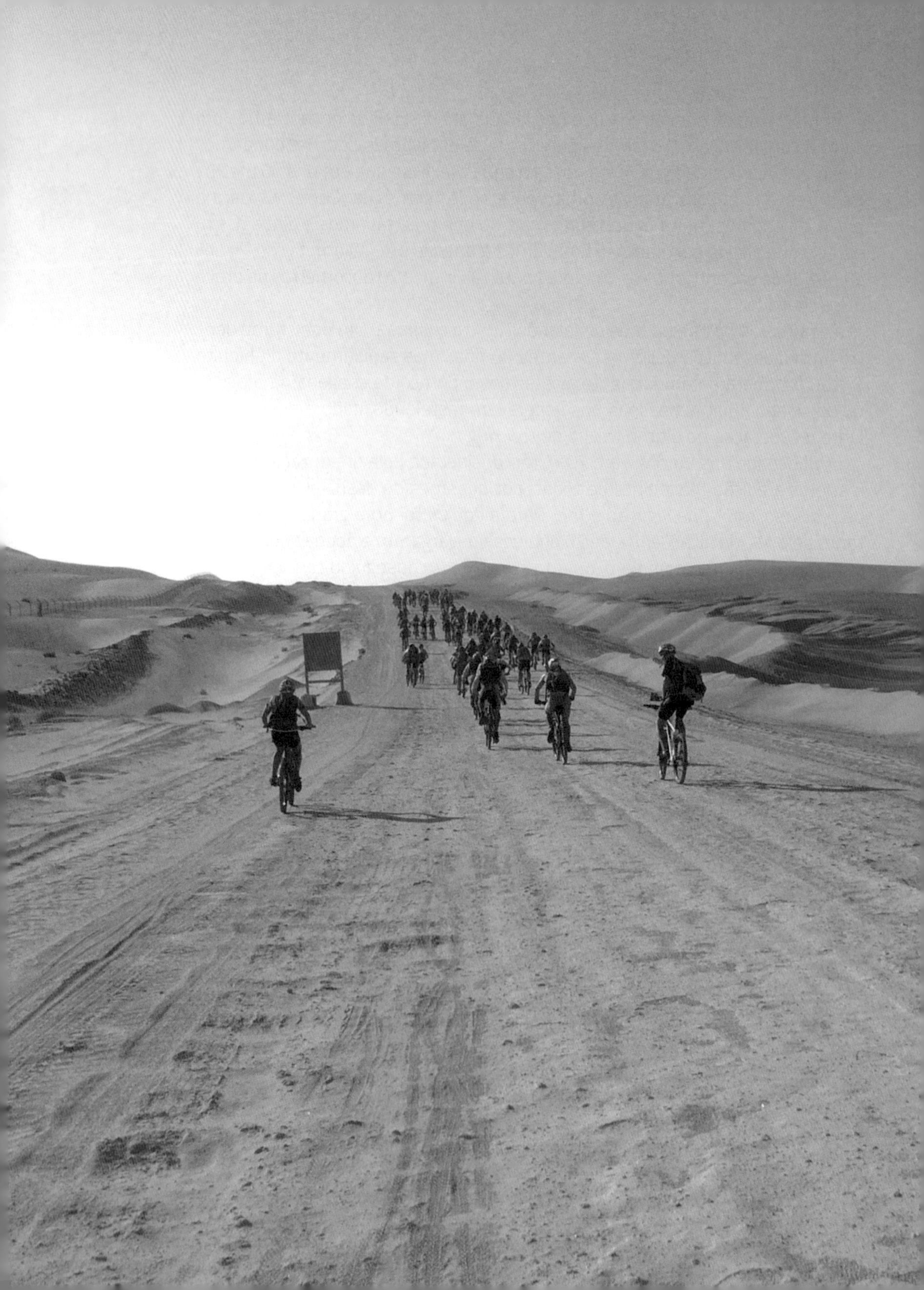

# Capítulo 4
# Abu Dhabi Adventure Challenge 2007

EMIRADOS ÁRABES

Integrantes da prova: Caco Fonseca, Erasmo Cardoso, Marcio Campos e Ursula Pereira

## A PROVA MAIS EXÓTICA

Tudo começou em maio de 2007, quando uma empresa francesa lançou a primeira corrida de aventura nos Emirados Árabes. Vínhamos de um ano de duas grandes provas. Já tínhamos feito o Desafio dos Vulcões 2007, no qual ficamos em 4º lugar, uma etapa do Campeonato Mundial de Corrida de Aventura aqui no Brasil, em que ficamos na 8ª colocação. Geralmente, fazíamos uma ou, no máximo, duas provas longas durante o ano.

Mas o Abu Dhabi Challenger nos fez abrir os olhos! A proposta da prova e o formato era algo original e muito diferente para nós! Os barcos foram confeccionados exclusivamente para este evento, os competidores não precisariam levar suas próprias *bikes*, porque a organização as forneceria para todos os competidores, possíveis *trekkings* no meio do deserto, possibilidade de remar no famoso Golfo Pérsico, uso de GPS, somente 30 equipes e a prova seria em estágios!

Na época, a equipe era formada por Marcio, Erasmo (vulgo Chiquito), Ursula e eu. A prova de 404 quilômetros seria dividida em 140 quilômetros de caiaque pelo Golfo Pérsico, 50 quilômetros de *trekking* com camelos no deserto, 74 quilômetros de *trekking* no deserto, uma corrida de 30 quilômetros de montanha perto da cidade de Al Ain e finalizava com 110 quilômetros de *mountain biking*.

Apesar do patrocínio da NSK, não tínhamos recurso! Fizemos vários cálculos, pensamos em vender as *bikes* que havíamos ganhado nas competições, oferecemos cursos de navegação dentro da assessoria, tudo para arrecadar o dinheiro de que precisávamos para custear essa prova. Infelizmente, o arrecadado não daria para chegar nem perto ao custo da prova, que na época em torno de 3.500 euros somente para a inscrição, sem contar o preço das passagens aéreas que eram caras, de São Paulo para Abu Dhabi.

Tínhamos muita vontade! Para nós, fazer esta prova seria uma experiência muito mais que especial. Nunca havíamos corrido no deserto e esta experiência poderia agregar muito no nosso mundo esportivo.

Meses antes da prova, decidimos enviar um *e-mail* para a organização, pedindo a isenção da taxa de inscrição como uma maneira de tentar aliviar o custo e viabilizar a nossa ida para essa prova. Não tivemos resposta!

Faltando aproximadamente um mês e meio para a prova, recebemos um *e-mail* da organização de Abu Dhabi perguntando se ainda tínhamos interesse em participar da prova. Nossa participação entraria com o patrocínio de uma das maiores exploradoras petrolíferas dos Emirados Árabes, a ADCO, lá de Abu Dhabi, que pagaria as passagens aéreas, a taxa de inscrição, a hospedagem e o visto para podermos entrar no país.

Com pouco tempo de treino, montamos uma programação bem específica! Em razão das outras provas que já havíamos realizado, a equipe estava praticamente preparada. Precisávamos somente providenciar alguns equipamentos específicos e pedidos pela organização.

Um deles era um descensor para rapel chamado de *shunt*, que é usado para fazer a segurança na descida. Haveria um rapel bem alto e teríamos de usá-lo. O problema era que esse descensor não era vendido no Brasil. Conseguimos alguns e os outros teríamos de comprar na nossa parada na França, uma vez que o voo não ia direto.

Montamos todo um esquema para poder comprá-los em Paris. Havia outros itens específicos de primeiros socorros que tivemos de batalhar para conseguir.

Como tudo seria muito diferente, tive a ideia de começar a estudar as cartas topográficas dos desertos e aprender a mexer com o aparelho de GPS. Pode parecer estranho, mas eu nunca havia utilizado um. Sabia que em alguns trechos o uso do GPS seria obrigatório, uma vez que a organização tinha medo de que alguma equipe se perdesse em trechos de zonas de risco onde não deveríamos passar. Principalmente perto das zonas de extração de petróleo.

Montamos uma logística para chegar quatro dias antes da competição para acostumar com o calor, que parecia ser insuportável. Além disso, culturalmente tudo seria diferente e não sabíamos quais as dificuldades que encontraríamos.

## A VIAGEM

Fizemos escala em Paris. O Marcio foi o escolhido para ir às compras enquanto esperávamos o nosso voo para Dubai. Tudo certo! Embarcamos rumo a Dubai para, de lá, seguir para Abu Dhabi.

Quando desembarcamos à noite em Dubai, tivemos a notícia de que uma das nossas três caixas havia sido extraviada. Entramos em contato com a companhia aérea que nos informou que, momentaneamente, nada poderia fazer até localizarem o paradeiro da caixa. Havia a possibilidade de ela ter ficado em Paris durante a transferência das bagagens para a aeronave.

Comecei a ficar preocupado! Estávamos a apenas quatro dias da competição e a caixa extraviada trazia todas as nossas cordas, materiais de primeiros socorros obrigatórios, tudo o que compramos em Paris e meus pertences pessoais. Caso a caixa não fosse encontrada, não teríamos tempo hábil para arrumar o que havia sido perdido. Depois de muita discussão, deixamos no guichê da companhia aérea o endereço do primeiro hotel que ficaríamos hospedados em Abu Dhabi para que pudessem nos enviar a caixa assim que ela fosse encontrada.

Pegamos um táxi e seguimos rumo ao nosso hotel em Dubai. Ficaríamos na cidade por uma noite até seguirmos para Abu Dhabi. Quando estávamos a caminho, resolvi abrir meu *e-mail* e vi uma mensagem da operadora de turismo informando que a nossa reserva não havia sido concretizada. Ou seja, não havíamos onde nos hospedar, pois era tarde da noite, não conhecíamos a cidade, tínhamos dificuldade com a língua local e nenhuma ideia de onde encontrar um hotel para dormir! Decidimos voltar para o aeroporto e passar a noite por lá.

No dia seguinte, aproveitamos que estávamos no aeroporto e passamos na companhia aérea para ter informações da nossa caixa (e nada!). Tomamos café da manhã por ali mesmo e, em seguida, partimos rumo a Abu Dhabi. Foi uma hora de viagem de táxi de Dubai até o nosso hotel. Para a nossa triste notícia, ao chegarmos lá, soubemos que a nossa reserva também tinha sido cancelada, pois a recepção do hotel havia esquecido de que chegaríamos naquele dia. Como estavam lotados, em razão de um congresso que estava acontecendo por lá, não tínhamos muita escolha e tivemos de sair.

Ficamos na frente do hotel pensando o que faríamos. Nossa estadia estava paga e garantida no hotel da organização, porém somente a partir do dia seguinte, então precisávamos tentar uma noite em qualquer lugar.

Nada estava fácil! Desde que havíamos chegado aos Emirados nada estava dando certo. Então, para descontrair, começamos a brincar e a adotar uma regra que aprendi no quartel nos tempos de militar. EAON - Estacione, Alimente-se, Organize-se e, depois, Navegue. Assim paramos, não comemos (o que era difícil uma vez que tudo estava fechado e culturalmente o que estava aberto era um pouco esquisito!), organizamos tudo e pensamos, pensamos, pensamos antes de começar a navegar! Eu tinha um mapa da cidade e a noção de onde estávamos. Assim, começamos a última fase do EAON: navegar!

O Marcio e eu optamos em deixar o Chiquito e a Ursula com as nossas caixas e bagagens (que eram muitas!) no estacionamento do hotel, onde havíamos sido rejeitados e fomos procurar outro hotel para ficar. Passamos em vários. Como não tínhamos muito dinheiro e o valor das diárias não era condizente com o que podíamos pagar, tudo estava um pouco complicado. Para ajudar, as pessoas não eram amistosas e tudo era muito estranho.

Depois de algumas horas procurando, voltamos para nossa base para nos juntar ao Chiquito e a Ursula.

A Ursula já estava cansada e com razão! Já eram 11 horas da manhã e ainda não tínhamos comido! Já estávamos com 35 horas da saída do Brasil, comendo só comida de aeroporto e de avião, sem hidratar direito e sem dormir direito. Surgiu a ideia de irmos direto para o hotel da organização para pelo menos deixar as duas caixas de equipamento e as nossas bagagens.

O hotel da organização era o Meridian, 5 estrelas bem conhecido pelo mundo, e claro, não tínhamos dinheiro suficiente para encarar mais um dia de hospedagem! Chegamos por lá e procuramos uma pessoa da organização para nos ajudar. Fomos bem recepcionados e informados que só poderíamos dar entrada no hotel e ter nossa estadia a partir do dia seguinte, mas poderíamos sim deixar nossos equipamentos no hotel.

Um problema resolvido... E estávamos famintos! O café da manhã do Meridian custava muito caro! Lembro que era algo em torno de 90 dólares. Mas como não encontramos outra solução, desbravamos a mesa do café da manhã comendo tudo o que tínhamos direito.

Enquanto estávamos na mesa do café, uma mulher que fazia parte da organização e era uma das responsáveis pelo turismo dos Emirados Árabes veio muito simpática se apresentar. Começamos a conversar e contamos toda a nossa história de "boas-vindas aos Emirados", desde a perda da nossa caixa até os hotéis que tínhamos sido rejeitados e não quiseram nos ajudar. Ela ficou impressionada! Foi divertido ver a cara dela completamente sem graça por tudo o que havia ocorrido. Ela ligou imediatamente para o hotel ali em Abu Dhabi que havia cancelado a nossa reserva. Bem irritada e falando no idioma local, que não entendíamos nada, dava para perceber que ela estava falando com o gerente do hotel e tentando resolver a situação. Sentíamos aliviados!

Depois de algumas ligações, pediu licença e saiu da sala do café. Depois de uns 20 minutos, voltou com a notícia de que a empresa de turismo de Abu Dhabi gostaria de se desculpar por tudo o que havia acontecido e nos presentou com uma noite de hospedagem ali mesmo no Meridian. Estávamos realizados!

Agora começava a dar certo! Tínhamos conseguido comer, um lugar para nos hospedar e já estávamos começando a nos preocupar com a preparação da prova. Aproveitamos e comunicamos ao pessoal da organização que nossa caixa havia sido extraviada e se havia algum jeito de eles também nos ajudar, já que não tínhamos nenhuma informação.

Começamos a nos concentrar nos preparativos para a prova. Listamos tudo o que faltava, que estava dentro da caixa. Não podíamos esperar que ela aparecesse, afinal, restavam poucos dias antes da largada. Os equipamentos de primeiros socorros, os meus dois tênis, quatro cobertores de sobrevivência, uma corda de escalada de oito milímetros e minhas roupas pessoais.

Fui até a uma farmácia local, bem estranha, desorganizada, tudo empilhado e com falta de higiene, para começar a remontar o nosso *kit* de primeiros socorros. Eu, com a lista gigante contendo tudo o que precisávamos, estava bem perdido! Foi uma batalha para o vendedor da farmácia entender e me ajudar porque os nomes dos remédios eram diferentes. Foram mais de duas horas, literalmente, para conseguir montar o *kit*.

Procuramos algumas lojas de aventura para poder comprar os equipamentos e cordas e não encontramos nada! Apesar de Abu Dhabi ser uma cidade conhecida, é pequena e não contém tanta diversificação de lojas e lugares de esportes de aventura. Assim, fomos até Dubai comprar o restante dos equipamentos. Não encontramos os tênis específicos para corrida de aventura, mas pelo menos consegui comprar um comum para eu poder fazer pelo menos um trecho da prova.

Nossa maior preocupação era aclimatar, em tão pouco tempo, ao calor insuportável, em torno de 45-50 graus. Era uma situação completamente inusitada para nós. O Chiquito, que é baiano, reclamava do clima e brincava que ali até o diabo sofreria com o calor.

Tudo pronto, começava a checagem dos equipamentos. Estávamos eufóricos! Nunca havia visto um procedimento tão detalhista! Por questões de segurança na prova, todos os equipamentos eram pesados, conferidos e anotados. Para se ter uma ideia, a jaqueta impermeável tinha de ter mais de 300 gramas, para não deixar passar aqueles ventos superleves e comprometer a segurança da equipe, pois no deserto a temperatura à noite chega próximo de zero grau.

Fomos conhecer o barco rígido com o qual remaríamos pelo Golfo Pérsico. Queríamos saber os detalhes, uma vez que ele tinha sido desenhado e feito especificadamente para aquela prova. Fomos verificar como funcionava a vela, a bolina, a regulagem dos bancos e posicionamento dos pés e leme. Também tivemos contato com as *bikes* que a organização tinha separado para o nosso uso. Trocamos algumas peças para deixá-las um pouco mais parecida com as nossas: banco, pedal, sapatilha. Tivemos de comprar um GPS e o Marcio e a Ursula foram atrás, pois o nosso estava na caixa extraviada.

Nesta mesma noite, houve o *briefing* da prova. Recebemos os mapas e todas as informações. Por ser um formato novo e de estágios, havia muitas regras e paradas à noite com relargada no dia seguinte.

O primeiro estágio seria de canoagem. Remaríamos no Golfo Pérsico, em torno de 118 quilômetros, para serem feitos em dois dias. Como regra geral, teríamos de parar antes de escurecer, no máximo às 6 horas da tarde em um dos quatro locais sinalizados na carta, e largaríamos novamente às 6 horas da manhã do dia seguinte. Caso remássemos fora desses horários, receberíamos grandes penalizações.

O segundo estágio seria um *trekking* no deserto, com a largada logo pela manhã. No terceiro estágio, receberíamos um camelo para nos auxiliar no transporte das nossas mochilas e água por mais 50 quilômetros. O quarto estágio seria 110 quilômetros de *mountain biking*, com a largada às 7 horas da manhã. O quinto estágio seria uma corrida de montanha de aproximadamente 30 quilômetros e uma escalada de 200 metros com ascensão com corda seguido de um rapel de 200 metros. Também havia horários para fazer isso e se não fizéssemos nesse horário seríamos desclassificados da prova. O sétimo e último estágios seria um *mountain biking* de 20 quilômetros de asfalto que chegaria na cidade de Al Ain próximo da chegada. Em seguida, haveria uma corrida de 5 quilômetros pela cidade para a chegada da prova.

À noite me preocupei com o estudo dos mapas. Eles eram um pouco diferentes dos que eu estava acostumado e alguns deles eram fotos de imagens aéreas colocadas dentro de uma escala subjetiva.

## CHEGOU O GRANDE DIA!

Estávamos nervosos e curiosos para ver como seria esta nova experiência e mais confiantes depois de tudo o que havíamos passado. Minutos antes da largada, fui informado que a nossa caixa havia sido localizada e estava a caminho. Alinhamo-nos para o primeiro estágio da prova!

A largada foi numa praia em um palácio perto de Abu Dhabi. Lembro-me de estar bem concentrado na navegação, pois havia alguns pontos de extração de petróleo que não poderíamos nos aproximar. Por isso, algumas partes da navegação eram feias por pontos muito próximos e coordenadas de GPS, que a organização já havia colocado no aparelho para não haver erro. Lembro-me de ter algumas áreas da Omã no mapa, uma parte da Arábia Saudita em área de conflito.

A organização estava muito bem estrutura. Havia muitos postos de controle com helicópteros do exército para fazer todo o monitoramento e saberem exatamente cada passo de cada equipe. Nosso GPS também estava sendo monitorado para que não houvesse erro algum.

A navegação no Golfo Pérsico não foi muito fácil porque não podia somente traçar uma direção, um azimute na bússola e seguir a rota. Havia muitos corais deixando o golfo raso e eu acabei aprendendo, na prática, a navegar um pouco pela tonalidade da cor da foto do satélite. Assim, a navegação foi um zigue-zague, desviando dos corais rasos e indo para as partes profundas para poder render e não ficar enroscando nos corais.

Tínhamos a árdua missão de ser os mais rápidos possíveis, uma vez que tínhamos até as 18 horas para remar o máximo possível, já que obrigatoriamente deveríamos parar. Em cada PC que passávamos, havíamos que confirmar a presença dos quatro fazendo a checagem por um *chip* que cada um tinha no pescoço. Assim tínhamos de "chipar" um por vez com intervalo máximo de 10 segundos (para mostrar que estávamos próximos).

Remamos até a primeira ilha já no período da tarde, depois mais quilômetros até a segunda ilha e mais 3 quilômetros estávamos na terceira ilha. Chegamos à terceira ilha às 17 horas e 10 minutos e assim tínhamos 50 minutos para seguir até a próxima ilha. Optamos por fazer muita força e tentar chegar na quarta ilha antes das 18 horas para poder adiantar esses quilômetros para o dia seguinte. Todos estavam bem e saímos muito fortes em direção à quarta ilha.

Durante o trecho comecei a olhar o mapa com as imagens de satélites com detalhes e pude notar que haveria muitos trechos rasos e que teríamos de desviar um pouco. A maré já estava baixando! Depois de 2 quilômetros de canoagem começamos a ficar presos em alguns corais. Marcio e eu começamos a ficar preocupados e a calcular o tempo que faltava para chegar até a quarta ilha. Concluímos que teríamos muito "trabalho" pela frente e, provavelmente, estouraríamos no tempo. Cada minuto após as 18 horas significaria 10 minutos de penalização. Valeria a pena voltar para a terceira ilha e passar a noite por lá. Assim voltamos e chegamos faltando exatamente um minuto para as 18 horas. Acampamos, sob um céu incrivelmente estrelado, muito frio e vento gelado. Estávamos deslumbrados com tudo aquilo!

A nossa volta para a terceira ilha foi a melhor decisão, porque no dia seguinte vimos o quão demorado e trabalhoso era para chegar até a quarta ilha.

Acordamos cedo e começamos a remar às 6 horas em ponto. Teríamos pela frente 60 quilômetros de canoagem para completar todo o percurso.

Faltando mais ou menos 30 quilômetros para chegar à cidade, onde terminaria o trecho de canoagem, estávamos em um canal muito profundo, no qual não conseguíamos enxergar literalmente nada além do horizonte. Eu não tinha nenhuma referência além da carta e da bússola para chegar à cidade de Nirfa. Não poderia errar na direção do azimute, pois qualquer desvio, mesmo que de cinco graus, poderia nos levar para bem longe da cidade que tínhamos de chegar. Que loucura! Foi uma experiência nova. Remar sem visual durante o dia, sem ter nada além do horizonte, somente o mapa e a bússola. Normalmente, quando estamos remando, temos referências, mesmo à noite. E naquele momento eu não tinha nada!

No final das contas, deu tudo certo! Começamos a avistar Nirfa faltando uns 10 quilômetros para a chegada daquela etapa.

Quase no final da canoagem, quando estávamos chegando, onde seria o transporte até o deserto, sofremos um ataque de peixe-agulha. Um cardume que passava pulando por lá veio ao nosso encontro e tínhamos de nos proteger. Ficamos assustados e com medo de nos machucar e comprometer o andamento da prova.

Chegamos em Nirfa, extremamente cansados, depois de ter remado praticamente dois dias inteiros *non-stop*. Em seguida, fomos deslocados para o deserto, onde no dia seguinte começaríamos a etapa de *trekking*.

Chegamos à noite no acampamento do deserto e fomos recepcionados com tudo o que poderia acontecer de melhor: tínhamos um banquete aguardando todas as equipes. Para completar nossa noite maravilhosa, uma surpresa: a terceira caixa chegou! Agora tínhamos exatamente todos os equipamentos necessários e meus tênis para o começo do *trekking* de 70 quilômetros. Comi e fui descansar!

## DESERTO ABAIXO DE ZERO OU ACIMA DE 50 ºC

Havia muitas estratégias de rotas, PCs opcionais aos quais se não fôssemos seríamos penalizados em horas. Muita areia fina com a qual nossas polainas praticamente não resolviam. Tínhamos de parar com muita frequência para "esvaziar" nossos tênis, porque quando a areia entra nos tênis, vai forçando os dedos, forçando as unhas, a ponto de perder as unhas do pé.

O calor era insuportável. Do mesmo modo que na canoagem, aprendi que a navegação no deserto também seria diferente do que eu estava acostumado, já que não tínhamos referências, então navegava olhando o mapa o tempo inteiro, esquecendo um pouco das paisagens do local e confiando no azimute. Comecei a reparar que cada sombra no mapa era, na realidade, a inclinação da duna, aprendido isso facilitava saber por onde traçar a rota por ali. Aprendi o que é um oásis, nesse lugar a areia fofa da duna não invade, tem um chão de areia dura e era uma excelente referência. Havia oásis com 3 quilômetros de areia dura e dunas com muitos quilômetros. Aprendia a ler o mapa a cada quilômetro de prova.

Tínhamos um horário para chegar na transição e iniciar o próximo estágio e assim resolvemos fazer todos os PCs do deserto. Para isso, passaríamos a noite toda navegando por lá. Depois de um tempo, percebemos que não tínhamos mais condições de usar as polainas. Além de apertar muito os dedos, sentimos que a areia não esquentava tanto o quanto imaginávamos e decidimos tirar os tênis e continuar o *trekking* somente com as meias. Algumas outras equipes nos viram fazer isso e resolveram aderir à estratégia. O incômodo da areia nos tênis estava insuportável!

A noite entrou e conseguimos cumprir quase todos os PCs. Estávamos cruzando uma duna com extensão de 6 quilômetros, procurando outro PC, e avistamos muitas lanternas piscando para nós. Achei estranho, pois pelo tempo faltavam ainda mais 2 quilômetros. O Marcio, com receio de ser o PC, desceu a duna e, em seguida, descemos atrás.

## QUANTOS CAMELOS VALE A URSULA?

Quando chegamos por lá, descobrimos que não era o PC. Era uma tribo de beduínos, que não falavam inglês e que por sorte eram bem amistosos. Criavam camelos no deserto e nos convidaram para entrar na barraca deles. A Ursula estava assustada. Ela preferiu ficar na porta. Entramos na barraca para não fazer desfeita e tentamos nos comunicar, o que era muito difícil! Dentro da barraca havia um tipo de panela grande de cobre, cheio de leite espumado, meio fedido que descobrimos ser leite de camela. Como eles queriam nos agradar, ofereceram esse leite para tomar. Eu olhei para o Marcio e falei que seria melhor não bebermos aquele leite porque passaríamos mal. Eu nem tomo leite, normalmente, imagine tomar leite de camela no meio do deserto, e estava espumado! O Marcio falou que não poderíamos fazer tal desfeita, pois os dois beduínos estavam olhando para nós três sentados ali. Um dos beduínos enchia o copo e ficava nos olhando, esperando tomar. Não teve jeito, tivemos de tomar o leite espumado da camela.

Tínhamos um *trekking pole* quebrado que demos como presente de retribuição. Acreditem, eles ficaram superfelizes. Cogitamos em deixar a Ursula por lá em troca de quatro camelos, para podermos ir embora, mas a ideia não foi muito bem aceita por ela. Por que será?

Realmente o PC estava a mais 2 quilômetros para a frente e tomamos o caminho para finalizar esse trecho. Por volta das 2 horas da manhã, estávamos bem cansados e paramos para dormir por 15 minutos, o Marcio ficou de vigia porque estava sem sono e não deixaria nenhum escorpião nos picar.

Finalmente, entramos no quarto dia de prova e finalizamos o estágio do *trekking*. Sem perder tempo, preparamo-nos para o próximo estágio, em que recebemos os camelos para transportar nossas mochilas pelo deserto por 50 quilômetros. O calor era insuportável e estávamos somente de meias, sem tênis, porque não queríamos mais perder as unhas. Etienne era o nome da nossa camela. Deveríamos conquistá-la para podermos fazer o trecho da melhor forma possível. Pode não parecer, mas o camelo é um bicho muito sentimental, por qualquer gesto ou grito ele empacaria (como mula) e não sairia mais do lugar. Havíamos de tratá-la bem para podermos conquistar esse estágio. Durante uma duna muito inclinada, o Chiquito deu um tapa na bunda da camela, para ela descer mais rápido. Ela ficou nervosa e, a partir de então, o Chiquito não podia chegar mais perto dela. Ela queria mordê-lo! Pegou raiva dele e, por isso, ele não podia nem se aproximar para pegar água nas mochilas. Começamos a passar por várias equipes que tiveram esse mesmo problema. Em alguns casos, o camelo sentou e não saiu mais do lugar. A organização notou que muitas equipes tiveram dificuldades na condução do camelo e acabaram cancelando essa etapa.

Tínhamos um excelente tempo, que nos colocaria bem para frente da prova, mas não computaram essa etapa. Quando chegamos no acampamento, havia novamente um banquete maravilhoso!

Pegamos nossas bikes com a organização e fizemos algumas modificações: trocamos o banco, o pedal e tudo o que proporcionaria mais conforto na *bike*, para no dia seguinte estar pronto para largar na etapa de *mountain biking*.

Na largada do *mountain biking*, havia muitos desníveis, não era nada plano. Completamos esse trecho de 70 quilômetros de *mountain biking*, de muita areia fofa e um calor insuportável, em um ritmo bom, depois praticamente teríamos o restante do dia de descanso. Chegamos nas montanhas de Jebel Hafeet, acho que eram as únicas montanhas em um raio de quilômetros. Depois de descansarmos à tarde e assistir a demonstrações de cultura local, à noite outro banquete fabuloso, à beira dessa montanha, parecia ser um parque da região.

No dia seguinte, largamos antes do amanhecer, pois a agenda de provas estava extensa. A primeira prova foi a corrida de montanha, fizemos uma largada para 30 quilômetros de percurso em um ritmo forte, mas logo percebemos que o Chiquito havia esquecido as luvas, que era um equipamento obrigatório para o trecho, retornamos para pegar e retomar a prova. Essa corrida de montanha era diferente, porque havia muitos trechos técnicos de escalaminhadas. As pedras eram pontudas e cortavam com facilidade. Deveríamos completar esses trechos bem rápido porque havia um horário programado para começar o vertical. Tudo era cronometrado: horário de saída, de chegada e tínhamos de estar sempre dentro dos horários.

Tivemos uma boa *performance* na corrida de montanha. Completamos essa fase e chegamos à parte vertical. O trajeto era complexo. Antes de começarmos, houve um acidente em que um atleta caiu de um penhasco com uns 30 metros e foi resgatado pelo helicóptero. Felizmente só quebrou os dois braços e as duas pernas, pois poderia ter morrido pela altura da queda! Antes de o socorro chegar, o capitão de uma equipe que era socorrista fez o resgate.

A prova seguiu e fizemos a ascensão com o jumar (ascensor para ser utilizado na corda). Em seguida, fizemos escalada e depois uma *via ferrata* na rocha. Finalizamos com um rapel gigantesco utilizando o *Shant* (freio automático) que compramos em Paris. Depois de terminada toda a parte vertical, fizemos uma corrida descendo a montanha até chegar novamente ao ponto da largada para finalizar a sessão. E nos preparamos para o penúltimo estágio de 40 quilômetros de *mountain biking* em asfalto. Fizemos com o pelotão em um ritmo alucinante até a cidade de Al Ain.

Finalizamos o estágio realmente cansados pelo ritmo e aguardamos a organização liberar as equipes para o último estágio de 5 quilômetros até a chegada. A corrida seria praticamente toda urbana passando por lugares históricos da cidade até chegar em um templo.

Chegamos e comemoramos muito! Estávamos muito felizes com o nosso resultado. Infelizmente, a etapa do camelo foi cancelada e poderíamos ter nossa classificação melhor. O importante foi a equipe na superação de uma prova exótica e com tantas regras diferentes.

Foi um excelente desafio, em um local totalmente inusitado. Depois do término da prova, tivemos uma grande festa com o *sheik* de Abu Dhabi. Foi muito divertido conhecer essa nova cultura. Conhecemos nossos patrocinadores da ADCO e trocamos presentes.

Foi uma prova muito diferente e especial, pois ganhamos experiência e aprendemos sobreviver em outro ambiente e clima que nunca havíamos estado. E, também, foi onde conhecemos a Ursula, realmente, uma pessoa muito em pró da equipe e especial.

*A Ekos teve a oportunidade, em 2013, de ter como um dos seus quatro integrantes, nosso eterno "coach" Caco Fonseca. Foi uma lição de vida! Aprendemos com ele que nunca ninguém sai de uma prova de 7 dias como entrou, o propósito é sempre sair melhor. Correr com o Caco foi conhecer de perto sua força, ética e generosidade, a experiência de correr com um ser humano que tem a "selva" tatuada em seu coração.*

**Ana Elisa Siqueira**
ALUNA SELVA, INTEGRANTE DA EQUIPE EKOS NO ECOMOTION PRO 2011 (SUL DA BAHIA).

# Ecomotion Pro

↑ Técnicas Verticais Ecomotion Pro Chapada Diamantina
↓ Canoagem no Rio Pratinha - Chapada Diamantina.

↑ A Cemitério Bizantino - Mucugê/BA.

# Desafio dos Vulcões 2006

↑ Largada no litoral da cidade de Valdívia - Chile.

↑ Chegada do segundo trecho de Canoagem - Chile.
↓ Travessia na tirolesa carregando a bicicleta.

# Desafio dos Vulcões 2007

1. Saída para a parte protegida da montanha após a nevasca do Vulcão Villa Rica - Chile.
2. Técnicas verticais no segundo dia de prova: uma ascensão por corda de 100 metros - Argentina.
3. Última parte da subida para atingir o cume do vulcão ativo Villa Rica - Chile.
4. Momento de nevasca na descida do Vulcão Villa Rica.
5. Largada da prova 35 km de Canoagem no Rio Lacar - Argentina.
← Carta topográfica do último trekking da prova no Vulcão Villa Rica.

# Abu Dhabi Challenger 2007

↑ PC no Oásis do Deserto de Abu Dhabi.
← PC na modalidade de MTB no Deserto de Abu Dhabi.
✓ Equipe SELVA/ADCO. Esquerda para direita: Chiquito, Ursula, Marcio e Caco.
↓ Mapa ilustrativo do percurso da prova.

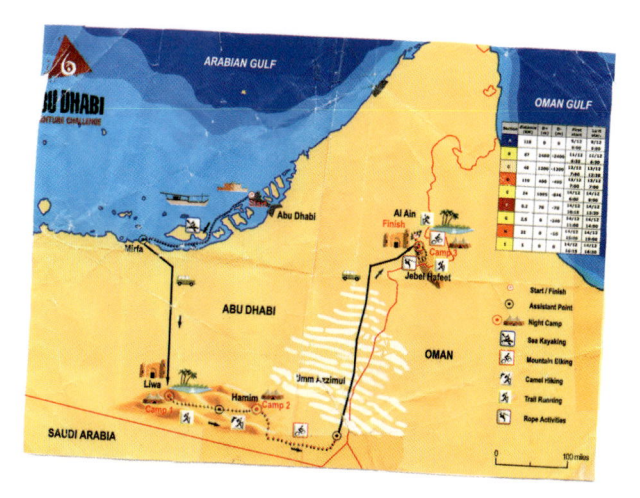

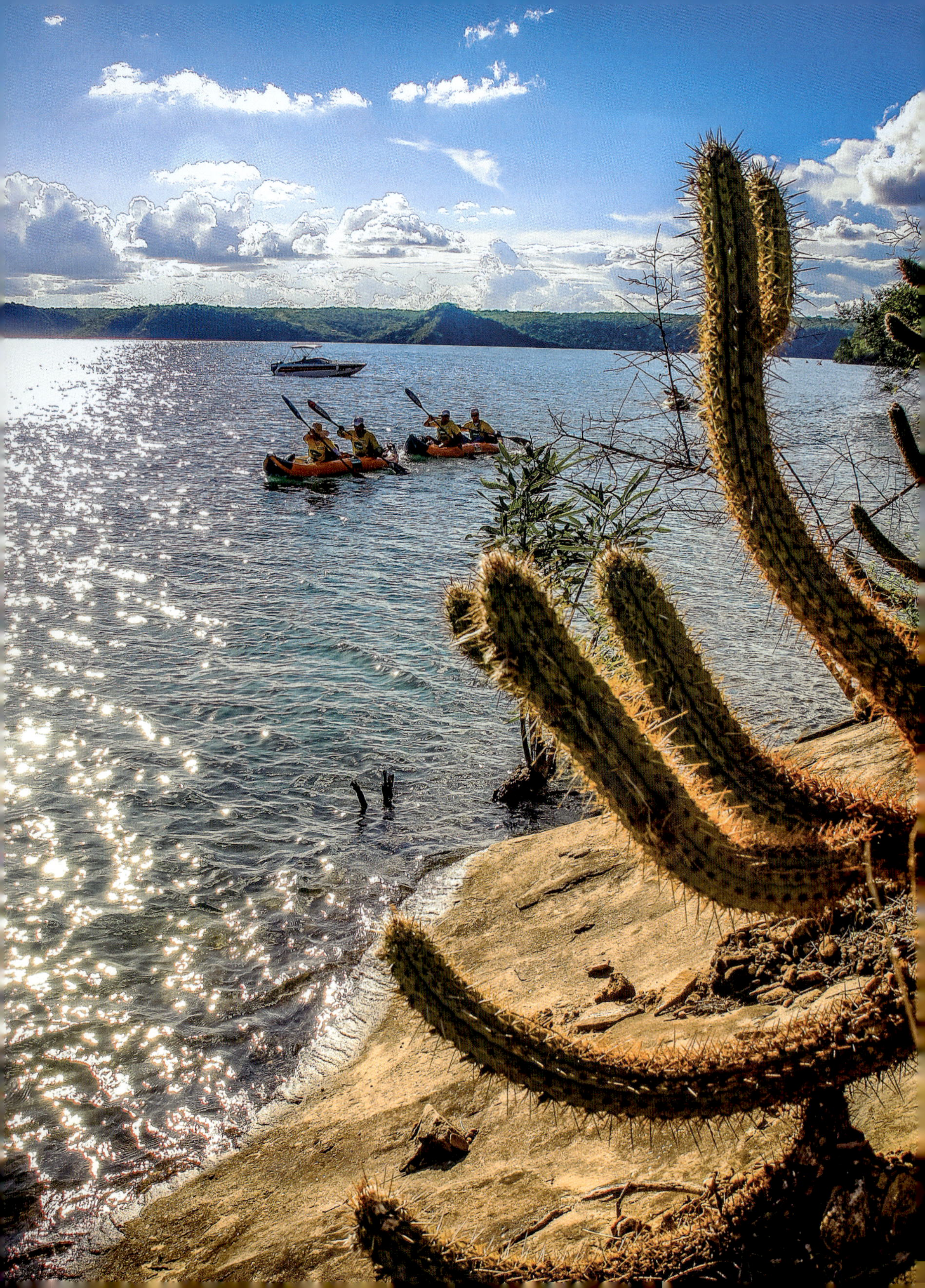

# Capítulo 5

# Brasil Wild 2008 – Corrida das Fronteiras

BAHIA, PERNAMBUCO, ALAGOAS E SERGIPE

**Integrantes da prova:** Caco Fonseca, João Bellini, Marcio Campos e Rose Hoeppner

## A CAATINGA CRUEL

A Brasil Wild Extreme 2008 me trazia muitas novidades! Primeiro porque seria a primeira prova longa organizada pelo Júlio e pelo Alemão (Circuito Brasil Wild) e nos daria a oportunidade de experimentar uma nova organização em provas longas no Brasil, além do Ecomotion Pro. Segundo, porque seria desafiante disputar os quilômetros de percurso, cruzando quatro estados do Nordeste brasileiro (Bahia, Pernambuco, Alagoas e Sergipe) em trechos dentro do sertão, em plena caatinga, passando pela Serra da Água Branca e pelo belíssimo rio São Francisco. O percurso estava dividido em 295 quilômetros de *mountain biking*, 161 quilômetros de *trekking*, 170 quilômetros de canoagem e uma sessão de técnicas verticais de altíssimo nível técnico.

A formação da equipe era o Marcio, a Rose, o João, que integrava pela primeira vez a equipe Selva em uma prova longa, e eu. João tinha grandes experiências em corrida de aventura desde 2002 e tivemos o nosso primeiro contato no Ecomotion Pro na Chapada Diamantina em 2003. Corríamos em equipes adversárias, eu na Selva e ele na Espírito Livre, e fizemos um trecho desta prova juntos. Sem dúvida alguma, um excelente reforço para nós!

Fizemos uma preparação específica de três meses antes da prova, com simulação de logística, alimentação, equipamentos e vestimentas, uma vez que seria a primeira prova longa que faríamos sem equipe de apoio. Todo alimento levado nas caixas de reabastecimento foi programado, pois teríamos de pensar na alimentação que encontraríamos três a quatro dias depois da largada. Sem contar que não poderíamos colocar um equipamento na caixa incorreta. Fizemos um planejamento prévio praticamente perfeito, pois a organização entregou todas as distâncias da prova e suas estimativas de tempo por trecho com boa antecedência.

Chegamos em Paulo Afonso (BA) com quatro dias de antecedência da largada. A organização disponibilizou o alojamento do quartel do Exército para todas as equipes, o que para nós foi uma opção bem aceita, uma vez que o Marcio e eu somos ex-militares da infantaria. Cheguei na cidade doente, com febre, por isso o Marcio, o João e a Rose ficaram responsáveis em finalizar a logística de alimentos enquanto eu descansava e me recuperava.

A prova teve um excelente apoio logístico do Exército, o qual foi essencial para a organização, uma vez que a prova penetrava em lugares de dificílimo acesso. O comandante do quartel possuía diversas formações muito respeitadas dentro do exército, como Guerra na Selva, comandos e forças especiais. Poderíamos ter certeza de que tudo ocorreria bem e teríamos segurança na prova.

Na noite que antecedia a largada, tivemos o *briefing* técnico da prova com diversas explicações e muitos detalhes do que encontraríamos pela frente. Lembro-me que enfatizaram muito sobre um tipo de urtiga dez vezes mais potente que encontraríamos em quase todo o percurso. O major chegou até a mostrá-la para termos o conhecimento e tomar cuidado. Falou também sobre os outros desafios bem difíceis que encontraríamos pela frente, como remar na represa do São Francisco à noite onde o vento seria forte parecendo alto-mar. Outro ponto muito enfatizado eram os últimos 40 quilômetros de *trekking* no Raso do Catarina. Um local de muita areia fofa, sem vento e calor próximo de 50 graus. Havia diversas histórias de que o Lampião se escondia nesses cânions. O major comentou até que se uma pessoa que não conhecesse o local resolvesse se aventurar por lá, provavelmente, ficaria perdido e morreria desidratado. Por ser uma região muito inóspita, ele enfatizou: "O ser humano é o intruso por lá, então, tomem cuidado!".

Chegou o grande dia! Acordamos cedo, preparamos tudo, saímos do quartel e fomos para o local da largada! Antes, houve uma cerimônia de abertura com folclores regionais e logo em seguida hasteamento da bandeira nacional com a canção do hino e nossa ida para dentro de uma usina hidroelétrica até a parte baixa do rio São Francisco, onde seria dada a largada da prova: nada mais do que em um dos lugares mais bonitos do Brasil, os cânions do rio São Francisco.

A largada foi bem atípica! Uma dupla do quarteto largou de barco e a outra deveria saltar de um píer no rio São Francisco e ir nadando de encontro a outra dupla no barco. A Rose e eu nos candidatamos para o salto e a natação, e o João e o Marcio para a canoagem. Fizemos essa escolha simplesmente porque a Rose não enxergava direito. Seria difícil ela remar e encontrar seu companheiro no meio de muitos atletas. Fui com ela para cuidar da segurança, pois o rio São Francisco é muito perigoso e tem muitos refluxos que puxam para baixo. Não era opção perder a Rose na largada da prova!

No meio daquela confusão, o Marcio e o João nos resgataram e começamos a prova. Logo no começo juntamos em um pelotão de equipes com ritmo forte de canoagem para descer os 62 quilômetros desse longo e maravilhoso trecho do Velho Chico.

A prova oferecia três PCs opcionais que disponibilizavam bônus em horas descontados no tempo final da prova. Esse PC bônus era fora da rota normal da prova, por isso, teríamos de analisar o possível tempo gasto para encontrá-lo e descontar com o tempo de bônus para saber se realmente compensaria o desgaste.

Optamos em buscar o bônus e dividir a equipe para ganhar tempo. A Rose e eu fomos deixados pelo Marcio e pelo João na entrada do braço do rio e fomos a nado até o PC bônus, que estava a 1 quilômetro para dentro. O Marcio e o João tinham a missão de remar mais 10 quilômetros com os dois barcos até a área de transição para finalizar a etapa de canoagem e depois fazer um *trekking* para nos encontrar. Tudo certo! Equipe separada, a Rose e eu estávamos a nado à noite em um lugar desconhecido, em que eu olhava para a margem e só tinha mata fechada e barranco inviabilizando nossa saída. Depois de algum tempo, chegamos ao PC virtual e fomos de *trekking* por mais alguns quilômetros até a cidade de Água Branca. Essa cidade seria o ponto de encontro das equipe. A Rose e eu chegamos antes do Marcio e do João, o que já era previsto, afinal eles teriam uma canoagem de 10 quilômetros e mais um *trekking* de 20 quilômetros até nos encontrar. Descansamos um pouco e, a partir da meia-noite, passamos a ficar preparados, aguardando-os para continuar na prova.

A prefeitura forneceu aos atletas uma grande estrutura, com uma mesa de comidas típicas, frutas e água e assim aproveitamos! Depois da chegada da primeira, segunda e terceira equipes, começamos a ficar preocupados com os meninos. Não poderíamos sair ao encontro deles por regra estabelecida pela organização. Já havia passado 20 equipes quando o Marcio e o João chegaram, por volta das 6 horas da manhã. Eles haviam cometido um erro de navegação e, por isso, atrasaram tanto. O importante é que estavam bem! Finalizamos todo esse trecho desde a separação da equipe em 12 horas e 40 minutos.

Marcio e João chegaram cansados, mas mesmo assim fizemos uma transição bem rápida para prosseguir na prova e buscar os adversários que abriram 6 horas na nossa frente. Saímos em um ritmo constante e forte para os 40 quilômetros de *trekking* com bastante navegação. O calor da caatinga castigava a equipe, tínhamos de manter a hidratação constante, levamos um estoque bom de água. No meio desse *trekking*, encontramos um nativo com uma roupa toda de couro, estilo Lampião com sua espingarda na bandoleira. Brincamos: "Conhecemos Lampião!". Completamos esse *trekking* em 6 horas e 50 minutos. Chegamos na cidade de Caminho de São Francisco, no Xingó, e fizemos uma transição em 25 minutos para o próximo trecho que seria *mountain biking*. Montamos as *bikes* e saímos para 90 quilômetros. Durante esse trecho, havia dois PCs bônus: o primeiro bonificava 4 horas e 30 minutos, e o segundo, 3 horas e 30 minutos, a serem descontados no tempo total de prova. Usamos a estratégia de fazer a divisão da equipe novamente. Desta vez, eu iria sozinho e o restante da equipe seguiria direto para a próxima cidade, para o João e o Marcio dormirem um pouco, uma vez que não tinham dormido desde o começo da prova.

Pedalei 30 quilômetros em um ritmo muito forte para buscar os dois PCs bônus. Foi uma excelente estratégia porque eu consegui colocar um ritmo forte e eles conseguiram descansar. Com isso, conseguimos diminuir a diferença dos líderes da prova e terminamos esse trecho com 7 horas e 20 minutos.

Finalizamos o trecho de *mountain biking* e chegamos na cidade de Traíra. Era o início da segunda noite. Fizemos uma transição rápida de 15 minutos e partimos para um *trekking* de 40 quilômetros. Já tínhamos nos recuperado na competição e estávamos mantendo o tempo planejado. Assumimos a terceira posição e a motivação aumentava! Na saída do PC, o major nos alertou quanto à navegação deste trecho de *trekking* que seria muito difícil e que deveríamos ter cuidado com os escorpiões e cobras da região. Fizemos

> Assumimos a terceira posição e a motivação aumentava! Na saída do PC, o major nos alertou quanto à navegação deste trecho de *trekking* que seria muito difícil e que deveríamos ter cuidado com os escorpiões e cobras da região.

uma brincadeira com ele e dissemos que ultrapassaríamos as equipes e chegaríamos em primeiro no próximo PC, na cidade Caraibeira. Mediante a diferença de tempo com as outras equipes, ele apostou: "pago 10 se isso acontecer" (termo usado no exército para fazer dez flexões de braço). O que o major não sabia é que tínhamos a vantagem do descanso da noite anterior, e que então iríamos direto essa noite. E foi o que aconteceu! Entramos no *trekking* bem lúcidos, bem motivados e fazíamos um trabalho em equipe surpreendente. A cada cinco minutos um integrante puxava a turma no seu ritmo forte para avançar mais rápido. Sofremos quando a Rose liderava o ritmo, ela realmente estava acelerada e, se você reclamasse, receberia uma direta: "Para de chorar bebezão, se não aguenta por que está aqui?". É melhor ficar quieto e acompanhar a mulher. Logo encontramos as duas equipes que estavam na nossa frente, exatamente como previamos, eles estavam dormindo e tentamos passar quietos. Quando estávamos atravessando por eles, os cachorros que estavam por perto latiram e as equipes acabaram acordando. Assim, passamos praticamente toda a madrugada em uma disputa eletrizante na areia fofa. Terminamos o trecho com 9 horas 50 minutos sem paradas. Chegamos na cidade Caraibera, e o major estava lá aguardando nossa equipe para pagar as dez flexões!

> Eu havia estimado o tempo em 3 horas e 30 minutos, mas pegamos o horário mais quente do dia. Por causa disso, tive queda na minha performance e apresentei sinais de desidratação e hipertermia.

Fizemos a transição do *trekking* para *mountain biking* e nos preparamos para os 36 quilômetros que viriam pela frente. Eu havia estimado o tempo em 3 horas e 30 minutos, mas pegamos o horário mais quente do dia. Por causa disso, tive queda na minha *performance* e apresentei sinais de desidratação e hipertermia. Estava realmente ruim e decidimos parar em uma casa para pedir água e esperar abaixar nossa temperatura. O morador foi solícito e cedeu água para reabastecer nossos recipientes de hidratação e molhar nosso corpo. Já com a temperatura normalizada, prosseguimos no trecho de *mountain biking*. Nossa previsão de tempo começou a aumentar. Para piorar, entramos em um trecho de estrada com areia fofa durante vários quilômetros e não conseguíamos pedalar. Até para andar e empurrar as *bikes* tínhamos certa dificuldade. Comecei a calcular a média de velocidade que estávamos progredindo e logo falei para a equipe que dobraríamos o tempo estimado. Seria necessário poupar água, pois na carta não passaríamos em nenhum trecho povoado ou perto de casas de fazenda.

Finalizamos os 36 quilômetros em cruéis 7 horas e 10 minutos. Saber lidar com essas situações e se reprogramar rápido é o segredo! Chegamos na cidade de Petrolândia desgastados e entraríamos na terceira noite de prova.

Petrolândia é uma cidade nova, recém-reconstruída, pois, com a barragem hidroelétrica de Paulo Afonso, a cidade foi alagada e a transferiram para um ponto mais alto da região. Assim, era praticamente uma cidade nova! Chegamos ao PC, localizado dentro de um ginásio municipal. Fizemos uma transição para canoagem bem tranquila, depois de uma boa alimentação, tratamos dos pés, que já apresentavam algumas bolhas, e trocamos de roupa.

O próximo PC seria virtual, na ponta da antiga igreja da cidade que estava submersa, e teríamos de achá-lo, por isso, durante o dia seria mais fácil. Ainda no ginásio, a Rose surtou e começou a cismar que eu estava cansado e que precisava descansar para navegar. Tentei convencê-la a seguir e parar para dormir depois que encontrássemos o PC virtual da igreja, mas não teve acordo. Conversamos e resolvemos parar no ginásio por 1 hora e 30 minutos. A Rose cometeu um erro e não descansou. Ficou conversando com repórteres e não dormiu.

Saímos para os 40 quilômetros de canoagem numa represa aberta com a navegação bem complicada. Já estava escuro e para chegar na torre da igreja submersa não tínhamos nenhuma referência visual; era apenas a bússola e o azimute. Fomos na direção exata e a ponta da igreja, praticamente, surgiu na nossa frente. Seguimos para o próximo ponto que já era a saída da canoagem. Apesar de sentirmos esse alívio, ainda faltavam muitos quilômetros e muitos braços de represa para navegar. Com três horas de canoagem, a Rose sentia um sono avassalador e sugeriu pararmos para dormir. Pronto, começava uma discussão na equipe! Foi engraçado porque ela ficou nervosa, brigou com todos nós e o Marcio, calmo, tirou o remo dela e deu para mim, falando que ela poderia dormir por 30 minutos enquanto ele remava. Briga novamente! Ela ficou muito nervosa e começou a remar com a mão, dizendo que não deixaria ninguém dormir até o final da prova. Nesta noite, descobrimos que a raiva acorda e seguimos na prova.

> A maior dificuldade da prova ainda estava por vir. Entramos na parte larga da represa que o major havia nos alertado sobre a formação de grandes ondas por conta dos ventos, parecia mar aberto.

A maior dificuldade da prova ainda estava por vir. Entramos na parte larga da represa que o major havia nos alertado sobre a formação de grandes ondas por conta dos ventos, parecia mar aberto. Como estávamos acostumados a treinar no mar agitado, subestimamos a natureza e ela quase nos venceu! Tínhamos a sensação de estar dentro de uma batedeira! O João enjoou e começou a vomitar, eu vendo ele vomitar, resolvi acompanhá-lo. Até aí tudo bem! O problema foi que resolvemos vomitar para o mesmo lado e bateu uma onda e viramos o barco. Fomos praticamente ejetados, deixando todos em uma situação desesperadora, à noite, no meio de uma represa. A sorte foi que o Marcio foi rápido e resgatou o barco. João e eu ficamos na água com medo de vomitar, beber água e sucessivamente nos afogar. O Marcio trouxe o barco de volta para nós e subimos para continuar a canoagem.

Foram horas de canoagem com ondas gigantes e muito vento. Eu tinha de manter o azimute para não perder a direção no meio daquela tormenta enquanto o João sofria para fazer o leme do barco naquela situação. Não tenho boas recordações dessa parte da prova. Tínhamos previsto fazer estes 40 quilômetros em oito horas, mas a natureza brecou e terminamos com 13 horas e 10 minutos. Nossa sorte foi que a organização cancelou 30 quilômetros dessa perna de canoagem. Graças a Deus!

> Foram horas de canoagem com ondas gigantes e muito vento. Eu tinha de manter o azimute para não perder a direção no meio daquela tormenta enquanto o João sofria para fazer o leme do barco naquela situação.

Finalizamos essa última perna de canoagem e prosseguimos para a transição para o próximo trecho de *mountain biking*. Estávamos na segunda posição!

Em razão da alteração no percurso de canoagem, não tínhamos previsão de tempo para fazer este trecho de 70 quilômetros de *mountain biking*, pois mudou também e foi necessário nos reprogramar! Estávamos na cidade de Rodeles, em um clima extremamente quente e adotamos o modo de sobrevivência. Havíamos de poupar água semipotável que tínhamos para beber, pois, depois da saída do PC, não encontramos mais água e todos os rios que estavam no nosso caminho estavam praticamente secos. Quando encontrávamos uma poça de água com lama, mergulhávamos para abaixar a temperatura corporal. E foi assim até chegar na cidade de Brejo do Burgo, área de transição para o *trekking* mais cruel da prova, onde o Lampião se escondia, no Raso do Catarina.

Fizemos uma transição consciente em uma hora com a missão arrojada de assumir a liderança da prova neste próximo trecho. Sabíamos que não seria fácil. Fazia muito calor! Todos se hidrataram, trataram dos pés, pois já havia muitas bolhas, completamos todos nossos reservatórios de água e dormimos 20 minutos. Saímos para os 40 quilômetros duas horas atrás do líder da prova e entramos nesse *trekking* prontos para fazê-lo o mais rápido possível, mesmo sabendo de todas as condições que enfrentaríamos de escassez de água, muita areia fofa e um calor literalmente infernal que dificultaria a progressão. A nossa sorte foi que começamos o *trekking* no final da tarde, na quarta noite, e a temperatura já abaixava.

> Minhas pernas queimavam muito! Eu não podia desperdiçar minha água para jogar nelas e aliviar o ardor, pois estava bem regrado o consumo. Então, minha primeira solução foi pegar terra e esfregar na perna com o intuito de diminuir a queimação.

Durante o *trekking*, eu estava navegando de olho no mapa e não prestei atenção no caminho. Por causa do calor, eu estava fazendo a prova de bermuda, e passei pelo tal arbusto de urtiga, comentada no *briefing*, que trazia um veneno muito potente. Minhas pernas queimavam muito! Eu não podia desperdiçar minha água para jogar nelas e aliviar o ardor, pois estava bem regrado o consumo. Então, minha primeira solução foi pegar terra e esfregar na perna com o intuito de diminuir a queimação. Nada adiantou! Percebi que talvez a única solução seria correr mesmo, para aumentar a adrenalina e aliviar um pouco o ardor. Em seguida, a Rose também passou por um arbusto desse. Não sei onde ela ouviu, mas ela acreditava que urina aliviava a dor daquela queimadura. Então, ela veio pedir para urinarmos nela. Que situação esquisita! Claro que não fizemos isso. Vamos correr que alivia!

Tínhamos uma estimativa de 13 horas para cumprir esses 40 quilômetros. Adiantamo-nos e conseguimos fazer esse trecho em 11 horas e 20 minutos, graças a *power* urtiga! Chegamos na cidade de Juá e conseguimos nos aproximar dos líderes. Estávamos a apenas 20 minutos atrás deles!

Partimos para a parte final da prova, um trecho de 35 quilômetros de *mountain biking*, com força total e determinados a buscar a primeira posição! Fizemos uma transição muito rápida, 7 minutos, até termos um imprevisto: o Marcio, acredito que pelo cansaço, travou, não conseguia falar nada, só estava com os olhos abertos. Parecia que ele estava dormindo e não tinha reação alguma. Comecei a procurar uma torneira para pegar água para jogar nele e acordá-lo. A Rose proibiu o Marcio de pedalar, pois durante o percurso teríamos um trecho de *downhill* e seria perigoso, trazendo risco de acidente. Assim, ele deveria descansar um pouco e, por isso, ficamos no PC por dez minutos até ele recobrar a lucidez.

Eu estava muito motivado e, ao sair do PC, errei a navegação! Peguei uma estrada que não estava na carta e, quando eu comecei a ver a direção na bússola, não estávamos na direção da estrada do mapa, mas sim na direção do PC e resolvi seguir. Teríamos de chegar em uma estrada perpendicular à direção que seguíamos. No final deu certo e adiantamos 5 quilômetros no percurso. Normalmente, um erro na navegação leva a atraso, nesse caso foi contrário, adiantou a equipe!

O Marcio estava com muito sono, então, usamos o despertador criado por ele próprio. O João quebrou uma madeira na cabeça dele e, assim, ele ficou nervoso e acordou na hora. Era uma tática muito eficaz!

Finalizamos esse trecho e chegamos próximo à cidade de Paulo Afonso. Estávamos no último trecho da prova e teríamos a tão esperada sessão de técnicas verticais da prova. Quando iniciamos, avistamos a equipe líder terminando. Com isso, sabíamos que não conseguiríamos mais ultrapassá-los e que nos restava aproveitar o visual incrível do cânion. As técnicas verticais foram surpreendentes.

O percurso consistia em cruzar o incrível cânion com cordas e as nossas *bikes* junto a nós o tempo todo. Fizemos rapel, tirolesa e ascensão. Foi um percurso bem complexo e muito bem montado pela equipe de vertical do Brasil Wild. Finalizamos e nos direcionamos para a chegada, conquistando a segunda colocação em uma prova de grande repercussão.

Estratégia e espírito de equipe foram os pontos fortes nessa prova! E, o mais importante, todos terminamos com segurança e bem de saúde, felizes depois de 85 horas e 11 minutos em atividade e 6 horas e 20 minutos parados em transições e sono.

*Para ser amigo do Caco, você precisa ter um manual para entender a pessoa fantástica que ele é. Porém acho que duas regras básicas fazem com que você conviva e aproveite a sua companhia. A primeira é que você nunca vai saber se ele realmente está feliz ou triste; já tentei muito, é impossível! A segunda: ele vai levá-lo com frequência para as maiores roubadas que você já viveu, contudo vai mostrar caminhos que jamais você imaginaria trilhar e que vão levá-lo mais longe do que acreditaria ser possível! Só tenho a agradecê-lo pelas maiores roubadas da minha vida, Capitão!*

**Camilo Motta Pinto Alves**
PROFESSOR PARCEIRO NA ASSESSORIA SELVA/RUN FUN.

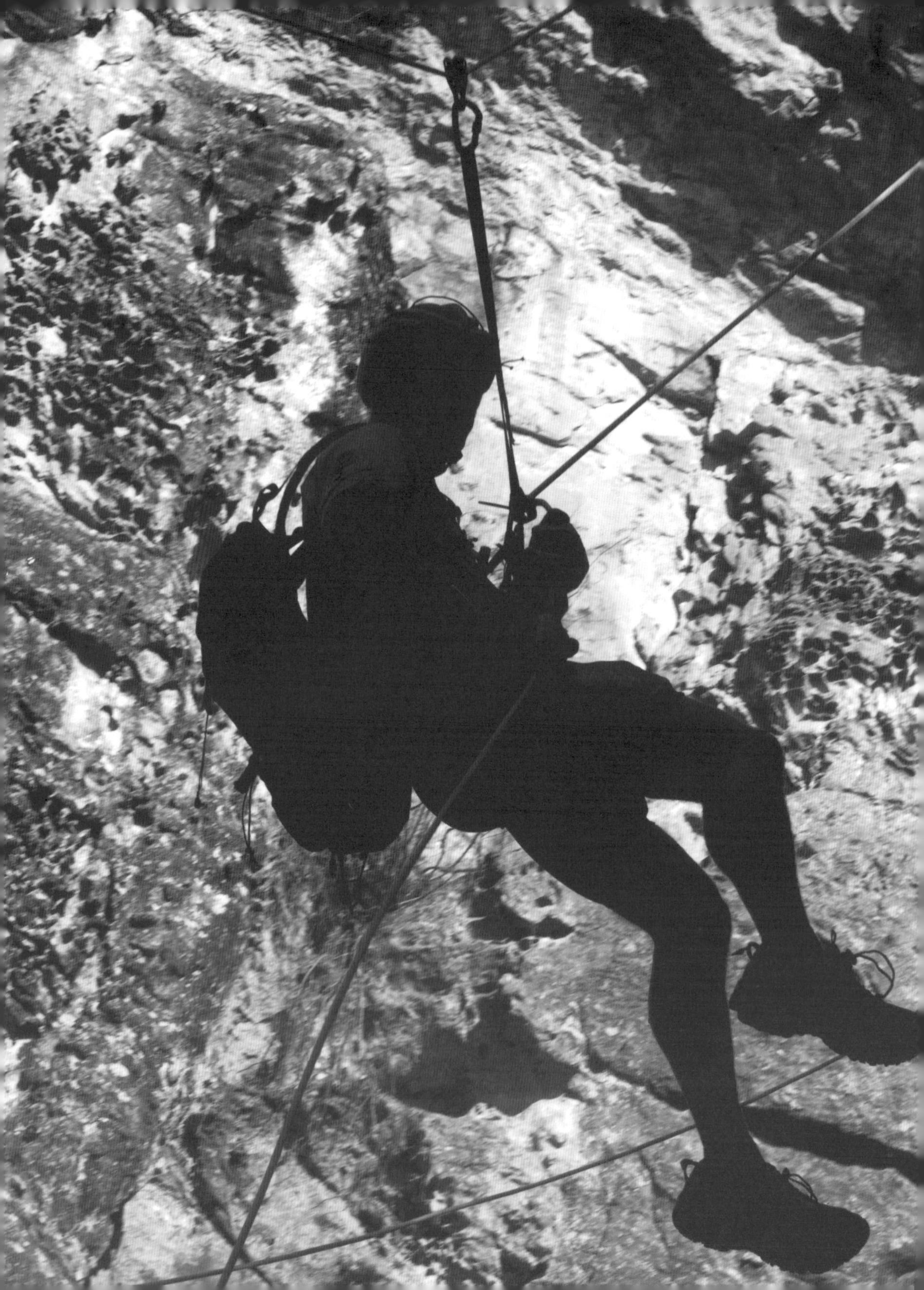

# Capítulo 6
# Ecomotion Pro 2009

## SERRA DO ESPINHAÇO-DIAMANTINA (MG)

**Integrantes da prova:** Caco Fonseca, João Bellini, Marcelo Sinoca e Soledad Cristiano

## MISSÃO DADA É MISSÃO CUMPRIDA!

Se me pedissem para resumir a participação da nossa equipe no Ecomotion Pro - Serra do Espinhaço, seria: "Pouca perspectiva e pouca organização prévia, mas missão dada é missão cumprida, custe o que custar!".

Percorrida pelo interior de Minas Gerais, a competição de mais de 470 quilômetros foi um verdadeiro teste de determinação e superação para a equipe Selva. Desta vez, os imprevistos haviam começado muito antes do sinal de largada.

A primeira surpresa aconteceu dias antes da prova, quando a então "mulher da equipe" sofreu um acidente, deslocou o ombro e ficou impossibilitada de correr. A proximidade da competição dificultava encontrar uma substituta à altura. Sem tempo para escolhas, precisamos recorrer a uma opção internacional e, com recursos da venda de uma bicicleta, "importamos" a argentina Soledad Cristiano.

Equipe Selva recomposta – completa por João Bellini, Marcelo Sinoca e eu –, era hora de seguir viagem, rumo à Reserva da Biosfera responsável por abrigar mais da metade da fauna e flora ameaçadas de extinção do estado.

Evidente que, para a Selva, seguir viagem nunca significou chegar ao destino, pelo menos assim, de um jeito tão fácil. Algumas competições de longa duração exigiam equipes de apoios, pessoas, em geral, amigos, que auxiliam os times nas áreas de transição entre as modalidades esportivas. Pois bem! Também na véspera da prova, nossos dois apoios tiveram problemas profissionais e não puderam nos acompanhar. Conseguimos um terceiro, Netinho, que até a largada da prova seria o único responsável pelo transporte dos equipamentos, preparo das refeições e manutenção dos equipamentos, além, é claro, do incentivo moral e emocional.

Segunda surpresa, fizemos uma divisão: o Marcelinho e sua namorada, que gentilmente emprestou seu carro, saíram pela manhã para Diamantina, enquanto João, Soledad e eu iríamos de ônibus à noite. No meio da viagem, próximo da Cidade de Três Corações, o Marcelinho teve uma discussão com sua namorada e ela resolveu voltar para São Paulo, mas havia um pequeno detalhe: o carro era dela e o deixou na cidade com todos os equipamentos da equipe. Ele me ligou e tive de mudar os planos e arrumar meu carro, que era um Fiat Strada, para ele conseguir fazer o apoio, fora todas as outras tarefas que estavam pendentes. Resolvido tudo, saí de São Paulo no outro dia de madrugada para resgatar o Marcelinho e seguir para a prova.

Ainda antes de partirmos, resolvi revisar os equipamentos obrigatórios e percebi a ausência de duas polias, parte do *kit* de técnicas verticais. Após vários contatos, um grande amigo, Alexandre Boccia, foi ao meu encontro com os equipamentos, às 4 horas e 30 minutos da madrugada, antes do início da viagem. Definitivamente, atitudes como essa não têm preço. Obrigado, Lê!

## DIAMANTINA

A viagem de carro foi longa e cansativa, mas 11 horas depois, conseguimos desembarcar em Diamantina, já em Minas Gerais. Declarado patrimônio da humanidade pela Unesco, o município, que receberia a chegada da competição, também compõe o caminho da Estrada Real, antiga rota de escoamento de ouro e diamantes. À primeira vista, a linda e montanhosa região já nos indicava o que estaria por vir na prova.

Além do cenário incrível, notamos ainda uma grande hospitalidade local logo de início. Havíamos alugado uma casa afastada da cidade. Considerando que, por conta dos custos, muitas vezes acabávamos literalmente acampados no coreto das cidades por onde passávamos, desta vez, estaríamos praticamente numa "situação cinco estrelas". Apesar do *upgrade*, o bairro era humilde e seus simples moradores extremamente

> Declarado patrimônio da humanidade pela Unesco, o município, que receberia a chegada da competição, também compõe o caminho da Estrada Real, antiga rota de escoamento de ouro e diamantes. À primeira vista, a linda e montanhosa região já nos indicava o que estaria por vir na prova.

bacanas. Fizemos muitas amizades. Marcelinho e eu até organizamos uma espécie de passeio ciclístico com a criançada da comunidade. Embora não houvesse restaurante, tivemos a sorte do proprietário da casa alugada ser chefe de cozinha e nos presentear com um banquete composto de arroz, feijão, galinha caipira e farinha. Comida fresca e saborosa! Isso sim era um verdadeiro suplemento nutricional pré-prova.

Equipamentos checados mais uma vez, tudo organizado, finalmente havia chegado a hora de partirmos em comboio para a largada, a 250 quilômetros de Diamantina. A equipe GoOutside havia nos cedido um de seus apoios, Bruno, que estreava na "profissão" e, embora tivesse caído de paraquedas na nossa equipe, vestiu a camisa e realizou uma excelente assistência.

Opa! Mas como caberiam seis pessoas em um Fiat Strada, carregado de caixas, bicicletas e equipamentos?

Apesar do frio inicial na espinha, lá estava a Selva pedindo carona no comboio de mais de 30 carros, também lotados de atletas e equipamentos. Acabamos por conseguir vagas na Van que transportava a equipe de imprensa e seguimos para a largada.

## TESTE

Confesso que pensei em desistir, pois eram muitos problemas!

Embora tenha sido duro simplesmente chegar na largada, encarei todos os obstáculos como um teste para ver se éramos fortes o suficiente para cumprir a missão.

Pronto, os problemas acabaram! Era hora de largar, fazer o que sabíamos e treinamos para fazer e o principal: apreciar as paisagens que estariam por vir.

No total, os 470 quilômetros seriam divididos em 169 quilômetros de *trekking*, 211 quilômetros de *mountain biking*, 90 quilômetros de canoagem e 70 metros de rapel.

A largada como sempre foi forte. As equipes, em geral, estão com a adrenalina à flor da pele e precisam extravasar; mesmo em uma competição de quase 500 quilômetros.

Ainda na primeira hora de prova, correndo, a Sole torceu o tornozelo. Caiu no chão e lá ficou. Passado o choque da dor inicial, ela se levantou e seguiu em frente. Fizemos um *trekking* bom e constante de quase 30 quilômetros, recuperando rapidamente algumas posições e assumindo a quarta colocação após uma canoagem de 60 quilômetros.

Saímos para mais um *trekking* de mesma distância da primeira canoagem, debaixo de muito calor, porém compensado por uma paisagem incrível. Observei no mapa que seria possível encurtar um caminho. Em vez de contornarmos uma montanha seguindo a trilha, poderíamos fazer um percurso menor se subíssemos a montanha e, do outro lado, descêssemos um penhasco. E assim fizemos! Precisávamos acelerar, pois já era final de tarde e descer o penhasco à noite não seria uma boa ideia. Objetivo traçado e alcançado! Finalizamos o trecho na terceira posição e já muito próximos da segunda colocada.

Na etapa seguinte, de *bike*, já havíamos entrado na segunda noite, quando tivemos um contratempo por conta de problemas mecânicos na *bike* da Sole. Apesar da uma hora perdida, o João e o Marcelinho conseguiram sanar o defeito e seguimos na competição.

Assinamos mais um posto de controle, agora na segunda colocação. Deduzimos que a outra equipe teria parado para descansar, pois já se passavam mais de 48 horas de prova. Ainda resistindo ao cansaço, optamos por seguir por um caminho mais longo, porém teoricamente de menor dificuldade.

Enfim, hora de descansar! Paramos para dormir poucos e revigorantes 30 minutos. Concluímos o que para mim foram intermináveis 60 quilômetros subindo de *mountain biking*. Até hoje não me lembro de nenhuma descida nesse trecho. Literalmente, parece que só subimos!

Deixamos as magrelas e voltamos para o *trekking*, desta vez curto e com muita navegação. A primeira colocada havia entrado nesse trecho à noite e acabou sofrendo para sair, ou seja, perdeu algum tempo ali. Já nós, iniciamos o percurso logo pela manhã e passamos razoavelmente fácil, mesmo com o Sol nos castigando.

Do *trekking* voltamos para as bicicletas, agora para um trecho de 55 quilômetros, incluindo um maravilhoso *singletrack*. Para quem gosta, trechos técnicos, onde só passa um *mountain bike* por vez, são um verdadeiro parque de diversões. Mas, infelizmente, nossa diversão acabou se tornando um martírio.

> Sem sorte, a Sole sofreu uma queda espetacular a três quilômetros do início do *singletrack*. Para efeito ilustrativo, se a cena do tombo fosse uma apresentação de ginástica artística, definitivamente, ela teria recebido nota 10.

Sem sorte, a Sole sofreu uma queda espetacular a três quilômetros do início do *singletrack*. Para efeito ilustrativo, se a cena do tombo fosse uma apresentação de ginástica artística, definitivamente, ela teria recebido nota 10. Afinal, não é qualquer um que consegue dar um mortal duplo carpado sobre uma bicicleta. Pensei: "Acabou a prova! Alguém chama o resgate!". Para nossa sorte, a argentina era casca-grossa, bem ao estilo Selva. Fiz os curativos, ela levantou e falou algo que não entendi. Como eu não sabia o que ela tentava dizer, concordei com alguns "sí, sí, sí" e seguimos em frente. Com o susto – totalmente compreensível após a "*performance* artística" –, nossa progressão ficou lenta. Acabamos ultrapassados por uma equipe no trecho final da bicicleta.

## SAGA SELVA

Partimos para um *trekking* longo e com muito aclive. Estávamos extremamente sonolentos. Decidimos parar por cinco minutos, mas entramos num sono profundo de mais de 2 horas e 30 minutos. O "apagão" imperdoável acabou contribuindo para que chegássemos ao cume da montanha de 2.000 metros de altitude ao nascer do Sol. Cena guardada para sempre em nossas memórias. Apesar da alegria de alcançar o cume, no final da escalada, a Sole apresentava cansaço extremo, dores fortes na lombar e pés muito machucados.

> Conseguimos concluir o *trekking*, mas a situação só piorava. O percurso a seguir era de um duro percurso de *mountain biking* de 50 quilômetros. A Sole aparentava estar muito debilitada e não tinha mais força nas pernas.

Dormimos outras quatro horas no topo da montanha, desta vez como parte da parada obrigatória estipulada pela organização da prova. Acordamos praticamente revigorados para a segunda parte do *trekking*, porém auxiliando a locomoção da nossa companheira de equipe.

Conseguimos concluir o *trekking*, mas a situação só piorava. O percurso a seguir era de um duro percurso de *mountain biking* de 50 quilômetros. A Sole aparentava estar muito debilitada e não tinha mais força nas pernas. Iniciamos o trecho em um ótimo trabalho em equipe, praticamente puxando e empurrando a Sole, nessa hora o João e o Marcelinho fizeram muita força para levá-la e colocar a equipe para a frente. No final, passamos a equilibrá-la na *bike* e puxá-la, íamos revezando, ela não pedalava mais.

Na manhã do quarto dia de prova, nossa atleta estava completamente debilitada. Na expectativa de uma franca recuperação, decidimos descansar na transição, onde teríamos ajuda tanto da nossa equipe de apoio quanto da de outros times. Em seguida, fizemos um rapel e levamos a Sole em uma carrinhola de construção, desci o rapel com ela clipada em mim para não correr nenhum risco e ao final do rapel dormimos as duas últimas horas obrigatórias, completando assim 8 horas de sono estabelecidas pela organização. Nesse trecho, encontramos uma caverna, em que todos da equipe tiveram de rastejar e puxar a Sole; não era um local muito agradável para quem não gosta de lugares apertados.

Ainda com a Sole debilitada, cheguei a perguntar se ela, realmente, queria prosseguir; ela não tinha dúvida e pediu que a ajudasse a terminar a prova.

Partimos para mais um trecho de *mountain biking*, agora técnico e com subidas que exigiam que empurrássemos as *bikes*. Fizemos uma força mútua até completar o trecho e, finalmente, entramos em uma canoagem de 30 quilômetros pelo rio Jequitinhonha. As corredeiras estavam tranquilas, dado o baixo volume da água. Fizemos muita força para chegar até ali, pois teríamos um descanso de carregá-la na canoagem, e ela, também, poderia descansar mais deitada enquanto remávamos.

Como em qualquer filme de suspense, o aparente revigorante percurso no rio acabou por se tornar mais um pesadelo para a equipe. Acredito piamente ser muito provável que, àquela altura da competição, Deus olhava do céu, inconformado com nossa persistência, dizendo: "Caramba, essa equipe não desiste! Estão carregando a menina já há quase 200 quilômetros e nem assim desistem. Vou testá-los mais um pouco!".

Apertando a tecla + do controle remoto do sol, o Todo Poderoso subiu a temperatura e BUMMMM!!! Era o som do nosso barco inflável, literalmente, explodindo quando havíamos remado apenas cinco dos 30 quilômetros previstos.

Cansados e frustrados, tentamos seguir rio abaixo, mesmo com a embarcação vazia em uns dos lados. Apesar da "brincadeira" do Superior, em pouco tempo fomos contemplados com um anjo, um *staff* da organização que, diante do nosso infortúnio, foi gentilmente buscar, de moto, outra embarcação.

Na saída do rio, um de nossos apoios nos aguardava com uma carrinhola de construção. Usamos o "veículo" para carregar nossa atleta até a área de transição. Devidamente alimentados, partimos para um *trekking*, carregando a Sole em uma rede improvisada pelo Netinho. No mesmo estilo em que se transportam feridos de guerra, percorremos os 19 quilômetros seguintes.

Apesar do extremo esforço em conjunto, conseguimos chegar à última transição e entrar para as subidas dos 15 quilômetros finais de *mountain biking* até linha de chegada.

Concluímos a prova em 4 dias e 8 horas, das quais 11 horas de sono, e na 6ª colocação. Para nós, mais do que a posição no *ranking*, ficaram dois aprendizados inesquecíveis:

- se trabalhar em conjunto, definitivamente, a equipe tem uma força incrível; e
- problemas sempre aparecerão em nossas vidas; o grande segredo é como você vai encará-los.

MISSÃO DADA É MISSÃO CUMPRIDA! SELVA!

*Falar do professor Caco Fonseca, o Caco, e fácil, sim ele é fácil, simples, realmente digno do adjetivo parceiro. Foram mais de doze anos na Print Action, consultoria e treinamento, praticando amizade, profissionalismo, humanidade e cidadania. E até hoje vejo sua evolução como homem e professional deixando sua assinatura em suas ações e trabalhos na melhor forma, saúde e consciência. Selvaaaa!*

**Flavio Emilio Junqueira**
PARCEIRO NO PROGRAMA PRINT ACTION PARA ATLETAS
PROFISSIONAIS DE *MOUNTAIN BIKING*.

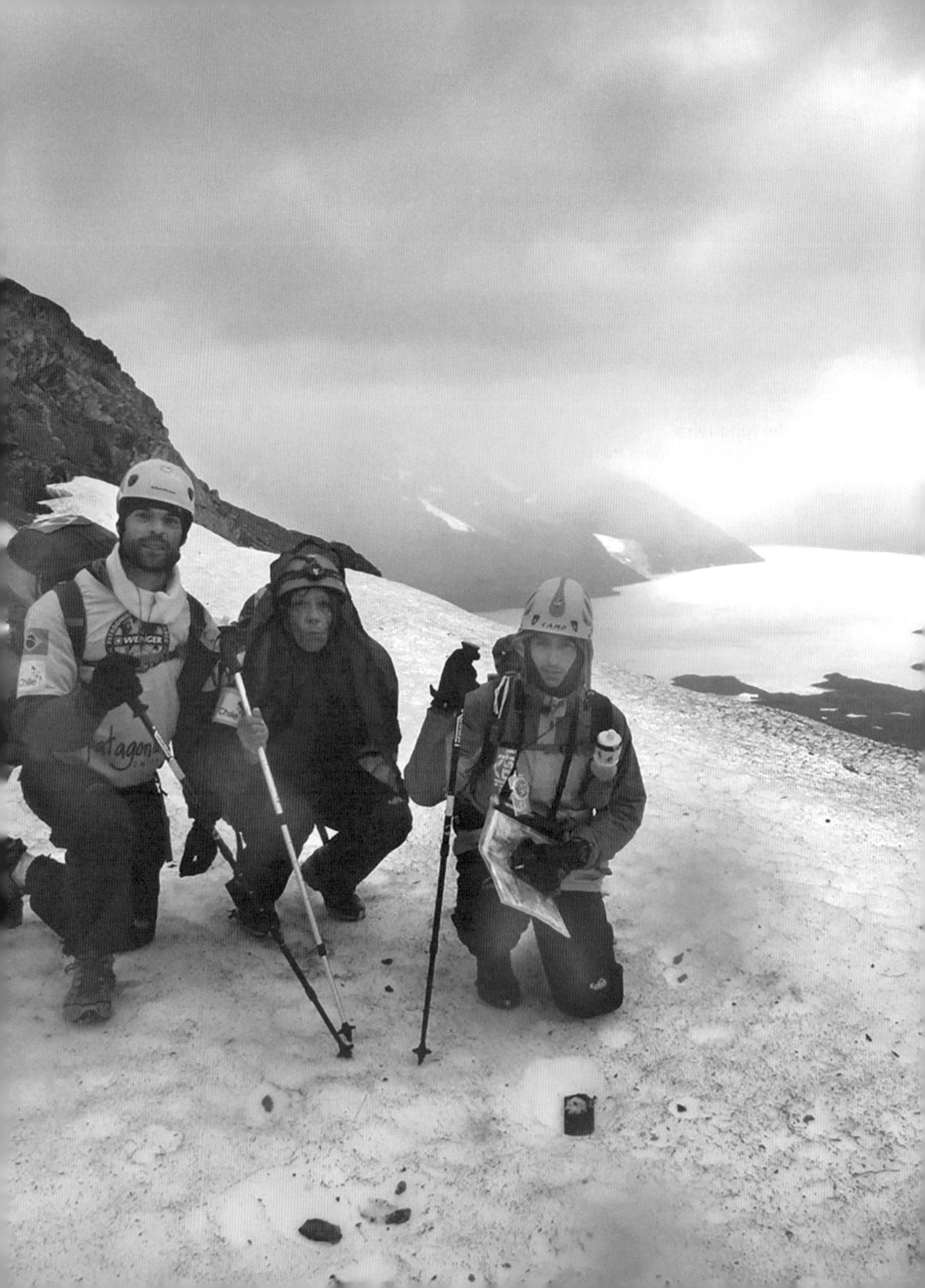
WENGER
CAMP

# Capítulo 7
# Patagonia Expedition Race 2011

## PUNTA ARENAS - CHILE

**Integrantes da prova: Caco Fonseca, Marcelo Sinoca, Ricardo Conceição e Rose Hoeppner**

## A AVENTURA PRÉ-PROVA

A logística pré-prova em uma competição desse porte sempre começa alguns meses antes. São muitos itens obrigatórios, treinos de habilidades nos equipamentos, certificações obrigatórias exigidas pela organização, entre muitas outras tarefas para a equipe resolver antes do evento. Antes da viagem ao Chile, havíamos pedido para uma pessoa de São Paulo reservar um hotel para a primeira noite da equipe em Punta Arenas, para termos tempo de procurar uma casa para nos hospedar nos dias que antecederia a largada. Optamos sempre em nos hospedar em casas, pela facilidade logística em organizar todo o material da prova em vez de um local apertado como costumam ser os quartos de hotéis compatíveis à verba da equipe. Essa pessoa fez a reserva no hotel para quatro pessoas como havíamos pedido, no entanto, a reserva foi feita em um hotel em Punta Arenas, na Costa Rica, e não no Chile, como precisávamos. Pedimos pelo nosso quarto logo que chegamos ao hotel chileno, de nome igual ao costa-riquenho, hotel Punta Arenas, mas o recepcionista não o localizou. Só notei a troca de países um tempo depois, quando consultei meus *e-mails* para verificar a reserva já paga.

Enquanto eu consultava a internet, o recepcionista citou o nome de Adelaide e falou: "Foi a Adelaide que fez a reserva?". Como já era tarde da noite e sair em busca de um hotel em uma cidade desconhecida por nós não seria nada fácil, ao ouvir aquele nome, rapidamente, respondi que sim e foi o suficiente para o atendente confirmar nossa estadia. Fiquei rezando para que a tal Adelaide não aparecesse durante nossa merecida noite de sono.

No dia seguinte, após um belo desjejum, acertamos nossa conta no hotel e saímos em busca da casa. Perdemos a estadia na Costa Rica, claro, afinal estávamos um pouco longe.

## CHECAGEM DE EQUIPAMENTOS

A Patagonia Expedition Race é reconhecida mundialmente pela dificuldade e, talvez por isso, seja extremamente rigorosa na checagem de equipamentos. Diversos *kits* e itens de segurança são exigidos, muitos deles são produtos com certificações internacionais de segurança.

Entre as exigências, está o *kit* de primeiros socorros, individual e obrigatório para cada integrante da equipe. Os equipamentos incluem ainda jaqueta e calça impermeáveis, segunda pele, gorro, luvas, equipamentos de técnicas verticais, capacete, colete salva-vidas, saco de dormir para temperaturas extremas, mochilas, entre outros. Os acessórios das bicicletas também são analisados, como *kits* para conserto de pneus e corrente, faróis frontais e traseiros. Para a canoagem, são exigidas saias – acessório para impedir que a água entre no barco – e uma roupa específica, *dry suit* ou traje seco, uma espécie de macacão em tamanho grande, em tecido de Gore-tex® (uma tecnologia têxtil resistente à água), impermeável, com costuras e zíperes selados e uma borracha no pescoço, tornozelos e punhos. A roupa é larga para evitar a perda de calor por condução, ou seja, a perda de calor pelo contato com ambiente gelado. Nesta competição, é proibido o uso de roupas de Neoprene®, tecido costumeiramente usado por mergulhadores, mesmo em espessuras grossas.

> A Patagonia Expedition Race é reconhecida mundialmente pela dificuldade e, talvez por isso, seja extremamente rigorosa na checagem de equipamentos.

Todos os equipamentos são checados e a aprovação registrada em uma espécie de passaporte. Em caso de não conformidade, a equipe deve corrigir o item e retomar o processo de checagem. As equipes não largam a prova caso o passaporte não esteja completo do processo de verificação.

Além de conferir todos os equipamentos, a organização realiza testes de habilidades de algumas modalidades. Os testes de técnicas verticais haviam sido cancelados, pois naquele ano a modalidade era considerada fácil. No entanto, manteve-se o teste de canoagem, no qual deveríamos remar até um barco da organização, virar nosso barco dentro da água gelada, desvirá-lo e subir novamente antes de congelarmos; tínhamos cinco minutos para voltar os dois integrantes para o barco recolocar a saia e voltar a remar.

Existe uma técnica para realizar todo esse processo. É a chamada *pedal foot*, na qual se usa uma boia apoiada no remo para poder conseguir voltar para o barco. No nosso caso, havíamos treinado ainda no Brasil outra técnica, na qual, após desvirar o barco, o mais habilidoso deveria subir ao barco depois do menos habilidoso. A técnica consistia em pular com a barriga no barco, jogar a perna sobre ele, como quando se monta em um cavalo sem sela, e por último jogar as duas pernas para dentro do *cockpit*. O primeiro deveria equilibrar o barco com o uso dos remos, enquanto o segundo executaria a mesma técnica de entrada no barco. Tínhamos cinco minutos para realizar a tarefa, mas em menos de um minuto já a havíamos completado, talvez pelo medo do frio. Eu remei com a Rose, e o Ricardo com o Marcelinho, ambos fomos aprovados para entrar na prova e ali surgiu uma nova técnica brasileira de retorno ao barco.

## BRIEFING

Dois dias antes da prova começar, recebemos a notícia de que a largada seria em Torres del Paine. Fiquei muito feliz, pois sempre tive o sonho de conhecer a região. De lá rumaríamos em direção aos fiordes ocidentais.

Ouvimos atentos ao *briefing* geral da prova, seguido pelas instruções de segurança e a notícia de uma pesquisa que seria feita com Huemul, uma espécie de alce da região patagônica que está em extinção. Recebemos a missão de coletar fezes do animal para estudos posteriores. Não fazíamos ideia de como identificaríamos os dejetos, mas o fato é que tínhamos mais essa tarefa. Como se não bastasse o excesso de peso das mochilas, ainda teríamos algo a mais e nada agradável para carregar. Por fim, aconteceu o *briefing* para os capitães das equipes, com instruções de quilometragens e terrorismo psicológico do organizador, descrevendo as dificuldades da prova. O organizador dessa prova, diferentemente dos outros, monta o evento para testar a capacidade de

> Recebemos a missão de coletar fezes do animal para estudos posteriores. Não fazíamos ideia de como identificaríamos os dejetos, mas o fato é que tínhamos mais essa tarefa.

> Recebemos os mapas para analisarmos antes do *briefing* técnico, que aconteceria no dia seguinte, para tirar possíveis dúvidas e nos informar dos horários de corte.

sobrevivência da equipe em um local extremamente inóspito, em outras palavras, ele quer que a equipe desista, isso seria uma vitória para ele.

Recebemos os mapas para analisarmos antes do *briefing* técnico, que aconteceria no dia seguinte, para tirar possíveis dúvidas e nos informar dos horários de corte. O mais importante a saber era que haveria apenas cinco pontos onde encontraríamos com os sacos de suprimentos de alimentos e equipamentos da equipe. Com o mapa, conseguiríamos estimar o tempo que levaríamos até cada saco e quanto de comida deveríamos carregar nas mochilas para cada intervalo. Largaríamos com uma quantidade X de comida para o primeiro trecho e reabasteceríamos à medida que alcançássemos cada um dos cinco pontos.

Passamos praticamente a madrugada toda organizando os sacos, com a ajuda do nosso grande amigo Paulino, àquela altura, morto de cansaço e sono, assim como nós. Um momento para falar de Paulino: no segundo dia de Punta Arenas, estávamos testando as *mountain bikes* e procurando uma bicicletaria. Paulino passou pela equipe pedalando e o chamamos para pedir tal informação, ele direcionou a equipe para a loja de *bikes* e passou a nos ajudar em todas as questões de logística que a prova exigia. Depois disso, acabou se tornando um grande amigo na cidade.

Voltando à logística da prova, fomos para a cama por volta das 5 da manhã; havíamos nos dedicado cerca de 7 horas apenas para cuidar do processo logístico. Perdemos horas de sono preciosas antes da prova, mas ganharíamos na organização de alimentação, materiais e preparação do mapa antes da competição, pois um erro poderia nos custar uma saída prematura da prova.

Ainda pela manhã, dividimos as atividades da pré-largada. Enquanto eu participava do *briefing* técnico, os demais se encarregaram de entregar os sacos de suprimentos à organização, os quais seriam despachados para os cinco postos de controle/abastecimento, e as *mountain bikes*, dentro de caixas grandes, entre muitas outras tarefas. Isso era cruelmente planejado pela organização, para ver como a equipe se organizava e ajustava tudo em um tempo limitado. Algumas bicicletas haviam sido armazenadas dentro de grandes caixas individuais, o que permitiria o mínimo de desmontagem, reduzindo nosso tempo de transição. No entanto, outras bicicletas estavam em malas-*bikes*, uma espécie de bolsa grande, que exigia que a bicicleta fosse reduzida a diversas peças, isso nos obrigou a perder um tempo precioso na remontagem; algo que não havíamos parado para pensar. Sou muito perfeccionista e sinto um enorme mal-estar quando não tenho o controle total de tudo, mas nessa prova fui obrigado a delegar muitas tarefas para o Marcelinho, a Rose e o Ricardo e confiar 100% nas missões que havia passado, pois pela circunstância imposta pela organização somente com o perfeito trabalho em equipe é que chegaríamos ao meio-dia para seguir com o comboio para o local da largada. A minha insegurança nessa prova foi com a questão logística, que poderia custar a vida de um integrante, e eu, como capitão, tenho como principal objetivo que todos terminem a prova com saúde. Mas como o Ricardo, que é militar, disse: "Não me pergunte se sou capaz, dê-me a missão, porque missão dada é missão cumprida!". Tive um grande aprendizado nessa preparação pré-largada.

> A minha insegurança nessa prova foi com a questão logística, que poderia custar a vida de um integrante, e eu, como capitão, tenho como principal objetivo que todos terminem a prova com saúde.

Com todas as tarefas executadas, por volta do meio-dia partimos em comboio para Torres del Paine, onde moradores locais nos aguardavam, realizando uma bonita festa de abertura da competição. Fomos recepcionados por uma cavalgada tradicional local, seguida por uma churrascada de carneiro, com o animal sendo assado por inteiro em um buraco com brasas. Comida à vontade para a última refeição importante antes da competição.

Montamos nossas barracas e deitamos com a vista voltada para as montanhas rochosas de Torres del Paine, iluminadas apenas pelo luar. Enfim, dormimos muito bem, uma noite completa de sono, antes de a competição começar.

Ao amanhecer, tomamos nosso café da manhã enquanto aguardávamos a chegada das nossas caixas com as bicicletas. Com os equipamentos entregues, começamos a montagem, que prosseguia muito bem até o Ricardo – conhecido como mão de morsa – quebrar uma das blocagens, uma peça que prende a roda na suspensão dianteira da bicicleta. Para nossa sorte, tínhamos feito a lição de casa sobre a logística e isso incluiria uma blocagem reserva que prontamente substituiu a peça quebrada, só havíamos de tomar cuidado novamente com o mão de morsa.

## FINALMENTE A LARGADA

Com toda a logística pronta, finalmente foi dada a largada da Patagonia Expedition Race 2011. Tivemos uma largada de cerca de 70 quilômetros de *mountain biking*, com pouco desnível de altimetria de apenas 200 metros de elevação. Eu havia feito uma estimativa de tempo de 3 horas a 3 horas e 50 minutos, no máximo, para completarmos esse trecho.

Já no início, a Patagônia mostraria suas caras, colocando-nos no primeiro desafio da competição. A largada havia ocorrido tranquilamente, sem vento e em um lindo dia. Havíamos percorrido poucos quilômetros quando um vento começou a surgir, aumentando de velocidade, aumentando, aumentando até se transformar em uma ventania de 80-100 quilômetros por hora, constante e contra, lógico. Nossa média de velocidade, que era de mais de 20 quilômetros por hora, caiu drasticamente para cerca de 5 quilômetros por hora. O tempo previsto caía por terra. Ríamos da situação, pois nunca havíamos pedalado com um vento que praticamente nos tirava da estrada. Chegou a ponto de pararmos para vestir os óculos para tentar evitar que grãos de areia ou pedra entrassem em nossos olhos. Menos de cinco minutos depois de voltarmos para as bicicletas, começamos uma subida com uma equipe que tínhamos feito amizade, cujo capitão era um americano residente no Cazaquistão, um tcheco, um australiano e uma menina inglesa. O americano me passou pedalando com um pé só. Brincava dizendo que estava muito fácil pedalar em meio àquela ventania. Respondi: "Vai brincando... Esse vento derruba!". Apenas 20 metros depois, olhei para o topo da subida e vi uma névoa branca. Olhei para o relógio, imaginando se tratar de neblina. Estranhava o fato de haver tanta neblina em uma altimetria tão baixa. Voltei a olhar para a frente quando vi a inglesa da equipe-amiga dar uma cambalhota no ar e cair de costas no chão, ainda clipada na bicicleta. Vi também o americano cair rolando com a bicicleta antes de eu mesmo ir ao chão. Caí numa vala no canto da estrada, onde fiquei por mais uns 10 segundos, sentindo aquele vento carregado de pedras passar por mim. Os óculos que colocamos minutos antes nos protegeram, evitando que pedras e areia machucassem nossos olhos.

> Voltei a olhar para a frente quando vi a inglesa da equipe-amiga dar uma cambalhota no ar e cair de costas no chão, ainda clipada na bicicleta. Vi ainda o americano cair rolando com a bicicleta antes de eu mesmo ir ao chão.

Na mesma velocidade com que surgiu, o vento se acalmou. Quando levantei, todos os outros sete estavam caídos no chão. A passagem da ventania havia sido um verdadeiro *strike* humano. Posteriormente, soubemos que esse fenômeno é conhecido como vento branco. A menina da outra equipe foi quem mais se machucou, inclusive nas costas. Ajudamos com os curativos e seguimos na prova, com um total de 6 horas de pedalada e um desgaste físico intensificado pela situação.

Chegamos a uma transição de bicicleta para canoagem. Estranhamente, encontramos com todas as demais equipes no posto de transição, pois, por causa do mau tempo, a marinha havia proibido os barcos de entrar na água. Depois de esperar por cerca de uma hora, finalmente tivemos a autorização para entrar na água. Foram mais ou menos 40 quilômetros de remo em uma água bem gelada. Eu optei por não remar de luvas, pois não estava acostumado a usá-las e, aparentemente, o frio não estava a ponto de precisar vesti-las. Pelo contrário, quando cheguei ao final da canoagem, minhas mãos estavam congeladas e eu não conseguia abrir os dedos para soltar o remo. A dor do congelamento era terrível, situação que infelizmente só percebi no desembarque.

> Depois de esperar por cerca de uma hora, finalmente tivemos a autorização para entrar na água. Foram mais ou menos 40 quilômetros de remo em uma água bem gelada.

A remada foi tranquila, com muitos trechos com correnteza a favor, acelerando a canoagem. Fizemos esse trecho em menos de seis horas, a previsão inicial era de 8 horas. Apesar da velocidade, tivemos de fazer uma portagem, carregando os barcos fora do rio e com as mãos congeladas.

Deixamos os barcos na transição onde estariam todos os nossos equipamentos para prosseguirmos no *trekking*. Até então, eu não havia percebido que no regulamento era obrigatório portar mochilas. Ainda na canoagem, eu havia tirado a mochila de todos para poupar espaço nos barcos, já carregados com equipamentos obrigatórios e alimentos. As mochilas ficaram no saco de reabastecimento, o qual só encontraríamos depois da canoagem. O organizador da prova estava na saída da canoagem e percebeu nosso erro, deu uma bronca que poderia custar a desclassificação da competição. Acho que fui convincente ao argumentar que não havia percebido a regra, e ele acabou nos perdoando, sem penalizações para a equipe.

Fizemos uma transição muito lenta, preocupados em carregar todos os equipamentos e alimentos suficientes para a longa caminhada a seguir. Teríamos apenas cerca de 1 hora e 50 minutos de luz do dia e, com a noite caindo, a navegação se tornava mais difícil e o ritmo mais lento. Ainda assim, saímos com uma boa passada.

Notamos que o caminho marcado pelo GPS do organizador era apenas um rastro, não existiriam trilhas, caminhos ou estradas. Já era noite, uma dura navegação apenas pela direção da bússola. Logo no começo, passaríamos por um rio estreito, cerca de 10 metros de largura, porém com água na cintura. Perdemos muito tempo tentando encontrar um lugar onde pudéssemos saltar sem nos molhar por inteiros. Aprendemos a importância de estar preparados para a prova antes mesmo de começar, isso incluiria equipamentos e roupas adequadas, pois se alguém da equipe passasse a noite toda molhado, poderia ter uma hipotermia.

> Com um deslocamento de apenas 1 ou 2 quilômetros por hora, perdemos tempo em charcos e pântanos, dos quais não conseguíamos desviar, enroscávamos sempre e, por vezes, afundávamos até a cintura.

Com um deslocamento de apenas 1 ou 2 quilômetros por hora, perdemos tempo em charcos e pântanos, dos quais não conseguíamos desviar, enroscávamos sempre e, por vezes, afundávamos até a cintura. Conseguimos chegar ao PC3, onde cuidamos dos pés e vestimos meias secas. Infelizmente, menos de 2 metros depois de retomarmos a caminhada já estávamos, novamente, com os pés e corpos encharcados até a cintura, na lama de um pântano que mal conseguíamos enxergar. Reencontramos nossos sacos de abastecimento no PC4 perto do meio-dia, onde preparamos uma deliciosa e quente refeição, comida liofilizada (desidratada) que era só colocar água quente que em minutos estava pronta, não sabíamos mais se era realmente deliciosa ou se era a circunstância que a deixava.

### DESPEDINDO-SE DA VIDA

Com as mochilas recarregadas com muitos alimentos, seguimos no *trekking* em direção ao PC5. Logo na saída, havíamos de cruzar um rio, onde havia apenas um barco e uma corda. Dois atletas da equipe atravessariam o rio e os outros dois deveriam puxar o barco para a margem e também atravessar o rio sem se molhar.

Seguimos margeando o mar, localizado perto do Estreito de Magalhães, até um próximo rio. Subíamos e descíamos um morro muito lentamente, com muito cuidado para não escorregar no penhasco pedregoso.

Finalmente, chegamos ao rio, um pouco menor que o anterior, onde dois *staffs* passavam instruções para as equipes. Explicaram que teríamos três possibilidades para fazer a travessia. Na primeira, os quatro deveriam atravessar o rio a nado; na segunda, deveríamos procurar um ponto mais raso para a travessia, opção um tanto inviável em razão da densa vegetação; e a terceira possibilidade seria a de uma única pessoa atravessar o rio a nado para alcançar um barco atracado na outra margem com dois remos. Como a Rose, o Marcelinho e o Ricardo eram classificados no exército como NNN – Não Nadam Nada –, restou-nos a terceira opção, e eu é que deveria nadar. Apesar dos três Ns, eu estava feliz por eles terem evoluído da classificação 6 Ns (Não Nadam Nada e Nunca Nadarão Nada); eram 3 Ns a menos para me preocupar, conseguiam se virar.

O rio era formado por água de degelo glaciar de uma montanha próxima, cuja forte correnteza carregava muitas pedras de gelo visíveis da margem. Tirei toda minha roupa, menos a sunga, já me preparando para o gélido mergulho no rio, que desembocava no Estreito de Magalhães. Subi um pouco o rio, pois sabia que a correnteza me carregaria para longe do barco na outra margem. Eu também sabia que não seria nada interessante ser carregado para as confusas e perigosas correntes marítimas do estreito.

Pisei descalço na água e já no primeiro toque senti que não seria capaz de fazer a travessia, apesar da minha longa experiência desde a infância com a natação, inclusive com extensas travessias. Gritei "Selvaaa"! E saltei na gélida água. A sensação era de morte. Quase me afoguei em menos de 60 metros de natação.

Consegui alcançar a outra margem, sem condições de falar, com a mandíbula congelada. Entrei rapidamente no barco e comecei a remar de volta em direção aos meus companheiros. Em rios com corredeiras, o ideal é sempre entrar na diagonal contrária à correnteza para o fim da remada acontecer exatamente na metade da outra margem. Consegui atravessar remando, porém congelado, sem condições de me comunicar.

Marcelinho e eu jogamos duas mochilas dentro do barco e remamos rapidamente para a outra margem, seguindo a tática da remada em diagonal. Desembarcamos, retiramos as mochilas e viramos o barco na direção oposta mais uma vez. O Marcelinho remaria, enquanto eu tentava me aquecer no solo seco.

Marcelinho entrou no barco e seguiu remando, antes que eu me lembrasse de entregar a ele o segundo remo. Do outro lado, eles jogaram as outras duas mochilas no barco e o Ricardo se acomodou para a travessia. Infelizmente, eu também esqueci de explicar sobre a técnica de travessia em diagonal. Eles entraram em linha reta, fazendo com que a correnteza virasse o barco na água congelante. Sem saber nadar direito, eles apenas conseguiram sair de dentro do barco virado e seguraram na alça. Eu gritava para eles desvirarem o barco e subirem rapidamente. Em choque com o frio extremo, vestidos apenas de calças de *lycra* e camiseta de manga comprida de tecido *dry*, eles não tinham condições de entender minhas orientações. Também gritava para usarem o capacete de montanha para tirar a água do barco e subirem rapidamente. Em vão!

Os dois foram arrastados pela forte correnteza para o Estreito de Magalhães. Na minha mente, só vinha a lembrança da orientação da organização antes da prova: caso alguém caísse nas gélidas águas brancas, não suportaria vivo por mais de 15 minutos. Ao me lembrar do alerta, acionei o cronômetro do relógio para saber quanto tempo eles estavam na água.

Eles desviraram o barco, mas não puderam subir sob aquelas condições de quase congelamento, e o barco cheio de água. Já estavam um pouco afastados da costa, quando gritei para os dois *staffs* acionarem o resgate pelo rádio, mas a resposta foi de que estavam sem comunicação com a base da organização. Nosso rádio – equipamento obrigatório – também não funcionou. Tentei o telefone-satélite, sem sinal. Subi um morro na tentativa de encontrar um sinal, enquanto os náufragos continuavam se afastando da costa. A essa hora esqueci do frio e de que ainda estava de sunga em uma temperatura externa de zero grau.

Os *staffs* entraram em desespero com os dois na água, chorando e gritando que iriam morrer. Já tinham perdido a esperança. Na água, o Ricardo se despedia do Marcelinho, dizendo que tinha sido um grande prazer conhecê-lo e que os dois morreriam fazendo o que mais amavam. O Marcelinho já estava em estado de sonolência, sintoma de grave de hipotermia.

O cronômetro já marcava 25 minutos quando o *staff*, que estava desesperado, lembrou que havia um barco reserva, escondido no meio do mato, caso o outro quebrasse nas pedras. Pedi pelo amor de Deus para resgatar meus amigos, e ele respondeu que tinha o barco, mas faltavam os remos. Naquele momento, me lembrei do remo que estava comigo e havia esquecido de colocar no barco com o Marcelinho. Eu precisava voltar para a primeira margem para chegar ao barco escondido. Fisicamente, eu já havia entrado em um estado de pouco frio por conta da adrenalina daquela situação. Atravessei o rio mais uma vez, intercalando entre arremessar o remo e nadar, chegando do outro lado agora sem frio, não consigo explicar isso.

Peguei o barco e uma corda e remei por volta de 1 quilômetro até alcançar meus dois amigos. O Ricardo ainda teve força para voltar para o barco, mas o Marcelinho já estava em estado sério de hipotermia. O Ricardo me perguntou se eu tinha algum copo para tirar a água do barco, respondi que não precisava, pois bastava usar o capacete. Os dois estavam com os capacetes afivelados, só que não conseguiram raciocinar a ponto de lembrar que o capacete poderia servir como caneca para tirar água do barco.

Consegui colocar o Marcelinho debruçado no barco, com o Ricardo no outro barco, para remarmos até a margem. Desembarquei já correndo pelo bosque à procura de madeiras para uma fogueira. O Marcelinho ficou totalmente imóvel, congelado, enquanto eu acendia a fogueira. Com muito esforço, pudemos vestir roupas secas, sentados próximo ao calor do fogo, comendo bastante para recuperar parte da energia perdida. Em pouco tempo, eles voltaram a tremer, o que era um bom sinal, pois estavam se recuperando.

Remei mais uma vez, já à noite, para que a Rose pudesse se juntar ao grupo. Em algumas horas, estávamos de volta à prova. Em menos de meia hora de caminhada subindo a montanha, o aquecimento interno fez com que se recuperassem. Estávamos todos rindo da trágica situação de poucas horas antes e com um recorde estabelecido pelo Ricardo e o Marcelinho de 40 minutos mergulhados em água congelante.

Perdemos cerca de 4 horas com o incidente, voltando ao *trekking* já à noite. No caminho, teríamos de fazer uma transposição de uma montanha e um glaciar até o ponto de descer um cânion, que nos levaria ao PC5. Esse trecho era bastante técnico e frio, gerando muita lentidão no nosso progresso. Corríamos o risco de cair no corte da prova, caso não aumentássemos o ritmo. Eles não estavam acreditando muito na minha estimativa de tempo justo para o corte. Mesmo com os argumentos para acelerarmos, eu não conseguia impor um novo ritmo na equipe em razão de toda a situação extrema da natureza.

Chegamos a um cânion que nos deixou assustados, tamanha era a altura do penhasco. Seria impossível atravessar por aquele trecho, mas, de fato, estávamos no lugar imposto pela organização. Descemos praticamente pendurados em árvores, dada tamanha inclinação. Prosseguimos até o PC5, ainda dentro do horário de corte da prova.

Embora tenhamos atingido o PC5 dentro do tempo de corte, rumar para o PC seguinte significava um tempo ainda mais justo para não entrarmos no corte seguinte. Uma *staff* da organização ainda fez o favor de jogar nossa autoestima ainda mais para baixo, dizendo que seria impossível atingir o PC6 dentro do tempo permitido, pois o tempo médio das demais equipes era de 12 horas e tínhamos apenas cerca de 8 horas para o dito PC. Para ajudar, ela já tinha recolhido o barco de travessia de um canal, obrigando-nos a atravessar o rio a nado – mais uma vez.

Embora ela continuasse tentando nos tirar da prova já naquele ponto, continuei argumentando com a equipe que deveríamos seguir, afinal a Selva nunca para. Todos perceberam que nosso ritmo realmente estava mais lento, enquanto caminhávamos até o rio. Guardamos nossas roupas em sacos estanque e atravessamos o rio, desta vez em segurança, sem corredeira, apesar do frio.

Vestimos as roupas, rapidamente, e prosseguimos no *trekking* em ritmo alucinante, com medo de tomarmos o corte. Impomos um compasso muito forte, o mesmo que tínhamos condições de fazer desde o começo da prova e que nos permitiria estar mais bem classificados. Mesmo com a tentativa de velocidade, a mata era muito densa e de difícil locomoção. Comecei a analisar a média de velocidade e percebi que não tínhamos tempo suficiente para fugir do corte.

Foi a minha vez de começar a desanimar, ainda mais quando atingimos um lugar cuja mata era praticamente impenetrável. Vimos que, realmente, estávamos muito próximos do corte e não conseguiríamos percorrer o trecho marcado na carta, por isso, acabamos desistindo da competição.

Paramos para dormir bem próximo ao Estreito de Magalhães, cercados por uma vegetação dura e um pouco alta, sendo praticamente impossível deitar. Insistimos, apesar do desconforto, e entramos em nossos sacos de dormir. O único detalhe era que havíamos esquecido de que estávamos em uma área de influência das marés, portanto, logo teríamos uma visita salgada, molhada e extremamente gelada.

A maré subiu enquanto dormíamos. Acordei com a água já próxima à região da cintura. O Estreito parecia

> A maré subiu enquanto dormíamos. Acordei com a água já próxima à região da cintura. O Estreito parecia querer nos levar com ele a qualquer custo.

querer nos levar com ele a qualquer custo. Ainda durante a noite, o barco da organização passou para recolher as equipes que tinham sofrido o corte, entre elas, a nossa.

Entramos no barco, tristes e abatidos por sermos obrigados a parar a prova. Fiquei muito chateado, ainda mais por ter sido resgatado pela organização, situação nada confortável. A volta até Puerto Natales foi uma tristeza só, com os pensamentos todos recordando tudo o que havíamos passado, onde erramos e a dúvida sobre o que estaria por vir na prova.

Ao desembarcamos no porto, fomos recebidos pela organização da competição e pela imprensa. Além da tristeza, ainda tínhamos de dar entrevistas com uma expressão nada agradável. Os jornalistas queriam saber o que havia acontecido na prova, mas eu não estava nada feliz e tão pouco com vontade de dar entrevistas. Ainda assim, respondi a todas as perguntas até que consegui me desvencilhar da imprensa e pude conversar em particular com o organizador.

O organizador disse algo que me marcaria para o resto da vida, mas que também me daria força suficiente para me motivar a voltar no ano seguinte: "A Patagônia te venceu!". Ele complementou dizendo que na história da competição nenhuma equipe havia conseguido terminá-la na primeira vez e, de qualquer maneira, estávamos todos de parabéns. Disse ainda que ele estava determinado a nos tirar da prova e que o trecho realizado não era para qualquer equipe, pois esta teria de ser forte física e psicologicamente, e continuou mencionando que a equipe era coesa e possuía uma logística perfeita para terminar a prova, o que me deixou ainda mais nervoso. Foi uma lição de que realmente a Patagônia havia nos vencido. Chovia muito, a situação era bem ruim, mas ainda assim eu queria ter continuado na prova. Preferia o mau tempo a sair prematuramente da competição.

A organização nos levou para almoçar. Do restaurante para o ônibus, de volta a Punta Arenas. No caminho, tomei a decisão definitiva de que eu retornaria à competição ainda mais preparado. Levaria cerca de um ano, pensando e organizando todos os detalhes para a próxima aventura.

## FICA A LIÇÃO

Para toda prova que a Selva faz sempre há uma expectativa, não necessariamente de ganhar, mas sim de terminar. Sabemos que passaremos por dificuldades e que faremos de tudo para superá-las. Depois de cada prova, lembrar de todos os obstáculos superados e vencidos sempre nos enchem de orgulho. No entanto, ser retirado de uma competição é uma tristeza grande. De qualquer maneira, tínhamos a consciência de que se tratava de uma das competições mais duras do mundo e que não havíamos desistido sem tentar. De todas as provas que já fiz, inclusive a segunda edição, esta era de fato extremamente difícil e diferente de todas as outras.

Ganhamos experiência, corrigi os erros, analisei ponto a ponto o que precisaríamos melhorar. Gosto muito do Ricardo e da Rose, mas ambos não estavam preparados. A Rose, por morar em uma região muito quente no interior de São Paulo, sofreu bastante com o frio e com o terreno irregular, que prejudicava ainda mais um problema recorrente no tornozelo dela.

Vários outros pontos serviram de experiência. Percebi, por exemplo, que não tínhamos roupas adequadas para o clima patagônico, que as mochilas também eram inadequadas, enfim, vários fatores que somados nos impediram de completar a prova.

Ainda assim, a equipe era excelente, de extremo potencial, confirmado no último trecho, quando aumentamos o ritmo para tentarmos escapar do corte, inclusive cruzando o rio seminus, mesmo depois do acidente de quase-morte.

A Patagônia ganhou naquele ano, mas voltei muito feliz para casa sabendo que o Marcelinho e o Ricardo estavam bem e que podiam ter morrido. Deus nos ajudou! Definitivamente, voltar para casa com saúde foi o mais importante. A lição daquele ano foi que, com saúde, devemos pensar em nossos erros e consertá-los para então tentar de novo.

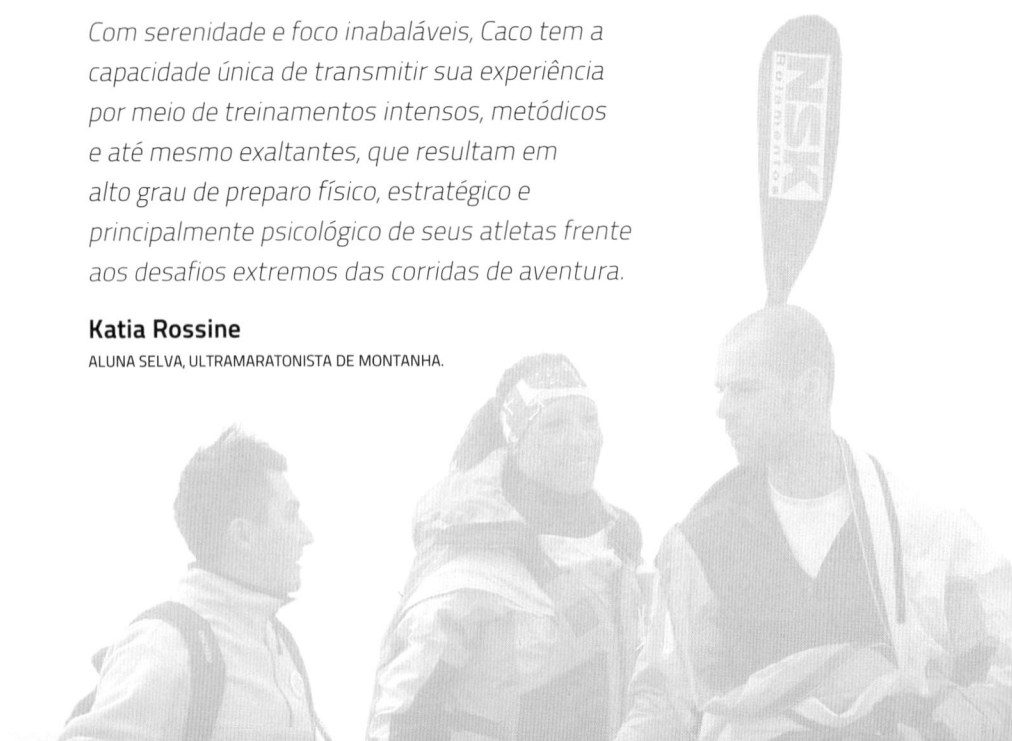

*Com serenidade e foco inabaláveis, Caco tem a capacidade única de transmitir sua experiência por meio de treinamentos intensos, metódicos e até mesmo exaltantes, que resultam em alto grau de preparo físico, estratégico e principalmente psicológico de seus atletas frente aos desafios extremos das corridas de aventura.*

**Katia Rossine**
ALUNA SELVA, ULTRAMARATONISTA DE MONTANHA.

# Brasil Wild 2008

↑ Largada de canoagem no Rio São Francisco.
↓ Ponta da igreja da cidade submersa da cidade de Petrolândia.

→ Canoagem no Rio São Francisco.
↘ Técnicas verticais.
↓ Equipe Selva/NSK/Kailash. Esquerda para direita: Caco, Marcio, Rose e João.

# Ecomotion Pro 2009

↑ Largada de trekking na Serra do Espinhaço.
↓ Canoagem no Rio Jequitinhonha.

CORRIDA DE AVENTURA - A NATUREZA É NOSSO DESAFIO

← Trekking na Serra do Espinhaço.
↑ Soledad sendo carregada de rede.
↓ Técnicas verticais.

# Patagonia Expedition Race 2011

← Trekking próximo à Geleira Continental Patagonia Chilena.

↓ Trekking na beira do Estreito de Magalhães.

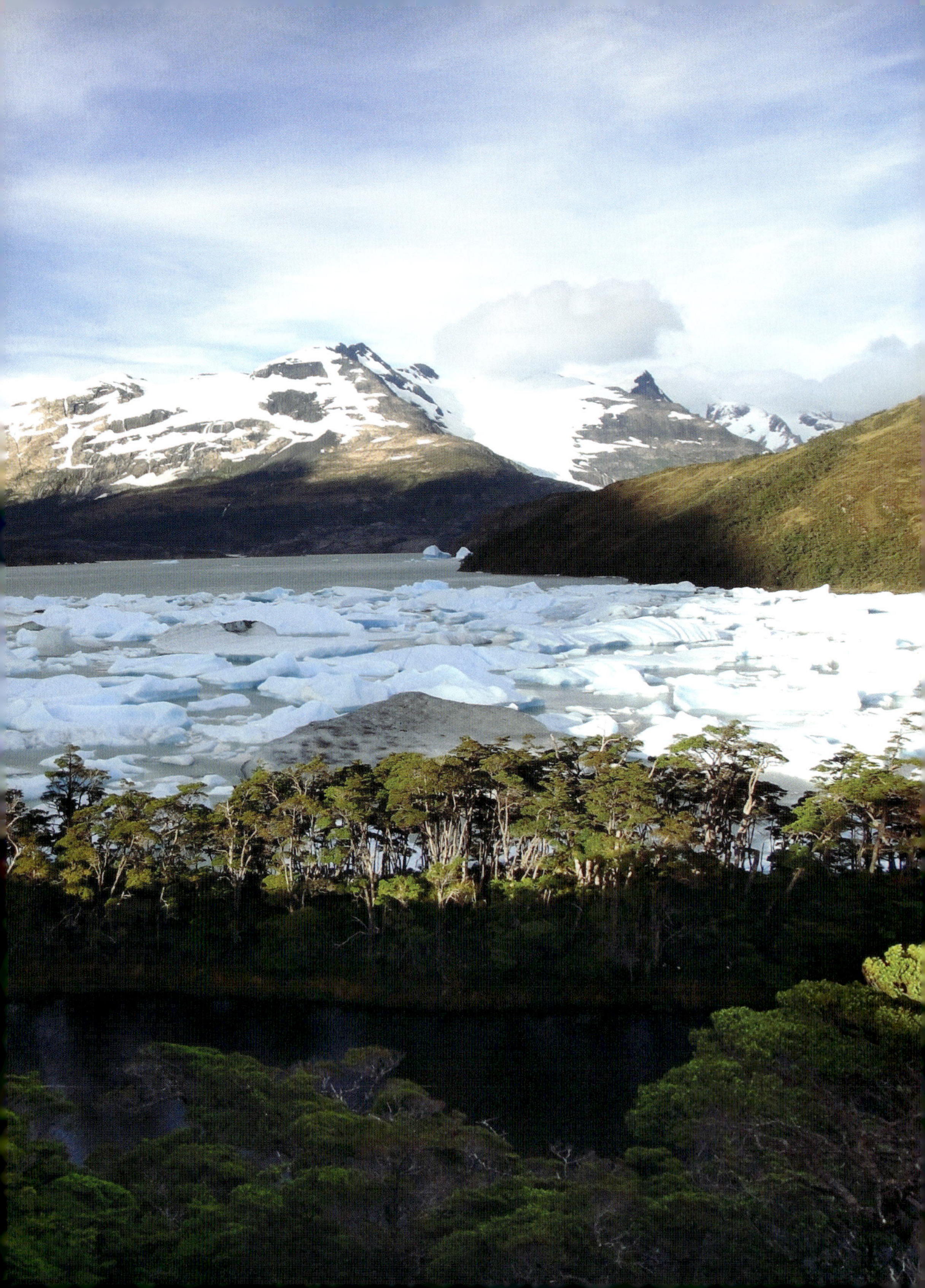

Capítulo 8

# Patagonia Expedition Race 2012

## PUNTA ARENAS - CHILE

**Integrantes da prova:** Caco Fonseca, João Bellini, Marcelo Sinoca e Mariza Helena Souza

## A PROVA DA VIDA

Planejei refazer esta prova no dia em que voltei de viagem da Patagonia Expedition Race 2011. Eu estava desolado e inconformado com o fato de não ter conseguido completá-la. Foi a primeira vez que nossa equipe tinha sido cortada e retirada de uma prova. Na verdade, até então, nenhuma equipe latino-americana tinha completado esta prova.

Comecei a pesquisar e a estudar os equipamentos e as vestimentas necessárias bem antes de sair o calendário. Comecei a notar a necessidade de mochilas maiores, mais leves, com ajustes diferentes das originais, o tipo de roupa especial e transpiráveis para suportar baixas temperaturas, enfim eram muitos os detalhes que eu já queria providenciar.

No final do ano de 2011, fui para Barcelona e Andorra treinar, encontrar outros materiais específicos para corridas no frio e testar todos os equipamentos e vestimentas que eu já havia adquirido. Valia tudo! Inclusive, fizemos nossa própria barraca, pois as que existiam no mercado eram muito pesadas. Usamos como base uma barraca que usava os *trekking poles* como sustentação e conseguimos fazer uma com menos de 500 gramas. Para confeccionar, pedimos ajuda ao amigo Mauricio (Ksuco), que tem uma confecção de mochilas e poderia fazer as adaptações.

## TUDO PRONTO... OU QUASE!

Saíram os primeiros informativos sobre o que aconteceria na prova e tudo levava a crer que seria longa e muito técnica. Como eu estava focado e pensando em chegar na frente, tive uma decisão muito difícil de trocar dois integrantes da equipe. Apesar de ser amigo e gostar muito de correr com a Rose e com o Ricardo, notei que a prova teria locais de difícil progressão e trechos de agilidade. A Rose vinha de uma lesão de tornozelo, e o Ricardo sempre foi muito forte, mas pouco técnico; por isso, poderiam segurar um pouco o ritmo da equipe. Eu queria terminar a prova dessa vez!

Chamei o João Bellini, bruto e competitivo, e a Mariza de BH. Era o que a equipe precisava naquele momento! Os dois eram muito fortes, técnicos e tinham um ritmo bem rápido. Acreditei que somando comigo e com o Marcelinho, um excelente atleta que tinha feito comigo a edição anterior, teríamos a equipe perfeita!

Fechada a equipe, começaram os treinos! Fiz uma programação e preparação de treinos ao longo do ano com as condições bem parecidas com as que encontraríamos, salve o frio, e aproveitamos para fazer treinos "bobos" como de transições. Aos poucos a equipe foi se afinando, se ajustando e se preparando para tudo o que poderia acontecer por lá.

Durante todo o ano conversei com meu amigo "patagônico" da cidade de Punta Arenas, o Paulino. Uma figura! A gente se conheceu durante a edição da Patagonia Expedition Race 2011. Ele fez questão de me passar todos os detalhes da região da terra do fogo, local por onde a prova seguiria em 2012. Na época da prova, o Paulino tirou férias para poder nos ajudar, alugou uma casa para equipe no período pré-prova e foi nos buscar no aeroporto; ele fazia praticamente parte da equipe.

Depois de meses de preparação e arrumações, chegou o grande dia! Fizemos um voo São Paulo-Santiago e depois partimos para Punta Arenas.

Chegamos em Punta Arenas à noite, três dias antes da largada e depois de 10 horas de viagem com 2 horas de atraso, por causa de um incidente. O Paulino nos aguardava com tudo pronto: carro alugado para fazer o *transfer* e as chaves da casa que ficaríamos até o dia da largada.

Seguimos para casa e fomos direto dormir, pois a viagem havia sido muito cansativa e já estávamos entrando no clima de prova. No dia seguinte, acordamos cedo, tomamos café e fomos treinar com o objetivo de começar o processo de aclimatação naquele frio absurdo. Apesar de ser verão, a região de Punta Arenas estava extremamente gelada! Fomos ao supermercado fazer as compras de alimentos que utilizaríamos na prova e voltamos para casa para começar a arrumar todos os equipamentos e a alimentação.

Dois dias antes da largada, começaram as checagens de materiais pela organização e testes de equipamentos que usaríamos durante a prova. Eram muitos itens. A organização alugava o traje seco, que são roupas especiais para remar e suportar o frio nas etapas gélidas de canoagem, e tínhamos de treinar com essas roupas, pois, além de complexas, era a primeira experiência do João e da Mariza com o traje. Em seguida, fomos para os testes de habilidades de técnicas de canoagem e verticais.

## TESTE DE HABILIDADES

Somente a Mariza e o João tiveram de participar do teste de habilidade de canoagem, pois eles nunca haviam feito uma edição da Patagonia Expedition. Eles tinham de vestir o traje seco, remar até a bandeirola, virar o barco e ter 5 minutos, no máximo, para desvirar e remar até a margem. Eles foram muito bem e muito rápido, uma vez que a água é tão gelada que ao cair você nem pensa em querer ficar por muito tempo.

O teste de habilidades técnicas verticais foi bem duro. O João e eu fomos os escolhidos para fazer. Tínhamos 10 minutos para fazer a ascensão por uma corda, na técnica de jumar por aproximadamente 10 metros, chegar em cima e fazer uma falsa baiana na horizontal de 30 metros. Na sequência, tínhamos de montar o rapel e descer pelo outro lado. Na teoria, bem fácil, na prática, bem difícil! Ventava muito e fazia muito frio. O João foi o primeiro a fazer o teste e teve um problema. Quando passou para a falsa baiana, inverteu a corda solteira que iria presa na corda e ficou muito distante da corda, tendo de fazer muita força para atravessar os 30 metros. Ele chegou a perder as forças nos braços quando faltavam uns 3 metros para completar esse percurso. Não sei de onde ele tirou tanta força, mas conseguiu completar e descer o rapel. Seu tempo total foi de 8 minutos. Assim, restaram-me somente 2 minutos!

Tenho um lema desde minha época de militar do exército: "Nunca pergunte se sou capaz, dê-me a missão, Selvaaaa!". Eu já estava equipado, mas mesmo assim tirei todos os agasalhos e o par de luvas para ficar mais ágil no circuito de cordas. Eu estava tão pilhado que nem sentia o frio de 5 graus! Coloquei o jumar na corda, olhei para o fiscal (o mesmo que me resgatou em 2011), fiquei no aguardo, e disse: "Quando quiser... Vai!!!!!". Fiz o teste como um doido e bati o recorde em 1 min e 15 segundos. Quando pisei no chão, o fiscal me abraçou e disse: "Capitão, esse ano você

> Eu já estava equipado, mas mesmo assim tirei todos os agasalhos e o par de luvas para ficar mais ágil no circuito de cordas. Eu estava tão pilhado que nem sentia o frio de 5 graus!

termina essa desgraça da Patagônia!". Bora colocar a roupa que a adrenalina abaixou e o frio voltou!

Tudo feito! Ainda na mesma noite tivemos o *briefing* técnico e a entrega dos mapas. Chegamos em casa e já começamos os ajustes. Tínhamos de preparar cinco sacos que encontraríamos durante o percurso com nossos equipamentos e comida que deveriam ser entregues até as 12 horas do dia seguinte. Havíamos separado em um dos quartos da casa toda a nossa comida dividida em sacos *zips*. Programamos montar cada saco com 12 horas de comida. Nossa previsão era de 8 dias de prova.

## LARGADA CONGELADA

Largamos à meia-noite para o primeiro trecho que seria um *mountain biking* de 70 quilômetros. Estávamos bem preparados para essa perna e o único fator que realmente incomodava era o frio. Estávamos usando segunda pele, corta-vento, luvas especiais e até cobertura de Neoprene® nas sapatilhas. Fizemos este trecho bem rápido e chegamos para a canoagem às 4 horas da manhã. Estávamos dentro do tempo planejado.

> A ideia dos dois enjoarem ao mesmo tempo me assustava, pois poderiam desequilibrar o barco e virar. Com as ondas grandes e fortes, seria bem difícil de voltar para o barco, e a temperatura da água não estava nada favorável.

O trecho de canoagem consistia em cruzar por 35 quilômetros o Estreito de Magalhães. Havia ondas grandes, e o João e o Marcelinho começaram a passar mal e a enjoar. A ideia dos dois enjoarem ao mesmo tempo me assustava, pois poderiam desequilibrar o barco e virar. Com as ondas grandes e fortes, seria bem difícil de voltar para o barco, e a temperatura da água não estava nada favorável. Havia amanhecido, mas estava muito frio! Conseguimos entrar em uma baía e as águas ficaram mais calmas. O João começou a melhorar e seguimos com o Marcelinho vomitando por todo o trecho de canoagem, mas isso não abalou os dois em nada.

Terminamos o trecho de canoagem e seguimos para uma das pernas mais complicadas da prova. Teríamos uma portagem carregando nossos barcos duplos oceânicos, equipamentos e toda a comida por 10 quilômetros com alguns trechos de montanhas, sem trilha marcada, até encontrar o outro lado da baía e ir remando até o PC. Levei quatro solteiras para ajudar a arrastar os barcos.

No primeiro momento, tiramos as mochilas das costas, colocamos dentro do barco e pedi à Mariza que levasse os remos, que nós três levaríamos os dois barcos. Tracei nosso plano de percurso da travessia. Havia dois lagos no caminho para chegar ao outro lado e, inicialmente, achei interessante tentar atravessar por eles, uma vez que o deslocamento na água seria mais rápido do que carregarmos o barco por 10 quilômetros. Pela vegetação de Turba (região pantanosa), mudei de estratégia, pois notei que para encontrar os lagos seria trabalhoso e muito, mas muito, desgastante. Assim, desisti do segundo lago e buscamos apenas um que adiantou o caminho e, quando estávamos em terra, pedi à Mariza que nos ajudasse a carregar os barcos. Infelizmente, ela teve de fazer força, pois em três estava bem difícil; e fez mesmo! Aquele dia vi que mulher não é o sexo frágil!!

Carregamos os barcos durante muito tempo. No final do trajeto, tínhamos de atravessar uma montanha de mata fechada. Como o barco tinha quase 5 metros, ficava enroscando a todo momento nos galhos, nas folhagens e nos troncos por onde passávamos. Foi uma tortura!

Não poderíamos parar, pois já havíamos ultrapassado a nossa previsão de tempo em mais de 3 horas! Quando chegamos ao topo da montanha, pude avistar a baía na qual tínhamos de chegar para remar e vi que ainda havia muito *trekking* pela frente! Durante toda a descida carregamos nossos barcos com muito cuidado para que nada os danificasse, apesar de estarmos com vontade de jogá-lo lá de cima. Foi um trecho bem travado, trabalhoso, chato, fechado e chegamos exaustos com 3 horas e 30 minutos acima da nossa previsão. Sabíamos que, ao chegar no final do *trekking*, teríamos ainda mais 2 horas e 30 minutos de canoagem em um trecho de 20 quilômetros até chegar ao próximo PC, que seria o do Dark Zone às 7 horas da noite (horário em que a prova seria interrompida para segurança dos atletas, podendo sair somente às 6 horas da manhã).

Estávamos em um ritmo forte, mas, mesmo assim, faltando 5 quilômetros para chegarmos ao PC, sabíamos que não daria e entraríamos no Dark Zone! Assim, reduzimos a velocidade para nos poupar e chegamos ao PC em torno de 19 horas e 30 minutos.

Dentro da nossa previsão com a parada no Dark Zone, ficaríamos 11 horas atrasados, pois não havia previsto essa parada obrigatória! Tínhamos de tentar recuperar esse tempo nos próximos dois trechos, que seriam *trekking* e *mountain biking*. Descansados, tudo ficaria mais fácil e foi com essa cabeça que nos preparamos para o próximo dia. Chegamos ao PC, encostamos os barcos, montamos as barracas, comemos e fomos dormir.

Acordamos às 4 horas e 30 minutos para arrumar nosso equipamento para a próxima perna de canoagem, 25 quilômetros cruzando até o outro estreito, antes dos trechos de *trekking* e *biking*. Exatamente às 6 horas deu-se a largada com as 12 equipes, incluindo a nossa, que ficaram "presas" neste PC 3 do Dark Zone. As ondas estavam bem grandes, muito vento e um frio cortante que, literalmente, congelava o rosto. Tudo estava desagradável!

A chegada da canoagem foi em uma praia de tombo com chão de pedras soltas. Tínhamos de sair rápido do barco para puxá-lo para cima e não virar no raso. Foi bem difícil, pois estávamos praticamente congelados e, por isso, muito lentos. Desembarcamos e fomos direto para um lugar abrigado do vento próximo do PC. Começamos a tirar nossos trajes secos e perceber que algumas partes de nossos corpos estavam congelados.

## HORA DE PROVAR NOSSO VALOR

Estávamos no segundo dia, 33 horas de prova, e ainda eram 9 horas da manhã quando entramos no terceiro trecho que seria um *trekking* de 90 quilômetros com poucos trechos de estrada, caminhada dura em um leito de rio, desníveis e muitos trechos sem trilha. No *briefing* pré-prova, o discurso do organizador era que as equipes que conseguissem passar tranquilas por este *trekking* seriam sérias candidatas a terminar a prova sem corte e que 40% das equipes não concluiriam o trecho. Isso porque a navegação seria infernal! Animador esse organizador!

Entramos no *trekking* correndo para aquecer. Estava insuportavelmente frio e, para variar, congelando! Em 15 quilômetros encontraríamos o primeiro saco de reabastecimento para completar mais 75 quilômetros de prova e chegar ao centro da Terra do Fogo. A carta não mostrava a estrada em que estávamos e, na realidade, o mapa era bem pobre de atualizações. De repente, a estrada começou a mudar de direção em 90 graus, mas continuei por ela, pois parecia ser mais rápida a progressão até chegar em um rio. Achei uma trilha de animal na beira do rio, voltei para o azimute e conseguimos adiantar um bom caminho chegando ao PC 5, que tinha o nosso saco de reabastecimento. Como estávamos bem atrasados, com base em nossa previsão, fizemos uma transição bem acelerada: chegamos, comemos nossa batata a vácuo com atum, reabastecemos as mochilas e prosseguimos no *trekking* para aproveitar ao máximo a luz do dia, uma vez que sabíamos que a navegação ainda estaria difícil por 10 quilômetros e muito complicada depois. Saímos e depois de mais ou menos uma hora chegamos em um rio por onde teríamos de subir seu leito, por horas, caminhando. Antes de começar, notei na carta que havia uma possibilidade de cruzar por morros e encontrar o rio mais à frente, pois este fazia muitas curvas e talvez fosse uma opção para adiantar o *trekking*. Segui morro à frente, ou melhor, acima e abaixo, cortando alguns trechos do rio e assim conseguimos adiantar nossa caminhada em quase 5 quilômetros, e seguimos.

A Patagônia é um lugar fascinante! Sou apaixonado por essa região, principalmente pela sensação de tanta natureza intocada. Saímos do morro e caímos no rio por onde teríamos de andar muitos quilômetros no *trekking*. Saímos do leito do rio, vimos diversos troncos de árvores, cortados perfeitamente, empilhados dentro do vale. Mas o que me chamou mais a atenção foi que os troncos cortados, empilhados e abandonados dentro do rio faziam com que o nosso deslocamento fosse de 1 quilômetro por hora de tanto tronco emaranhado. Pensei: "Quem viria nesse lugar tão afastado, cortar uma árvore para deixar aqui? Qual seria o propósito disso?!". Horas depois, ainda dentro do rio, tentando nos livrar daqueles troncos malditos que faziam uma barreira, descobrimos que o corte das árvores eram mordidas de castores.

A história do castor: trazidos para a Patagônia por argentinos que moravam no Canadá, logo se espalharam por toda a Patagônia argentina e chilena. Como não são espécies nativas, não possuem predadores! Assim são considerados pragas! Existe um incentivo do governo chileno para matar essa peste. O que os castores fazem? Derrubam árvores para cortar seus galhos superiores e construir uma barragem gigantesca para formar um lago do tamanho de meio campo de futebol oficial, tudo isso para um casal de castores, e desviam água do leito do rio para encher sua piscina particular. Então, em locais onde há esses animais, o deslocamento é horrível, pois tem muito buraco, troncos e lanças escondidas dentro do rio. Depois conto mais sobre eles!

Pula árvore, pula tronco, passa por baixo, pula, escala árvore, escala tronco... progressão lenta, mas sempre no azimute! Durante nosso *trekking*, nossa próxima referência importante de navegação para estarmos na direção correta do PC era um lago no meio dos morros, cujo nome é Lagoa Escondida! Sugestivo... tomara que eu ache! Mantivemos nosso ritmo lento, graças aos malditos castores! E pelos meus cálculos de tempo de progressão faltavam mais ou menos 3 quilômetros para chegarmos até a lagoa. De repente, o João falou: "Caco, acho que chegamos!". Já era noite e algumas referências batiam, e tínhamos na nossa frente um lago enorme. Comecei a procurar as demais referências e me dei conta de que estávamos, novamente, de frente para mais uma daquelas obras dos excelentes engenheiros dentuços e peludos. Já não aguentava mais! E o mais impressionante era que este tinha o tamanho de um campo de futebol e que quase todo o leito do rio tinha sido desviado para encher aquela "piscina" Com isso, além do deslocamento ser a passo de tartaruga, tínhamos o problema das referências na carta, porque a configuração do rio mudava. Toca desviar e voltar para o azimute!

Fizemos o último trecho de 3 quilômetros até a Lagoa Escondida em 3 horas e 30 minutos e não encontramos o PC. Já comecei a desconfiar que seria mais uma das obras dos "amigos" castores. Estava traumatizado! Caminhamos em torno da lagoa para ter certeza e nada de encontrar o PC! Mas tinha certeza da minha localização. Estávamos muito cansados e ainda era noite. Decidimos esperar o dia amanhecer e optamos em dormir por uma hora sem montar a barraca para não cair no conforto e acomodar. Com a claridade do dia, tiramos uma foto do local onde deveria estar o PC para mostrar para a organização que estávamos no local do PC, mas ele não estava lá! Fomos dormir no relento e o frio era tanto que nossas extremidades começaram a congelar! Lembro de levantar e não sentir meus pés! Assim, encurtamos nossa parada e seguimos para a prova.

Mais ou menos 500 metros depois de retomarmos para o nosso *trekking*, avistamos a barraca do PC em um local totalmente errado, no qual não se aproximava nem perto do que estava na carta. O *staff* tinha errado o posicionamento do PC! Chegamos até o local, assinamos e avisamos que eles estariam errados e poderiam comprometer as outras equipes. Como resposta, deram-nos a triste notícia de que o próximo PC, de número 7, estaria ainda 15 quilômetros à frente. Assim, essa perna de *trekking* já passaria para 105 quilômetros!

Não tínhamos opção e prosseguimos para o *trekking* até o PC 7, finalizando em 18 horas, com uma hora de sono, com muita água e muito frio! Apesar da longa duração, terminamos o *trekking* 6 horas mais rápido que a nossa previsão, pois havia previsto 4 horas de sono caso passássemos direto pelo Dark Zone, e foi o que não aconteceu. Mesmo assim, estávamos cinco horas atrasados dentro da nossa previsão total de prova!

Chegamos ao PC 8 e fizemos nossa transição para o próximo trecho que seria 140 quilômetros de *mountain biking*. Abastecemos as mochilas com os sacos de reabastecimento, preparamos e pegamos tudo o que precisávamos, ou quase tudo! Como pedalaríamos 140 quilômetros, eu achei que a organização transportaria nossas caixas de *bike* até o final do trecho de *mountain biking*. Então, antes da largada, quando estávamos arrumando e separando nossos equipamentos para colocar nos sacos e nas caixas de *bike*, deixei o fogareiro e os barcos portáteis, que teríamos de usar no próximo trecho do *trekking*, o mais longo da cordilheira Darwin. Aconteceu que a caixa não chegou! Além dos barcos e do fogareiro, também havia uma cadeirinha de escalada que era obrigatória e estava no equipamento que o Marcelinho era o responsável em levar o tempo todo; porém, ele quis poupar peso para acelerar na *bike* e deixou a cadeirinha na caixa de *bike* com esse mesmo pensamento.

Fizemos esse trecho de *mountain biking* muito rápido. A maior parte do percurso era plano e o vento estava a nosso favor. O tempo estimado para esse trecho era de 11 horas, mas fizemos em 6 horas. Entramos no tempo programado para a prova e com 24 horas do horário do corte. Comemoramos muito!

Chegamos no PC 9 e fomos dormir. Havíamos programado 2 horas de sono antes da perna mais longa e desafiadora desta edição da Patagonia Expedition. Teríamos 140 quilômetros de *trekking* para cruzar um dos lugares mais incríveis do planeta: a cordilheira Darwin. Nosso próximo ponto de apoio seria somente no Estreito de Beagle, no final do *trekking*. Assim, abastecemos nossas mochilas com comida para três dias de *trekking*, linha e anzol, que eram materiais obrigatórios pela organização, pois se faltasse comida teríamos a opção da pesca, e nos preparamos emocionalmente para quatro picos de montanha nevado de 1.500 metros, saindo de altitude zero, em um local completamente frio e inóspito.

Acordamos, mas nada da caixa de *bike*, a organização não conseguiu transportar, então seguimos sem os barcos e o fogareiro, não era material obrigatório, mas fazia parte de nossa estratégia nesse percurso com clima polar.

Durante o *trekking*, tivemos a notícia que o PC 10 havia sido cancelado. Acabei optando pelo caminho das montanhas para desviar de um trecho do vale que, pela minha análise da carta, era uma região de castor. Caminhamos por trilhas de guanacos, que são espécie de lhamas e andam em alta montanha, e pegamos muita neve, descemos uma encosta muito inclinada de neve e, extremamente perigosa, até chegar ao PC 11, ou região conhecida como Vale Profundo. Essa encosta parecia a única oportunidade que tínhamos para descer para um platô próximo do PC do rapel. Quando olhei a primeira vez, não senti segurança em colocar a equipe ali. Chamei o João para analisar e ele achou que conseguiríamos se fôssemos na diagonal, com o primeiro pisando bem forte a neve para formar a trilha na neve mais profunda. Encordamos (todos amarrados por uma corda, se um cai os outros três fazem a segurança) os quatro e descemos, mas nada confortável, pois era um penhasco na direita de mais de 700 metros de altitude! Chegamos no rapel, ele estava posicionado no único lugar possível por corda para acessar o fundo de um vale e seguir na prova.

> Essa encosta parecia a única oportunidade que tínhamos para descer para um platô próximo do PC do rapel. Quando olhei a primeira vez, não senti segurança em colocar a equipe ali.

Pela primeira vez vou falar nossa colocação: estávamos em 3º lugar!

Cruzamos uma planície de mato alto, cheia de córregos e de difícil progressão, na sequência outro morro e, depois, um rio de degelo para ser atravessado. Logo me lembrei de 2011, quando estávamos sem os barcos portáteis e naquela água congelante. O PC 12 estava do outro lado do rio.

A organização colocou uma corda que estava na diagonal contra a correnteza. O João retirou a roupa para não molhar, colocou no estanque e muito sem pensar segurou na corda e começou a travessia do rio. O problema é que a corda estava direcionada contra a correnteza e o João passou com dificuldades, teve de fazer muita força. Na sequência, o Marcelinho tirou a roupa e foi atravessar. A água do rio, proveniente de degelo, chegava na altura do peito dele e no meio do rio ele não conseguiu mais progredir e teve de voltar. Pensei: "Se o Marcelinho não passou, a Mariza não conseguirá e não poderei deixá-los lá". Decidi ir com eles uns 100 metros abaixo do rio, onde a correnteza parecia estar mais tranquila, e tentar passar sem sofrer tanto com a velocidade do rio, porém a água estava infernalmente gelada. Fomos andando, atravessando o rio, até o ponto que tivemos de nadar, fui empurrando o Marcelinho com a Mariza na frente para não perder ninguém. No meio do rio, a Mariza já não tinha mais força nas pernas por causa da água insuportavelmente gelada, mas conseguimos!

> **O frio era intenso e lá pelas 2 horas da madrugada começamos a procurar um lugar seco para montar as barracas e dormir. Estávamos com os pés molhados e congelados! Tiramos os tênis, as roupas molhadas e entramos na barraca.**

Consegui levá-los até o João e nos vestimos com nossas roupas que havíamos colocado no estanque antes de pular no rio. Começava a escurecer e prosseguimos. O frio era intenso e lá pelas 2 horas da madrugada começamos a procurar um lugar seco para montar as barracas e dormir. Estávamos com os pés molhados e congelados! Tiramos os tênis, as roupas molhadas e entramos na barraca. Lá dentro colocamos nossas roupas secas, montamos o isolante térmico, saco de dormir e bivaque. Três horas depois acordamos e começamos a nos arrumar para progredir o máximo durante o dia no *trekking*. O mais difícil foi vestir a roupa e os tênis que estavam, literalmente, congelados! As roupas impermeáveis que tínhamos deixado fora da barraca também estavam congeladas e tivemos de jogar na água do rio para descongelar e depois vestir.

Logo chegamos na montanha e subimos 1.500 metros, *non-stop*, sem trilha, depois chão de pedras e, no final, neve. No colo da montanha estava o PC 13. Assinamos e continuamos nossa progressão com descidas, subidas, chegando no PC virtual, o 14, e lá estavam mais castores! O que significava progressão zero! Estávamos caminhando à quase 1 hora da manhã com frio muito intenso e tínhamos como estratégia acelerar, para manter o corpo aquecido pelo exercício, porém, para isso, acho que deixávamos a boca mais aberta para respirar e não estávamos com o protetor de boca e nariz, foi quando começamos a ter um ataque coletivo de falta de ar. Era como se fosse uma asma forte. Foi desesperador! Diminuímos o ritmo e paramos em um bosque abrigado, onde montamos nossas barracas e fomos nos aquecer. Não podíamos deixar que a sensação de falta de ar piorasse. Ficamos sentados, dentro dos sacos de dormir e bivaque, mas a sensação era péssima! A Mariza chorava muito e ficamos dentro da barraca até o amanhecer. Qualquer descuido nessa situação extrema poderia causar algum acidente, prestaríamos mais atenção!

Na manhã seguinte, já estávamos bem! Aquecidos e prontos para tirar o atraso, colocamos um ritmo bem forte de *trekking*. De acordo com a minha previsão, estávamos muito atrasados e talvez não tivéssemos comida suficiente para os próximos dias. Sugeri então o racionamento! Em vez de comermos a cada hora, comeríamos somente a cada 4 horas, e assim continuamos a prosseguir! O *trekking* estava bem difícil, pois fazíamos muita força para subir, e caminhar nas planícies das famosas turbas, um tipo de vegetação pantanosa, as malditas regiões dos castores. Simplificando, não tinha lugar fácil!

Atravessamos o passo (termo utilizado para colo de montanha) das neves onde ficava o PC 15 (PC cordilheira Darwin) que foi uma montanha muito difícil de chegar! Tivemos de escalar, fazer muita força e usar cordas. Seguimos para o PC 16 (Valle de Lapatala) e chegamos à noite, extremamente cansados! O PC estava em um lugar muito bom para acampar. Decidimos parar para dormir por 5 horas e retomar no dia seguinte em um ritmo bem forte. Começamos a perceber que a progressão à noite era tão inferior, que em alguns lugares era estratégico descansar e sair forte quando amanhecesse. Decidimos preparar um pacote de comida desidratada, por isso pedi àgua quente para o *staff* do PC, pois havíamos esquecido nosso fogareiro. Ele respondeu que não poderia fornecer por ordem da organização, que tínhamos de ser autossuficientes! A comida desidratada não era apetitosa, imagina gelada! Como fez falta esse fogareiro. Comemos e dormimos.

Acordamos, arrumamos as mochilas, atravessamos o rio e seguimos na prova. Já estávamos com três dias no *trekking*, que era a minha primeira previsão em completá-lo, por isso, pedi a todos que começassem a racionar as comidas. Saímos em um ritmo forte com objetivo de passar nos PCs 17 e 18 e só parar para dormir já próximo ao Estreito de Beagle. Assim, seguimos com pouca comida. Passamos logo o PC 17, mas sabíamos que não seria nada fácil chegar ao PC 18. No primeiro momento, a região de castores, muito difícil! Depois, uma subida às margens de uma cachoeira, e no final uma subida de uma montanha quase vertical, escalada entre as árvores nevadas. Era contraditório falar para eles pouparem comida e ao mesmo tempo ter um percurso tão exigente. Sem contar o frio que consumia toda nossa energia. Passei a não comer para guardar comida para a equipe para o final do *trekking*, pois a minha preocupação com a integridade da equipe e a ambição de completar essa prova era gigantesca. Fiquei praticamente 14 horas com um gel e 10 ovinhos de amendoim no estômago, que colocava na boca e chupava para durar mais tempo. Fazia muito frio quando aproximamos do topo da montanha e a temperatura era de -15 °C. Chegamos ao PC com a neve na coxa, assinamos e tive uma grande lição na corrida de aventura, em poucas palavras do *staff*. Perguntei qual seria nossa colocação, ele respondeu: "Capitão, nessa prova, preocupe-se em levar sua equipe até a chegada, e não com os outros times". Começamos a descer rápido para o estreito, pois tínhamos de aproveitar o dia a nosso favor. Infelizmente, logo escureceu e a descida foi ficando cada vez mais perigosa. Quando realmente escureceu, paramos para comer os últimos dois pacotes de miojo que havia guardado para a equipe, nesse momento apenas eu tinha um pouco de comida.

O João e eu conseguimos navegar bem pelas cristas de montanha para descer, e depois de algumas horas entramos na região de castores, ventava muito e tínhamos a impressão de o vento estar em torno de 80 quilômetros por hora. Aqui teve uma passagem engraçada comigo e o castor, eu caí em três buracos de castor na sequência em menos de quinze segundos. No primeiro, eu pensei em uma palavra de baixo calão; no segundo buraco, xinguei em voz alta; já no terceiro, aloprei, larguei a mochila no chão, peguei um pau e sai correndo para me vingar do castor! Desesperado! Os três não sabiam se eu estava brincando ou se era sério! Era muito sério!

Paramos para comer e tirei um pedaço de salame da mochila. Momento de glória! Até a Mariza comeu, antes da prova ela havia falado que não precisava acrescentar a cota de salame para ela, pois não comia! Já estávamos com o botão módulo sobrevivência apertado, não tínhamos quase nada para comer. Os últimos alimentos que guardei era um pedaço de salame, três sacos de whey protein e uma comida desidratada que seria a nossa última refeição antes de dormir. Paramos para dormir, inicialmente por 2 horas, e dividimos a comida desidratada. Tínhamos 15 horas para o corte da prova e faltavam uns 8 quilômetros e uma montanha de 500 metros. Ventava muito e a barraca só não voava por estávamos dentro dela. Resolvi dormir mais um pouco. Acordamos depois de 5 horas e saímos.

Estávamos fracos! Fizemos essa última perna tomando whey, e no topo da montanha antes do PC, consumimos o último saquinho. Descemos uma crista que nos levou até a praia onde finalmente estava o PC 19. Foi uma comemoração de vitória de a equipe ter sobrevivido à Cordilheira Darwin nos 4 dias e 8 horas de *trekking*. Ao chegarmos ao PC, descobrimos que nenhuma equipe tinha saído para o próximo trecho de canoagem (último para a chegada), pois a marinha havia proibido. Todos estavam esperando a liberação. Nesse PC, havia um saco nosso de reabastecimento. Ninguém pode imaginar nossa alegria, quase comemos a sacola inteira. Eu tinha colocado nesse saco pacotes de um quilo de doce de leite e comi como se fosse um gel de 30 gramas.

Acampamos e aguardamos as próximas instruções. Às 19 horas houve uma reunião com os oitos capitães e nos foi passado a instrução de que largaríamos às 7 horas da manhã do dia seguinte para 40 quilômetros de canoagem até a chegada pelo o Estreito de Beagle. Assim, caprichamos no nosso jantar e fomos dormir. Acordamos às 5 horas da manhã para arrumar todos os nossos equipamentos, vestir os trajes secos e nos preparar para mais 40 quilômetros de canoagem nas águas geladas e ventos cortantes. Apesar da sensação de mais perrengue, estava muito satisfeito! O fim estava próximo e ninguém mais tiraria isso de nós! Faltava muito pouco para a realização de um sonho! Olhei para o mar, ventava muito, havia muitas ondas e a marinha decidiu novamente não autorizar a largada!

Chamaram os capitães e comunicaram. A prova estava encerrada! Eu voltei da reunião de equipes e fui comemorar com a Mariza, o Marcelinho e o João! Vibramos muito e eu estava livre de um pesadelo de um ano de espera. Missão cumprida em 7 dias, 17 horas e 51 minutos. Selvaaa!

Foi engraçado ver as outras equipes vibrarem na mesma intensidade, acho que ninguém estava suportando mais aquelas condições extremas. Entramos no *ferry boat* e depois de dois dias de viagem estávamos em Punta Arenas. Finalmente, chegamos, e o Paulino estava lá para nos recepcionar, feliz porque conseguimos concluir a Patagonia Expedition Race!

À noite, fomos à festa de premiação, e nossa equipe foi muito festejada, pois éramos a 1ª equipe sul e latina-americana a completar a Patagonia Expedition Race, em 10 anos de evento.

Sofremos, passamos frio, fome, medo, mas tínhamos um verdadeiro time, com uma força de vontade sem dimensões para completar essa prova. Conseguimos sobreviver a uma Patagônia mais selvagem e nunca esquecerei de cada momento com vocês, João, Mariza e Marcelinho. Essa prova foi muito especial! Vocês foram incríveis! Obrigado! Selvaaa!!!

*Treino com Caco há 15 anos e neste período construímos uma grande amizade. De tanto ele me treinar, ele resolveu verificar se eu estava realmente melhorando e daí fomos juntos para o Brasil Ride em 2014. Depois de ele passar mal na viagem inteira de ida ao local de início da prova e toda a noite anterior à largada, como sempre, ele se reabilitou e, de lambuja, ajudamos um atleta americano da Trek que desmaiou por desidratação no trecho Vietnã – enquanto eu empurrava as duas bikes, o Caco levou o Rich nos ombros por mais de 7 quilômetros. Completamos a prova sem corte. Nesta corrida, pude observar mais de perto o grande atleta, o amigo de coração enorme e sua capacidade de ajudar e de cobrá-lo sem abrir a boca.*

**Luiz Felipe Praça**
PRESIDENTE DA TREK BRASIL. ALUNO SELVA E ATLETA DE *MOUNTAIN BIKING*. PARTICIPOU EM DUPLA COM O CACO BRASIL RIDE 2014 – MUCUGÊ-BA (CONSIDERADA UMAS DAS PROVAS MAIS DIFÍCEIS DE ULTRAMARATONA DE MTB DO MUNDO, SETE DIAS COM MÉDIAS DE 120 KM CADA DIA, E COM MUITO DESNÍVEL E PERCURSO TÉCNICO).

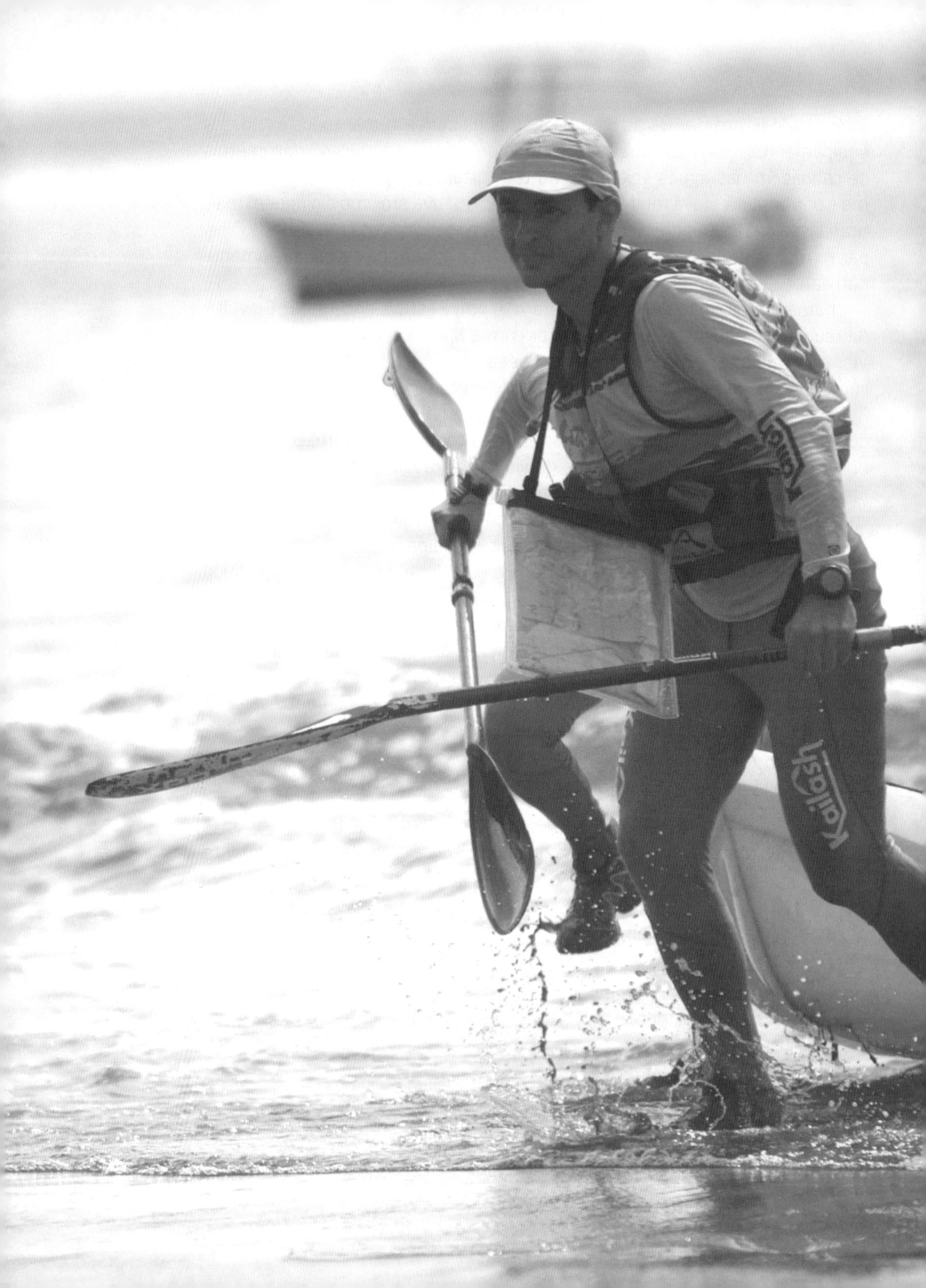
Kailash

# Capítulo 9

# Costa Rica Adventure Race 2012

## COSTA RICA

**Integrantes da prova:** Caco Fonseca, Diogo Malagon, Mariza Helena Souza e Rafael Melges

## NÃO DESISTIR ERA UMA QUESTÃO MATEMÁTICA

O evento Costa Rica Adventure Race fazia parte de uma das dez provas classificatórias para a final do Campeonato Mundial de Corrida de Aventura (ARWC) de 2012, e optamos por fazê-la com o intuito de conhecer a região, já que tínhamos a ideia de correr, no ano seguinte, a final que seria lá.

A prova seria longa, de 540 quilômetros, com bastante desnível do lado do Pacífico do país, e a formação da equipe inédita: Rafa, Diogo, Mariza e eu. Eu já havia corrido com cada um separadamente e achei que formaríamos um time interessante. Com a Mariza eu havia feito o desafio da Patagonia Expedition Race, onde conquistamos uma excelente 8ª colocação, e com o Diogo e o Rafa, eu havia corrido o ARWC de 2011, na Tasmânia, Austrália.

Começamos a ajustar todo o equipamento uns três meses antes da prova. Por ser uma etapa do Circuito Mundial, tínhamos de estar com todo o material dentro do padrão exigido. As caixas de transporte das bicicletas, por exemplo, que tivemos de confeccionar, foram desenvolvidas de acordo com um padrão para que *bikes* sejam transportadas pré-montadas. O Rafa e o Diogo, que sempre estão bolando novas artimanhas para melhorar o nosso desempenho, foram os responsáveis por essa elaboração, e ficaram com a missão de deixar nossas caixas de *bike* bem resistentes e superpráticas para conseguirmos fazer uma transição rápida.

Convidamos o repórter da TV Fernando Navarro para nos acompanhar e fazer um documentário sobre a nossa equipe durante todo o tempo da nossa viagem. Com esse material, tínhamos o intuito de contribuir com a divulgação do nosso esporte pelo Brasil. Foi uma experiência bem bacana, pois o Fernando pôde registrar realmente tudo o que acontece dentro de uma equipe de corrida de aventura, desde a fase árdua de preparação, treinamento, preocupação com alimentação, até os nossos momentos de descontração e diversão, como nosso salto em um dos maiores *bungee jumps* do mundo. O documentário também trazia depoimentos da equipe e outros individuais, mostrando a nossa expectativa em relação à prova.

Chegamos com cinco dias de antecedência na cidade de San José para poder aclimatar e preparar toda a logística de materiais, alimentação e suplementação. Alguns dos materiais obrigatórios não são permitidos no transporte de avião, como gás de fogareiro, gás $CO_2$ para encher o pneu da *bike* e alguns *sprays* de limpeza, por isso, vamos às compras!

A logística de alimentação das provas é uma das etapas mais difíceis da corrida de aventura e sempre requer grande demanda de tempo, uma vez que temos de prever e estabelecer o quanto de comida temos de colocar em cada caixa de abastecimento, quais os tipos de alimento, a quantidade necessária que temos de levar por trecho dentro mochila, o espaço de distribuição e o peso. Geralmente, procuramos montar a nossa estratégia mesmo antes de receber o mapa da prova.

A Mariza é nutricionista esportiva, por isso, ela ficou responsável por toda essa programação, desde a divisão dos alimentos até a parte de suplementação. Foi ela quem determinou a quantidade de alimentos sólidos e a distribuição exata de proteínas, gorduras, carboidratos, enfim, ela cuidou da pré-logística nutricional.

Duas noites antes da largada, houve a cerimônia de abertura do ARCW Costa Rica, e de lá seguiríamos para o local da largada da prova. Serviram um jantar para apresentar as 42 equipes que estariam participando e o *briefing* técnico com as informações, não de percurso, mas sobre a logística e alguns riscos inerentes à região que enfrentaríamos. Nesta mesma noite, a organização separou alguns de nossos equipamentos e nos levou, em comboio, para a região "surpresa" onde seria a largada da competição. Não tínhamos nenhuma informação.

Depois de uma hora e meia de viagem, chegamos em uma cidade litorânea chamada Punta Arenas, na região da costa do oceano Pacífico. Todas as equipes ficaram hospedadas em um hotel custeado pela organização, por isso, desconfiamos que a nossa prova começaria ali. Ainda na mesma noite, recebemos da organização nosso cronograma de atividades e o horário de retirada dos mapas. Voltamos a verificar todo o nosso equipamento para não faltar nada, pois se faltasse um tênis, uma sapatilha ou um parafuso da *bike* poderia comprometer totalmente o desempenho da equipe ou até mesmo nos desclassificar.

No dia seguinte, levantamos cedo para tomar um bom café da manhã, montar nossas bicicletas e treinar um pouco, uma vez que a primeira atividade com a organização seria a entrega dos mapas no período da tarde.

Às 3 horas da tarde, começou a entrega dos mapas. Desta vez, totalmente diferente do eu já havia visto.

A organização montou uma sala fechada, onde somente o capitão ou o navegador das equipes poderiam entrar. Lá, entregaram um conjunto de seis mapas grandes, de papel, para fazer as marcações dos PCs e de alguma trilha necessária para chegar até os PCs. Resumindo, estávamos dentro de uma sala, com um integrante de cada equipe, disputando para anotar as informações dos mapas. Foi inusitado porque normalmente a organização já disponibiliza a localização dos PCs, bem como as atualizações no mapa, ou fornece as coordenadas dos pontos para que nós mesmos possamos plotar. Porém, desta vez, deveríamos ter muita tranquilidade e muito cuidado para não marcar os PCs nos lugares errados.

Logo em seguida, houve outro *briefing* técnico, no qual a organização nos passou algumas informações do mapa, explicando as características por região que desbravaríamos. O que mais me chamou a atenção foi a ênfase com relação aos crocodilos, pois possuíam um tamanho bem razoável, que daria para engolir até uma equipe inteira! O importante é que não havia nenhuma incidência de morte por crocodilos na região, já que eles tinham bastante alimento.

Depois do *briefing*, fui imediatamente para o hotel encontrar o restante da equipe para prepararmos os últimos ajustes de material e alimentação. Agora que tinha as informações de cada trecho, a sequência de modalidades e as distâncias, tudo ficava mais fácil!

> O que mais me chamou a atenção foi a ênfase com relação aos crocodilos, pois possuíam um tamanho bem razoável, que daria para engolir até uma equipe inteira!

A Mariza, o Rafa e o Diogo conferiam os equipamentos e separavam a nossa comida nas diferentes caixas de abastecimento e mochilas, enquanto eu fazia as previsões de tempo de cada trecho, com base em distância e nível de dificuldade do terreno. Assim, sabíamos aproximadamente o quanto de comida levar em cada perna com base no tempo.

Comecei traçar os caminhos no mapa, escolhendo as melhores opções de um PC para o outro, já calculando o tempo previsto para cada trecho e o quanto demoraríamos para chegar até nossas caixas de abastecimento. Toda essa logística pré-prova levou mais ou menos de 7 a 8 horas.

Antes de descansar, entregamos para a organização nossas caixas de *bike* e outras duas caixas de abastecimento com nossos equipamentos e alimentação que encontraríamos em alguns pontos específicos da prova.

Às 10 horas da manhã, tínhamos de estar preparados, no píer, na cidade de Punta Arenas, para a largada da tão aguardada prova.

## A LARGADA

No horário marcado, todas as equipes estavam alinhadas! Havia diversas equipes internacionais e poucas locais.

A largada seria no estilo que chamamos de *Le mans*. Todos os integrantes da equipe deveriam fazer uma corrida pela praia, entrar no píer, pular no mar e nadar por aproximadamente 400 metros até a praia onde estariam todos os barcos prontos com nossas mochilas para iniciarmos a prova com 15 quilômetros de canoagem. Faríamos uma remada em uma baía abrigada, com poucas ondas, entre as ilhas, sob o clima úmido da Costa Rica, beirando de 90%-100% de umidade relativa e temperatura em torno de 40°C-44°C. Nessa condição de temperatura e umidade muito alta, a hidratação era extremamente necessária.

Remamos os 15 quilômetros em um barco tipo "sit-on-top" duplo até o primeiro PC, localizado em uma das ilhas à nossa frente. A formação da canoagem era Mariza e eu, Rafa e Diogo. A saída da água foi tranquila, o Rafa e o Diogo não repararam na onda que batia no barco e deram uma capotada na chegada à praia. Nada sério, mas o suficiente para darmos uma risada e termos o primeiro momento de descontração ali na praia.

Ao chegar lá, fizemos 8 quilômetros de corrida com um mapa de orientação com escala 1:10.000, uma carta com mais detalhes. Tínhamos de encontrar os PCs virtuais ou prismas, que estavam extremamente escondidos no meio da ilha, com o auxílio deste mapa. Corremos todo o trecho e terminamos na 2ª colocação, à frente de uma equipe norte-americana.

Ao terminar o *trekking*, voltamos para a canoagem para completar o primeiro trecho da prova com mais 15 quilômetros até chegar novamente ao continente e começar um longo *trekking* de 70 quilômetros.

Durante a canoagem, tínhamos o vento ao nosso favor, o que ajudava muito para manter a velocidade e o nosso ritmo. Ao mesmo tempo, já tínhamos seis horas de prova embaixo de sol, extremo calor e umidade e alguns sinais de desidratação começaram a aparecer. O Rafa era um dos mais afetados, mas, por ser um atleta bem forte e experiente, foi administrando a desidratação até chegarmos ao final da canoagem. Ainda mantínhamos a 2ª colocação.

Chegamos ao vilarejo de San Pablo Viejo e começamos o *trekking* de 70 quilômetros por volta de umas quatro horas da tarde, ainda sob uma temperatura e um sol escaldante. Logo depois de uns 6 quilômetros de corrida em estrada aberta, o Rafa voltou a ter sintomas de desidratação. Paramos próximos a uma vila para que ele se recuperasse. Demos a ele líquidos, sais, o colocamos na água e esperamos a temperatura corporal dele abaixar um pouco.

Ele começou a melhorar quando anoiteceu. Seguimos e, pouco tempo depois, foi a vez do Diogo ser a vítima do calor. Ele também começou a sentir o peso da desidratação. Da mesma forma que o Rafa, fomos ajudando e tentando administrar os sinais de desidratação dando água e sais para ver se ele retornava para a prova. Tentamos por algumas horas, e como ele não melhorava, tomamos a decisão de parar por uma hora para ele descansar. Estávamos ainda no começo da competição e tínhamos muita prova pela frente!

Voltamos em um ritmo lento. O Diogo não conseguia correr e ainda não estava recuperado! Seguimos por mais cinco horas e novamente paramos por mais uma hora para ver se ele conseguia se recuperar. Ele estava bem cansado, bastante fadigado por causa da hipertermia e da desidratação. Conversei com o Rafa e disse: "Rafa, vamos tentar chegar com ele até a transição, porque lá o médico fará um tratamento mais efetivo para que ele possa continuar na prova".

> **Seguimos e, pouco tempo depois, foi a vez do Diogo ser a vítima do calor. Ele também começou a sentir o peso da desidratação.**

Tomamos essa decisão! Rebocamos o Diogo com uma cordinha e o puxamos até chegar à área de transição. Perdemos muitas posições neste *trekking* de 70 quilômetros, mas como o nosso primeiro objetivo era completar a prova, tínhamos de recuperá-lo para dar continuidade, pois sem ele estaríamos desclassificados. Chegamos nessa transição por volta de 8 horas da manhã e entregamos o Diogo aos cuidados do médico da organização. Como sabíamos que a recuperação dele demoraria, preparamos a nossa comida e decidimos descansar.

Por causa da desidratação, o Diogo ainda não estava conseguindo comer. Tudo o que ele bebia, vomitava! Eu tinha de pensar em uma estratégia para alimentá-lo. Já era 8 horas da manhã e o sol já estava mostrando sua força! Acordei o Rafa e a Mariza para comerem. O Rafa sentou e novamente deitou para dormir. Ele não estava bem. Acredito que a alta temperatura já naquele horário e a do chão de concreto que ele estava deitado haviam aumentado novamente a temperatura corporal dele. Então, eu disse para ele tomar uma ducha fria para baixar a temperatura corporal. Ele levantou, deu três passos e desmaiou.

Com isso, tínhamos duas situações de hipertermia e desidratação. O médico da organização estava tentando reidratar os meninos via oral em vez de aplicar soro, pois a infusão de soro durante as provas não é aconselhada, uma vez que aumenta a volemia repentinamente. Se a melhora fosse repentina, provavelmente, voltaríamos na sequência para a prova e, com isso, o risco cardíaco seria enorme. Para piorar, por causa do esvaziamento gástrico, o problema não seria resolvido, pois continuariam desidratando. Assim, o médico não queria hidratá-los ali com soro e achou melhor tratá-los no hospital em San José. Começou uma confusão porque eu queria que eles fossem tratados ali, mesmo que demorasse um pouco mais, pois, se eles fossem ao hospital, estaríamos desclassificados. Minha decisão era tomar a penalização de uma hora por soro aplicado e esperar melhorar para continuar. Nesta prova, caso o atleta recebesse soro, haveria uma penalização de uma hora a mais no tempo da equipe no final da prova.

Foi uma discussão bem calorosa! Estávamos a mais ou menos 6 horas do hospital em San José, eu achava que os dois naquela situação conseguiriam ser tratados ali mesmo, para podermos seguir com a prova depois de recuperados. Depois de algum tempo, e muito bate-boca, o médico resolveu aplicar o soro. Em troca, eu não sairia com eles da área de transição antes do final da tarde.

Com isso, as equipes foram passando, passando, e nós, da 2ª posição, perdemos todas. Vimos a última equipe, às 4 horas da tarde, entrar na água para remar. Nós, oficialmente, éramos os últimos da competição!

Depois de toda a discussão com o médico, o pessoal da mídia que estava por lá questionou se valeria a pena continuar. Eu sempre fui conciso com a minha opinião de que eles melhorariam e voltaríamos para a prova. Chegou ao ponto de alguns repórteres dizerem que eu poderia matar meus amigos com a decisão que eu havia tomado. Eu cheguei a falar pra eles, um pouco mais rudemente, que se acontecesse algo com eles seria minha culpa, não do médico nem de quem estava ali. Toda a responsabilidade da equipe é do capitão, no caso eu, então que não se preocupassem conosco.

Eles questionaram a respeito do tempo de corte da prova, pois achavam que a nossa equipe não conseguiria terminar os trechos dentro desse tempo.

Estávamos dispostos a voltar para a prova e sabíamos do nosso potencial. Eles acreditando ou não!

Como dito anteriormente, nosso primeiro objetivo em uma corrida de aventura é terminá-la, o resultado vem como consequência do nosso desempenho. E só de estar ali e conhecer todos aqueles lugares onde os turistas não chegam, já valia a pena. Havia outra motivação para continuar na prova, com todo aquele tempo parado, eu aproveitei para fazer alguns cálculos financeiros da equipe e descobri que, se desistíssemos da prova no segundo dia, não teríamos dinheiro suficiente para estadia e alimentação até o dia de nosso retorno para o Brasil. Matematicamente também não poderíamos desistir!

Ao final da tarde, Mariza e eu começamos a preparar o barco, arrumar todos os nossos materiais e equipamentos para sair. Com toda aquela confusão, não tive tempo para muito descanso. Fiquei pensando em uma estratégia para ajudá-los durante o percurso e montei uma programação de recuperação para fazer ainda naquele PC.

Ao lado de onde estávamos havia uma fábrica de gelo. Comprei gelo, coloquei em uma caixa de água, enchi a caixa e a cada 10-15 minutos eu ia com uma caneca e jogava água no corpo deles para abaixar a temperatura. Comprei de um vizinho aqueles sorvetes de fruta em saquinhos, tipo "chup-chup". Havia um menino do vilarejo por ali, e pedi que ele entregasse um sorvete para cada um deles durante todo o tempo, e quando eles terminassem um, já era pra dar um outro, mesmo se eles não quisessem.

A água com glicose do suco congelado fez efeito e eles pararam de vomitar. O carboidrato do suco, quando chega à boca, já tem a primeira absorção sem precisar passar pelo estômago. Acho que isso foi fazendo com que eles melhorassem! E assim foram hidratando devagarzinho até a Mariza e eu arrumarmos tudo e estarmos preparados para sair.

Entramos no barco e remamos com a mesma formação: o Diogo com o Rafa e a Mariza comigo. Procurei não ficar muito perto deles na canoagem, para eles conversarem e decidirem, após terminarem o trecho, se iriam continuar na prova.

Remamos muito tranquilos. Achamos no meio daquela escuridão um PC em uma pequena ilha, chamada Yoca, e prosseguimos até a área de transição onde pegaríamos nossas *bikes*.

A Mariza me perguntou se eu achava que eles deveriam continuar. Eu falei: "Não só acho como tenho certeza de que eles vão continuar". Terminamos a canoagem por volta das 3 horas da manhã, e perguntei aos três: "Vocês querem continuar na prova?". Um olhou para o outro e disseram que continuariam para ganhar a prova! Eu pensei e falei: "Pô, legal, motivação em 100%", mas estamos a mais ou menos quatro horas do último.

Teríamos de correr atrás do prejuízo e não receber o corte para não sermos desclassificados. Montamos rapidinho as *bikes* e seguimos em direção ao topo da montanha.

## A RECUPERAÇÃO

Começamos o *mountain biking* com a dura missão de tentar passar do corte. Tínhamos de pedalar firme para alcançar esse objetivo. Não estávamos ali para brincadeira!

O Diogo e o Rafa haviam se recuperado e aproveitamos que esta era a melhor modalidade dos dois para pedalar muito forte. A Mariza, que também é muito forte no *mountain biking*, vinha surpreendendo.

Com toda aquela empolgação, minha obrigação era fazer a melhor navegação possível para poder chegar aos PCs sem cometer erros e o mais rápido possível ao PC do corte, que estava localizado no topo de uma montanha a 2.200 metros de altitude. Saímos de noite, um pouco mais frio, mas o sol já estava quase aparecendo. Quando esquentou, já estávamos a mais de 1.000 metros de altitude com uma temperatura amena, perfeita para a atividade.

Seguimos bem fortes na prova, começamos a passar as equipes sempre com a estratégia de que quando avistássemos uma equipe, aceleraríamos o máximo que podíamos para ultrapassá-la e não terem a reação de nos seguir. Fomos passando as equipes e nos recuperando. Como temos experiência em provas com desnível, traçamos nossa estratégia e fomos avançando, avançando, passando as equipes, acertando a navegação. Eu estava bem concentrado e confiante para não cometer nenhum erro. Tudo foi dando certo! Passamos pelo meio de uma fazenda eólica, antes de chegarmos ao PC do corte, e chegamos com uma folga de 3 horas do horário de fechá-lo. Estávamos de novo na prova! Teríamos de recuperar o máximo possível e continuar ganhando posições.

A perna de *mountain biking* havia sido muito longa, rodamos 160 quilômetros, com 4.000 metros de ascensão e 7.500 metros de desnível total, em um ritmo alucinante!

Quando faltavam aproximadamente 25 quilômetros para terminar esse trecho de *mountain biking*, já estávamos descontraídos e conversando muito para enganar o sono e manter a atenção. Estávamos cansados! Era a terceira noite de prova, apenas na primeira noite havíamos dormido duas horas para o Diogo recuperar. Tivemos uma parada de praticamente um dia inteiro e estávamos na segunda noite acordados. Sinceramente, não via a hora de chegar na área de transição para cumprimos as 4 horas obrigatórias de descanso e sono.

Peguei o último mapa, aquele que nos levaria até o final desta perna esmagadora, e tive a "maravilhosa" surpresa de não ter os últimos 10 quilômetros no mapa que nos levaria para o PC. Eu havia cortado os mapas para ficar mais fácil de transportar e ter menos volume para a navegação e cometi esse erro. Sem a orientação dos últimos 10 quilômetros, não chegaríamos até a pousada que seria a próxima área de transição e a tão aguardada parada obrigatória de 4 horas.

Meu erro foi primário e pensava como contaria para a equipe o que eu havia feito. No primeiro momento, eu pensei que eles ficariam bravos e irritados com um erro tão "amador". Eu estava inconformado e desolado. Como eu poderia ter sido tão desatento?

> Meu erro foi primário e pensava como contaria para a equipe o que eu havia feito. No primeiro momento, eu pensei que eles ficariam bravos e irritados com um erro tão "amador".

No final da última subida do trecho de *mountain biking*, reuni os três e dei a má notícia. O Rafa ficou me olhando e para quebrar o clima disse que chegaríamos ao local da transição no cheiro. Foi uma risada só! Tínhamos o nome da pousada em que estava o PC de transição e a referência no mapa de um vilarejo que deveríamos encontrar. Chegamos ao vilarejo e saímos perguntando sobre como chegar à pousada. Ninguém a conhecia!

E assim saímos desse vilarejo em direção ao próximo. A aproximadamente 4 quilômetros, chegamos a outro vilarejo e perguntamos da tal pousada e, desta vez, conheciam-na e nos direcionaram até encontrarmos a bendita pousada!

Fizemos este trecho em 21 horas bem sofridas!

Quando chegamos à pousada onde estava a área de transição, vimos a nossa classificação e foi uma supercomemoração! Eram 42 equipes e nós, depois de tantos problemas vindos de desidratação e da minha falta de atenção, ocupávamos a 6ª posição! Tivemos uma recuperação excelente e teríamos ainda 4 horas obrigatórias de sono para descansar e tentar buscar mais equipes! Sairíamos da transição, na 6ª colocação, descansados e afiados para o próximo trecho.

Deixamos todos os nossos equipamentos arrumados e fomos jantar em um restaurante na pousada. Na volta, guardamos as *bikes* e peguei o mapa certo para o próximo trecho. Fizemos tudo isso em 50 minutos! Teríamos mais 3 horas 10 minutos para descansar.

Depois do jantar, ainda no restaurante, o Diogo me pediu que pegasse o dinheiro, que estava na mochila dele, para pagarmos a conta. Eu fui buscar. Tive de me deslocar uns 40 metros até chegar à caixa. No meio desse trajeto, eu dormi andando! Estava muito cansado! Saí da pousada "andando-dormindo" como um sonâmbulo e acordei meia hora depois, em pé, praticamente dentro de uma mata na frente do portão da pousada olhando para o nada! Eu não sabia o que estava acontecendo! Eu acordei e vi que estava com a roupa da prova, com a camiseta da ARWC Costa Rica, e pensei: "Caramba, eu estou em uma prova! Mas onde eu estou?". Olhei para trás, vi a pousada e lembrei-me de tudo, inclusive, de que estava indo buscar o dinheiro. Hilário! Comecei a rir sozinho e fui até a caixa do Diogo pegar o dinheiro. Paguei o jantar e eu tinha de guardar o troco, novamente, na caixa do Diogo. Chegando lá, dormi de novo! Fui acordado pelo Fernando, o repórter, e estava dormindo embaixo da tampa da caixa de *bike*, na grama. Não consegui chegar ao quarto da pousada, onde estavam os outros.

Nossa previsão era entrar no novo trecho da prova às 4 horas da manhã. Bem-vindo ao quarto dia!

Exatamente no horário previsto, saímos da pousada e demos início ao *trekking*. Esse seria o último trecho de *trekking* da prova. Seria longo, aproximadamente 40 quilômetros ao lado do vulcão ativo Arenal. Havia muitas saídas de enxofre, por isso, não nos dava muitas opções de rotas alternativas para cortar caminhos e éramos obrigados a passar por alguns lugares marcados. Apesar dessa facilidade, em outros trechos havia muita navegação!

Amanheceu e fomos em direção a um parque de aventura. Teríamos de fazer algumas técnicas verticais especiais dentro da prova: ascensão, tirolesa, rapel e descer um cânion. Esse trecho durou, aproximadamente, 2 horas, mais extenso do que estamos acostumados em outras provas.

Depois disso, teríamos de fazer um *trekking*, ainda dentro do parque, descer uma corredeira com boia *cross*, subir uma montanha a cavalo e chegaríamos na transição para o *mountain biking*. Fizemos uma transição e partimos rumo aos últimos 50 quilômetros de *mountain biking* com bastante navegação.

Já eram por volta das 5 horas da tarde, no quarto dia, e teríamos de fazer a transição bem rápido. Antes de sair, vi um restaurante próximo ao PC e perguntei se poderíamos comer. Uma refeição boa no quarto dia de prova faz toda a diferença e precisávamos de energia para manter o nosso ritmo.

Na entrada do restaurante, encontramos o pessoal da mídia que estava no PC quando o Rafa e o Diogo passaram mal. Estávamos na 4ª posição, e as duas equipes que estavam na nossa frente estavam a 1 hora e 30 minutos de vantagem. O pessoal da mídia não acreditou na nossa recuperação e resolveu acompanhar até o final da prova para detalhar e escrever sobre o feito. Na nossa frente, havia três equipes fortes, duas norte-americanas e uma espanhola. Eram equipes com muita experiência!

Almoçamos rápido e saímos para o trecho de 50 quilômetros de *mountain biking* com muita motivação e com o objetivo de buscar as outras equipes na frente. Estávamos sempre acelerando!

Esse trecho possuía muita navegação, a atenção era imprescindível. Mesmo assim, seguimos muito fortes! Chegamos à transição para deixar as *bikes* e entrar no *rafting*. Não sei o que aconteceu, mas as duas equipes que estavam 1 hora e 30 minutos na nossa frente também estavam ali na transição. Acredito que tenham se perdido. Assim, nos juntamos a eles para a transição e um longo *rafting*.

## A DISPUTA

A equipe norte-americana fez a transição bem lenta. Deveriam estar cansados! Saímos juntos com a equipe espanhola para essa última canoagem. Eram 40 quilômetros de *rafting* em um rio perigoso, à noite, e tínhamos de disputar a posição com aquela equipe que era a atual campeã do circuito mundial de corrida de aventura. Estávamos empolgados e animados!

Fizemos, praticamente, todo o trecho de *rafting* à noite, e quando surgiu o sono, três de nós remavam e um deitava no meio do barco para descansar. Fomos revezando e conseguimos nos manter ao lado dos espanhóis. Após o *rafting*, teríamos mais 60 quilômetros de canoagem em mar aberto até Punta Arenas, na chegada. Quem descansava no meio do barco preparava a comida dos outros três e dava na boca para podermos chegar o mais rápido possível no final. Havia vários crocodilos ao longo do rio. À noite, víamos muito brilho na água quando a luz do nosso *head lamp* refletia nos olhos dos bichos. Assim, tínhamos mais motivação para acelerar e sair rápido daquele rio para não ser comido.

A todo momento, mantínhamos contato visual com a equipe espanhola. Não deixamos que ela abrisse muita vantagem.

Por volta das 6 horas da manhã, terminamos o trecho e chegamos juntos na área de transição para a canoagem em mar aberto. Nos últimos 10 minutos antes de finalizar o *rafting*, conversamos sobre como faríamos nossa transição. Tínhamos a previsão de aproximadamente 12 horas para completar os 60 quilômetros e disputar a 2ª posição. Sabíamos que não seria fácil!

Para a nossa surpresa, a nossa caixa de abastecimento com comida e alguns equipamentos e, principalmente, o último mapa para finalizar a prova não estava no PC, por isso, tivemos de esperar e assistir aos espanhóis saírem na nossa frente. Como o erro foi da organização, nosso tempo foi congelado, por duas horas, até chegar a nossa caixa. Aproveitamos para descansar. Dormimos um pouco, comemos e guardamos energia ao máximo para fazer o nosso melhor nesse trecho. A essa altura, os repórteres pareciam que estavam competindo com a equipe, ansiosos pelo desfecho. Pedi a eles que conferissem o horário exato que a equipe espanhola chegaria, para não aparecer outro horário na planilha e favorecer a equipe.

Entramos no barco e o tempo foi novamente acionado! Remamos como nunca!

Na saída, tivemos outra motivação: quando saímos no mar aberto, vimos um crocodilo de, aproximadamente, 6 metros. O bicho era muito grande e estávamos remando em direção a ele. A Mariza gritou: "Caco, cuidado com o tronco na frente". Eu comecei a olhar o tronco, vi que tinha uma serrinha em cima e falei: "Mariza, acho que não é um tronco!". Eu gritei: "Rafa, vira para a direita!", e ele: "Ué, está certa a direção?". E eu: "Sim, mas desvia do crocodilo antes!".

Quando chegamos perto, ele afundou. Nossa motivação aumentou ainda mais, pois achávamos que ele subiria e comeria o barco. A cabeça dele era praticamente da largura do barco, saímos remando forte.

Depois do susto, e para aumentar o ritmo, fazíamos tiros de vinte remadas muito fortes e descansávamos outras vinte. Estratégia para diminuir o tempo de remada, pois não tínhamos uma disputa física com os espanhóis e sim virtual e cada minuto poderia fazer a diferença no tempo total.

Depois de 12 horas e 25 minutos, enfim, a chegada! Havia muitas pessoas para a nossa recepção! A equipe espanhola também estava nos aguardando! Como tínhamos congelado o tempo na saída do PC, não sabíamos qual colocação estávamos, nem eles. Precisávamos esperar os descontos do tempo.

Saí como um louco para assinar a chegada e parar o tempo da prova. Consegui ver que remamos 10 minutos mais rápido do que eles. Eles remaram em 12 horas e 35 minutos. O 2º lugar era nosso!

Não conseguíamos acreditar! Fizemos uma comemoração incrível! Ninguém acreditava que de último chegaríamos à 2ª colocação!

Completamos a prova com cinco dias e algumas horas!

Na sequência, o De La Rosa, o organizador da prova, veio me comunicar que tínhamos duas horas de penalização, uma hora por cada soro tomado lá atrás quando os meninos tiveram o problema com a desidratação! Ao mesmo tempo, fui informado que a equipe espanhola também tinha uma penalização por terem feito algum percurso proibido ou equipamento faltante, mas não sei dizer o que foi! Assim manteríamos a nossa classificação.

A 2ª colocação era realmente nossa! O médico que prestou assistência ao Rafa e ao Diogo chorou e disse: "Eu não tenho o que falar, vocês foram incríveis, esse foi um superexemplo, uma lição de que em uma corrida de aventura nunca se deve desistir precocemente, pois a chance de recuperar é grande".

Fica a lição para a equipe: pensar sempre positivo e saber que somente a chegada é que marca o final da prova. Em uma corrida de aventura, sempre acontecerão problemas, mas tudo dependerá de como você vai reagir e resolver tudo!

Desistir jamais!

São muitas as recordações vividas ao lado do Caco, ser humano de espírito SELVAgem, de poucas palavras e que dá sua vida por seus companheiros.

Em especial, me recordo de dois momentos marcantes em minha vida ao seu lado:

1) PATAGONIA EXPEDITION RACE 2012 – Uma noite "congelante", todos da equipe tiveram "asma por causa do frio extremo". Meu estado foi o pior, cheguei a pensar que morreria ali, mas graças a calma, experiência e apoio incondicional do Caco, consegui me manter calma e, aos poucos, tudo voltou ao normal. Com sua liderança indiscutível, conseguimos ser a primeira equipe sul-americana a conquistar o feito de completar a corrida de aventura considerada a mais "difícil do mundo".

2) Final do mundial de corrida de aventura na França 2012 (setembro) – onde vivi os "piores" momentos de minha vida em competições, corte na virilha com grampon (logo no início), fiquei "presa" em uma ascensão em uma fenda com água corrente de desgelo, tive convulsão por hipotermia, entre outros perrengues que me debilitaram. E quando entramos em uma "via ferrata", lugar mágico, Caco me guiou passo a passo; como um anjo, não saía do meu lado. Ao chegarmos à transição para o próximo trecho da prova (rafting), eu só pensava em me recuperar e seguir caminho, mas Caco, com aprovação dos nossos companheiros, Rafa Melges e Diogo Malagon, tomou a difícil decisão de parar por ali. Foi com muita emoção que ele me informou que não continuaríamos, pois minha vida estava em risco. Posso afirmar, após ser hospitalizada, que Caco salvou minha vida pela segunda vez.

Por todos os momentos de superação, conquistas e parcerias em diversas aventuras que sou eternamente grata ao meu Capitão, amigo e irmão, que Deus me presenteou, Caco Fonseca.

**Mariza Helena Souza**
ATLETA EQUIPE SELVA EM DIVERSAS PROVAS, SENDO AS PRINCIPAIS: VICE-CAMPEÃ ETAPA MUNDIAL COSTA RICA 2012; PATAGONIA EXPEDITION RACE 2012; FINAL CAMPEONATO MUNDIAL FRANÇA 2012.

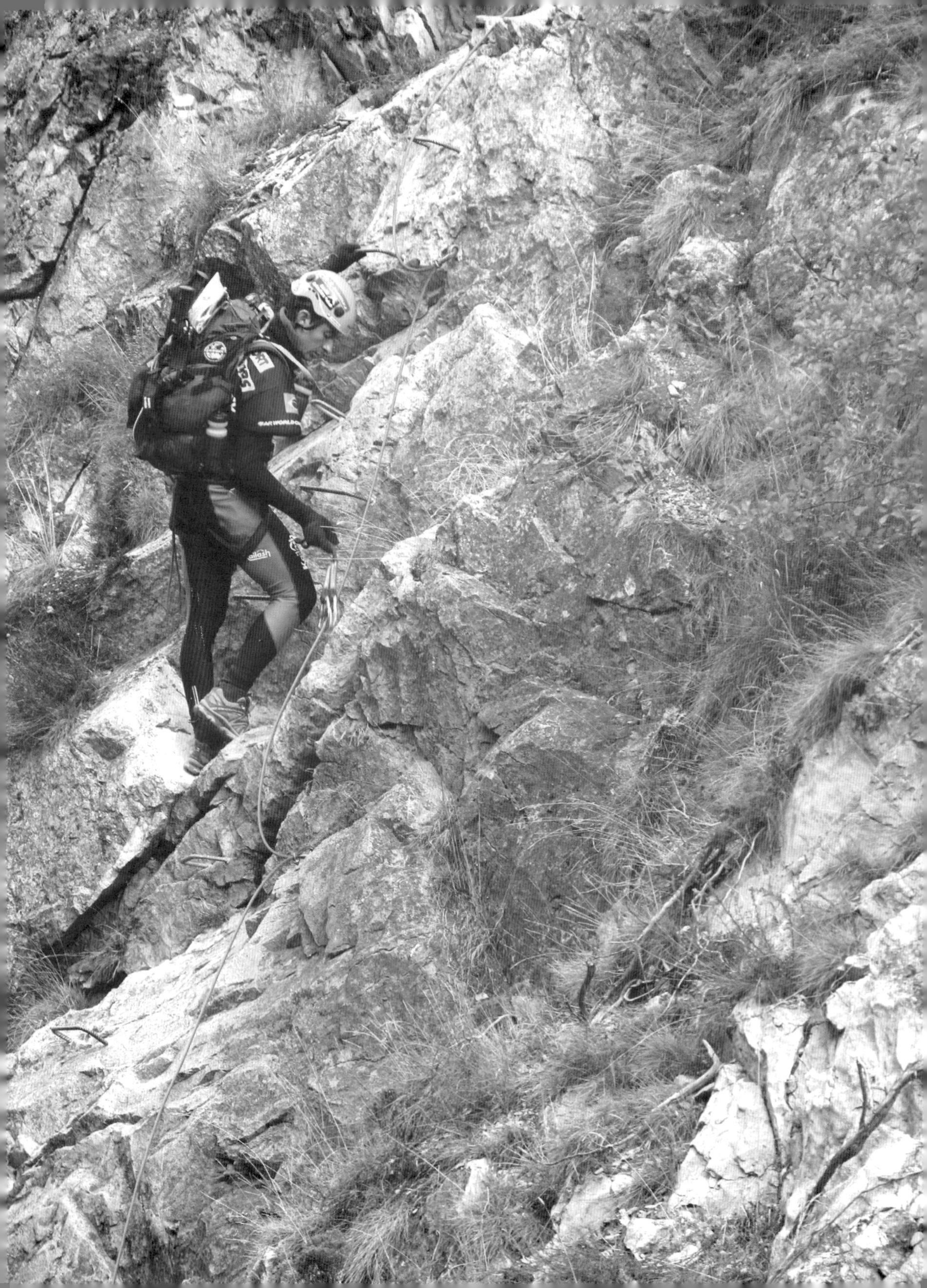

# Capítulo 10

# Raid in France 2012

## ALPES-CÔTE D'AZUR

**Integrantes da prova:** Caco Fonseca, Diogo Malagon, Mariza Helena Souza e Rafael Melges

## A DECISÃO MAIS DIFÍCIL A SER TOMADA

Esta prova veio como um bônus de 2012, pois conseguimos a vaga em uma etapa do circuito mundial, na Costa Rica. Como havíamos conquistado o 2º lugar naquela prova, ganhamos o direito de participar da etapa final, na França. Feliz com a conquista, porém com o corpo esgotado pela sequência de três longas e duras provas nos últimos 12 meses: final do campeonato mundial na Tasmânia (novembro 2011); Patagonia Expedition Race (fevereiro 2012); e, finalmente, a etapa mundial na Costa Rica (abril 2012). À exaustão somava-se a necessidade de manter o treinamento intenso para a etapa seguinte, agendada para setembro de 2012. Precisei trabalhar muito o psicológico para suportar a continuidade dos treinos e até mesmo os 500 quilômetros que estariam por vir.

Além do corpo, faltava ainda cuidar de toda a preparação logística e estratégica, mais difícil desta vez, dadas a distância intercontinental e a diferença geográfica. A prova aconteceria na região francesa dos Alpes com a chegada em Nice no litoral do mediterrâneo, na região de Provence-Alpes-Côte d'Azur, portanto, o primeiro passo seria traçar a rota de como chegar até lá. A atenção exigia cuidados inclusive com relação ao excesso de bagagem, afinal transportaríamos quatro bicicletas, caixas de reabastecimentos, equipamentos obrigatórios da equipe, bem como as malas pessoais. Definitivamente, pagar excesso em um voo local na França não seria uma opção.

Decidimos voar direto até Milão, na Itália, para não correr o risco de extravio de bagagem na conexão, onde alugamos um *motorhome*, nosso lar por 20 dias. De lá, seguiríamos viagem tranquilamente para a cidade da largada, em seis pessoas. Estávamos os quatro da equipe e um profissional da imprensa brasileira, o Fernando Navarro, recrutado para a cobertura do evento, mas ele não fazia ideia da roubada que passaria. Era uma ótima oportunidade de divulgação do esporte no país.

## UMA RÁPIDA PASSAGEM EM MILÃO

Antes de cruzarmos a fronteira para terras francesas, decidimos passar uma noite em Milão para comprar os equipamentos faltantes na lista de itens obrigatórios. Muitos deles já estavam na bagagem, cedidos por amigos brasileiros ou comprados com recursos que havíamos levantado. A Ursula Pereira (ex-integrante da equipe Selva), o Paulo Coelho e a Lena Coelho (ambos grandes alpinistas brasileiros) nos ajudaram com a arrecadação das provisões de alta montanha. Outra amiga, a Rita (alpinista), havia nos dado o dinheiro para a compra dos acessórios de técnicas verticais faltantes, com o compromisso de entregarmos a ela as aquisições da prova assim que retornássemos ao Brasil. O financiamento da prova na França havia sido complementado com a venda de camisetas personalizadas e com os cheques de premiações de competições no Brasil e na Costa Rica. Alunos da Selva Aventura também participaram, tanto na compra das camisetas quanto com o patrocínio financeiro.

Já em terras italianas, seguíamos as indicações do GPS, preparado anteriormente pelo Diogo com os endereços das lojas de interesse que poderiam estar próximas do nosso trajeto para a França. Mesmo com os preparativos prévios, conseguimos visitar apenas duas lojas antes do anoitecer. No caminho, decidimos jantar *pizza*, afinal estávamos na Itália e era o cardápio perfeito para quem se preparava para correr 500 quilômetros.

Comemos bem pagando pouco. Era hora de dormir e como já estávamos na nossa pousada ambulante, bastava apenas decidir pelo estacionamento. Paramos o *motorhome* em um bairro residencial, tomamos banho e estávamos prontos para ir para a cama. Rotina básica, isso se um morador não tivesse ficado tão incomodado com o fato de um veículo estranho estacionado na frente da casa dele e ter chamado a polícia. Seguimos a ordem da autoridade para descer do veículo, exceto a Mariza, ainda no chuveiro. Antes de sair, bati na porta do banheiro e a avisei para que não descesse e, assim como nós, fosse fichada pela polícia italiana.

A conversa começou um pouco grossa, afinal, os policiais não sabiam que brasileiros sem noção estavam simplesmente à procura de um lugar seguro para passar a noite. Persuadidos por nossa simpatia, nos escoltaram até o estacionamento de um *shopping center*, onde pudemos dormir tranquilamente. Tratava-se justamente do endereço de uma das lojas da nossa lista, onde também aproveitamos o supermercado local para comprar mantimentos antes da viagem à França.

## ALPES

Estimávamos cerca de 3 horas de viagem até a cidade base da competição. Trajeto tranquilo, paisagem linda na entrada dos Alpes e a chegada à L'Argentière-la-Bessée. Estacionamos nosso *motorhome* estrategicamente em frente onde havia sido levantada toda a estrutura da organização da prova para checagem de equipamentos, documentos e medicamentos. Era uma lista bem complexa e muito mais extensa se comparada às do Brasil. Foi uma checagem bem difícil e confusa, pois incluía medicamentos específicos da França, obviamente comprados lá mesmo. Os equipamentos e as roupas vistoriados foram todos marcados, pois assim a organização inibia a possibilidade de substituições indevidas antes da largada. Era uma maneira de evitar a troca por equipamentos mais leves e, muitas vezes, sem certificados de segurança. Perdemos o dia todo nesse processo!

Depois de tudo checado e aprovado, finalizamos a estratégia da alimentação e logística. No dia seguinte, deveríamos entregar para a organização as caixas de suprimentos e equipamentos, antes da cerimônia de pré-largada, um circuito promocional de *mountain biking*. Cada contêiner deveria ter um peso limite, imposto pela organização. Apesar da nossa tentativa de levar um pouco mais de comida, a organização não permitia peso extra. Não havia chance de erro, portanto, precisávamos definir a quantidade exata de comida em cada caixa e torcer para que as previsões de cada trecho fossem cumpridas. Chegar a determinado ponto sem o equipamento correspondente ao trecho seguinte facilmente nos tiraria da prova. Além da dificuldade do idioma, o *race book* estava bem confuso, gerando muitas dúvidas durante o *briefing* técnico em francês. A tradução para o inglês era muito resumida, o que ocasionou diversos problemas para várias equipes posteriormente, inclusive para a nossa.

A prova contava com 70 equipes. A ordem de largada de cada uma seria definida após uma prova-teste, um prólogo composto de uma corrida de orientação ao redor da cidade de Le Bici. Deveríamos encontrar cerca de 25 prismas e em cada um deles registrar nossa passagem por um *chip*. A movimentação na cidade era impressionante. Eram 280 atletas correndo de um lado para o outro pelas ruas de Le Bici, sem uma sequência cronológica.

Ordem de largada definida. Ficamos em 25º. Concluímos que o resultado era bom, já que havíamos escolhido a mesma sequência de muitas outras equipes, mas isso acabou ocasionando certo congestionamento no registro da nossa passagem.

Em meio ao comunicado da classificação inicial, recebemos a notícia de que a etapa promocional teria 40 quilômetros, indo de Le Bici até o local da largada oficial da prova. Cada equipe receberia parte dos mapas ao sinal da largada, conforme a classificação do dia anterior.

Fazia frio, cerca de zero grau, quando saímos para o pedal (deslocamento até o local da largada). No entanto, nos aquecemos rapidamente, pois havia um carro da organização impondo um ritmo suficiente para nos despertar do frio congelante. Ao chegarmos no Parque Nacional, recebemos a informação de que, por causa do mau tempo na montanha, a organização havia decidido reduzir o trecho de alta montanha, por onde passaríamos de *trekking*. O único problema é que não fomos avisados sobre qual ou onde seria o trecho excluído da prova. A falta de informação e o mapa pouco legível ocasionaram a exclusão de muitas equipes da prova. Também tivemos dificuldades, ainda mais por não estarmos acostumados ao estilo da carta francesa, muito poluída e numa tonalidade escura, muito difícil de visualizar.

O primeiro *trekking* contaria com seis pontos de controle. O organizador havia explicado no *briefing* que, em algum momento, as equipes deveriam ir direto ao PC6, *retornando* para onde deixaríamos as bicicletas no parque nacional. É claro que tudo isso foi dito em francês, levando as equipes estrangeiras a percorrer PC por PC até o 6, quando o trecho havia sido riscado da prova pelo organizador. Muitas equipes estrangeiras, inclusive a vencedora, estavam confusas quanto à informação. Como o percurso fora cancelado, não havia pessoas nesses postos de controle, afetando toda a logística e tirando muitas equipes da prova que não haviam entendido o recado. Nós mesmos só compreendemos as mudanças após recebermos o mapa. Embora todos os PCs ainda estivessem marcados, inclusive os excluídos, tivemos a sorte de um atleta de uma equipe francesa seguir um caminho que seria a chegada do *trekking* da alta montanha. Estávamos confusos, mas o Rafa logo nos alertou para seguirmos os franceses e perguntar por que eles estavam naquela direção. Gentilmente (mentira), eles explicaram o que deveríamos fazer: seguir diretamente para o PC6 e retornar para a base da largada, estavam cancelados os PCs 1, 2, 3, 4, 5. Prevaleceu a observação na largada, e pressentimos que estava estranha toda aquela movimentação, os longos diálogos em francês e as explicações curtas em inglês, por isso optamos por seguir uma equipe francesa, obviamente mais bem informada.

Com a largada da prova acontecendo por volta das 12 horas da noite, percorremos boa parte do *trekking* inicial de 20 quilômetros durante a noite, somente subida. Quando amanheceu, percebemos enfim a geografia real do lugar. Com o deslocamento ocorrendo em meio aos Alpes, sentimos a beleza maravilhosa e única da cordilheira. Já haviam se passado mais de 5 horas que estávamos subindo rumo ao topo de uma montanha, onde se localizava o dito PC6. Neste trecho, entraríamos numa espécie de escalada em neve, por isso, éramos obrigados a seguir com as botas de alta montanha, os grampons, piquetas em punho e escorados uns aos outros. Assim, caso um de nós caísse em alguma greta, os demais teriam condições de segurar a pessoa e garantir a segurança da equipe. O encordoamento foi muito bem implantado pela organização, pois tivemos de saltar muitas gretas ao longo do percurso. Enfim, chegamos ao topo da montanha, registramos nossa passagem e começamos a descer pelo mesmo caminho da subida.

Inicialmente, o caminho de volta parecia divertido. Saltávamos serelepes sobre a neve fofa. Mas fazer isso também era um desafio, já que grampons e piquetas de escalada não eram peças usuais para nós brasileiros. No entanto, acredito muito na capacidade de adaptação do ser humano e continuava pensando que teríamos algumas horas pela frente, saltitando pela neve e desenvolvendo a habilidade e a técnica na modalidade.

# O SUSTO

Infelizmente, a prática também envolvia riscos e para a Mariza o risco se transformou em um grave acidente. Descíamos correndo, a uma boa velocidade pela neve, quando nossa mulher da equipe tropeçou em uma pedra escondida pela neve rasa. Na queda, o choque de um dos grampons perfurou profundamente sua virilha. Levou alguns minutos até eu entender que o choro e os gemidos de dor não eram por uma torção do pé, como pensei ao ver a queda. As gazes retiradas do *kit* de primeiros socorros não pareciam suficientes para estancar o sangue, que escorria pela perna. Ficamos todos extremamente assustados com a situação, mas ela mesma conseguiu reagir à dor e acabou colocando gelo sobre o ferimento até parar o sangramento.

Mesmo com os três homens atônitos, em um salto, a Mariza levantou da neve vermelha e disse: "vamos continuar e lá embaixo procuro a equipe médica para me avaliar". Apesar da determinação, ela ficou insegura com o uso dos grampons, terminando de descer a montanha apenas calçada pelos tênis.

De volta ao ponto onde estavam as bicicletas, fomos recebidos por uma mulher da organização com novas informações sobre a prova. Como não entendi tudo o que ela havia falado, pedi que repetisse e a resposta foi negativa, pois ela só explicaria uma única vez a todas as equipes. A organização havia mudado mais uma vez a prova, desta vez, gerando-nos problemas com a logística da alimentação, mas estávamos ali para vencer as dificuldades em equipe e seguir em frente. A Mariza passou com o médico e expôs seu problema, "o corte"; o médico avaliou e como estava estancado ele só recomendou que não deixasse muito exposto à sujeira.

O trecho inicial de bicicleta incluiria cerca de 30 quilômetros de trilha descendo. Definimos o *kit* de alimentação desse trecho com base no ganho de tempo gerado pela velocidade prevista. No primeiro *trekking*, a estimativa havia sido de 8 horas, e a previsão do tempo do *trekking* foi dentro do que planejamos, mesmo com a troca da rota inicial programada. Carregamos comida suficiente para tanto. Já no *mountain biking*, a previsão era de apenas 3 horas, portanto, na teoria, não precisaríamos carregar muito peso, e ainda aproveitaríamos o descenso para descansar as costas já castigadas pelo duro *trekking* na alta montanha. A recuperação na bicicleta era essencial, pois na sequência iniciaríamos um longo trecho de caminhada, cuja previsão era de pelo menos 25 horas.

Sabíamos que encontraríamos toda a comida deste longo *trekking* apenas no final do percurso de bicicleta. No entanto, com as mudanças da prova, a organização nos "bonificou" com mais um trecho de corrida, de inacreditáveis 10 horas a partir do 10º quilômetro da bicicleta. Não estávamos preparados para a mudança, consequentemente, não tínhamos alimentação suficiente para as horas e os esforços adicionais.

Para nossa sorte, havia uma pequena cidade linda encrustada nos Alpes, próxima ao local onde deixaríamos as bicicletas para o *trekking* extra. Apesar de nem sempre saber o que encontraríamos pelo caminho, levar dinheiro trocado e em moeda local acabou sendo uma estratégia obrigatória. Afinal, imprevistos sempre acontecem, ainda mais em provas de aventura. Sempre que temos a sorte de cruzar com vilarejos, costumamos aproveitar a oportunidade para uma boa refeição ou para reabastecer as mochilas. Pensamos que não seria diferente na França, mais ainda pelo imprevisto surgido.

Quando observamos no mapa uma cidade no caminho antes de entrarmos no *trekking*-bônus, decidimos rapidamente por uma nova rota. Reabasteceríamos as mochilas no comércio local, voltando para o caminho da prova logo em seguida.

Fomos surpreendidos quando percebemos que a organização também havia previsto nossa estratégia, instalando uma *staff* na passagem de um túnel, caminho obrigatório. Lá também estava o jornalista Fernando Navarro, que viajara conosco, ali terminantemente proibido de conversar em português, sob pena da nossa desclassificação. A organização parecia determinada a encontrar uma brecha para nos tirar da prova. Não bastassem os cuidados para que o repórter não nos passasse possíveis informações privilegiadas, a *staff* que dividia o túnel com ele ainda nos proibiu de comprar suprimentos, com nova ameaça de desclassificação.

Entramos no *trekking*-surpresa praticamente já desabastecidos, porém com uma navegação tranquila e uma rápida progressão durante o dia, tinha uma grande diferença de altimetria e montanha de pastos com milhares de ovelhas e os cachorros Border Collie ordenhando com muito prazer, enquanto o chefe pastor só observava. Ao entardecer, o ritmo começou a cair, tanto pela ausência de luz e maior dificuldade na navegação como pelo racionamento de comida. Precisávamos dosar a alimentação, guardando energia para terminar o *trekking* e mais 20 quilômetros de *mountain biking*, antes de acessarmos nossa caixa. Apesar da queda na velocidade, acertamos todos os prismas e os poucos PCs com *staffs* da organização.

Ainda estava escuro quando saímos para os 20 quilômetros finais da bicicleta. O mapa desse trecho estava pouco legível, era praticamente impossível diferenciar trilhas e estrada. A navegação era ainda mais prejudicada pela necessidade de emendarmos várias folhas das cartas. Com o cansaço, tive uma hipoglicemia forte e não conseguia mais raciocinar na navegação. Já prevendo as dificuldades do gigantesco *trekking* a seguir, decidimos dormir por uma hora à espera da luz do dia, na esperança de obter energia como fotossíntese, pois comida não tinha mais já há algum tempo.

Encerramos o trecho ainda pela manhã. Desmontamos as bicicletas, guardamos tudo nas caixas e as carregamos até o caminhão da organização, que as transportaria para a outra área de transição. Demoramos cerca de 40 minutos na troca de modalidades. Embora provas sem equipes de apoios nos obriguem a trabalhar mais na montagem e desmontagem dos equipamentos, elas acabam por agilizar o processo de transição, pois não temos certas mordomias e facilidades, como sentar e esperar pela comida quente na boca.

Reabastecidos e teórica e psicologicamente preparados, partimos para o maior *trekking* da prova. Durante o percurso, teríamos uma etapa de técnicas verticais, na qual faríamos uma ascensão com apenas um jumar cada um, conforme a organização havia imposto. Carregávamos ainda a cadeirinha e os equipamentos de segurança obrigatórios, com a comida para as próximas 25 horas.

Entramos em um cânion logo no início do *trekking*. Havia de início uma via ferrata por uma cachoeira, seguida por uma ascensão de cerca de 10 metros ainda na cachoeira. A via consistia em subir por uma escada feita de correntes até um segundo patamar da queda-d'água. Uma corda suspensa junto à escada fazia o papel da segurança. Nela, prendíamos o jumar da mão direita e, caso caíssemos da escada, ficaríamos presos pela corda. Como cada equipe deveria usar apenas uma corda, a ordem da escalada foi definida comigo em primeiro, a Mariza em segundo, Diogo e o Rafa por último.

Eu subiria em primeiro para receber e ajudar a Mariza no final da escalada. No entanto, a escalada para ela acabou se tornando um grande martírio. Com a água de degelo caindo na cabeça, ela acabou se atrapalhando na subida. Ao se debater na escada, perdeu o apoio dos pés e as forças nos braços aumentou muito, que não pode acontecer, pois os braços entram em fadiga muito antes das pernas. Com isso, não conseguia voltar para a escada para continuar a subida nem passar a corda pelo freio e tentar descer pela corda para descansar e recomeçar a subida. Ali era a única passagem para seguir na prova. Passaram-se intermináveis 20 a 30 minutos e ela continuava pendurada pela corda, debaixo da queda-d'água geladíssima.

Tentamos em vão utilizar uma segunda corda, ocupada naquele momento por uma equipe francesa. Embora tivéssemos pedido para usar o equipamento no resgate, os franceses se negaram em emprestá-lo, provavelmente porque atrasaríamos a progressão deles na prova e, consequentemente, o resultado. Não fazia diferença para eles o fato de uma mulher estar pendurada a uma corda, congelando debaixo de uma cachoeira; há momentos na prova que temos de esquecer de competição e ajudar quem quer que seja por questão de segurança. Pelo contrário, aquilo provavelmente os beneficiaria com mais uma posição conquistada no *ranking* final.

> Em meio à discussão, peguei a outra ponta da corda que ele havia jogado para os franceses, joguei para a Mariza, ela se amarrou e eu a puxei para cima. Quando consegui tirá-la do buraco no final da corda, ela entrou em convulsão.

Para o azar dos franceses, a integrante feminina deles também não conseguiu fazer a ascensão. Dois deles já haviam subido, quando a menina travou como a Mariza e começou a chorar de desespero. Mas eles estavam em casa e ainda foram ajudados pelo *staff* da organização que os esperava no topo da cachoeira. Em cinco minutos, o próprio *staff* arremessou uma segunda corda para o resgate da francesa. Mais uma vez, os gringos tentando prejudicar nossa equipe.

O *staff* e eu começamos a bater boca. Em meio à discussão, peguei a outra ponta da corda que ele havia jogado para os franceses, joguei para a Mariza, ela se amarrou e eu a puxei para cima. Quando consegui tirá-la do buraco no final da corda, ela entrou em convulsão. Eu tentava segurar a cabeça dela para que não se machucasse nas pedras, quando o Diogo conseguiu subir e ajudar também. Só então o *staff* passou a se preocupar com a gravidade da situação, mas eu estava tão preocupado com ela, e ainda furioso com ele, que não o deixei se aproximar.

    O Rafa chegou em seguida e nos ajudou a tirar a roupa molhada da Mariza. Nós a enrolamos em um cobertor de sobrevivência tentando aquecê-la e só então a convulsão cessou. Embora ela ainda estivesse desmaiada, sabíamos que a recuperação viria na sequência. Senti um misto de alívio e medo. Não sei de onde o Rafa tirou força, mas ele praticamente a arrastou para uma encosta íngreme na montanha até encontrar o sol, assim poderia se aquecer mais rapidamente.

## A DURA DECISÃO

O desgaste na etapa de corda nos obrigou a nos alimentarmos bem antes de seguirmos para o *trekking*. Estávamos exaustos com o esforço extra, precisávamos de energia. Infelizmente, o imprevisto nos ocasionaria um custo extra no final do longo *trekking* que estaria por vir.

    Recuperada e de volta a si, Mariza ficou bem debilitada. As pernas estavam roxas de hematomas, causados pela força empregada na escada de correntes. Mas mesmo exaustos e estressados, continuamos na prova.

    Mesmo com uma navegação relativamente tranquila, o *trekking* foi bem difícil dado o elevado desnível. Subíamos e descíamos montanhas a todo o momento. Escureceu de novo, continuávamos andando sem parar até que o sono não nos deixava mais prosseguir. Paramos por uma hora para dormir, despertando ainda no escuro. Passamos por um trecho de navegação complicada, incluindo algumas quase escaladas em montanhas. Uma delas era extremamente inclinada. Andávamos em fila indiana, numa tentativa de impor certo ritmo mínimo. A estratégia acabou mostrando-se arriscada, pois boa parte das pedras em que pisávamos estava solta, muitas rolavam em direção aos que vinham atrás. Passamos a escalar em paralelo, assim, caso alguma pedra se soltasse, os demais estariam em segurança. Mesmo com a dificuldade na escalada, conseguimos atingir o topo e encontrar o prisma no alto da montanha. Com certeza teria sido mais fácil se passássemos de dia. Na descida pelo outro lado da montanha, improvisamos um esqui-bunda, o que nos ajudou tanto com a velocidade como para evitar torções nos pés. Por segurança da equipe, também descemos lado a lado para evitar que soltássemos pedras de grande porte e atingíssemos algum integrante da equipe.

    Já aos pés da cadeia de montanhas, passamos por uma pequena cidade, mas, novamente, não havia nenhum comércio aberto no horário em que passamos e não sei se poderíamos comprar comida, apesar do quase estoque nulo. Ao amanhecer já estávamos próximos ao PC, onde começaria mais uma via ferrata, desta vez na encosta de um rio.

Chegamos ao trecho da via ferrata, encontrando mais uma vez nosso amigo repórter Fernando, que aproveitava o momento para fotografar o que havia sobrado de nós. Alguns dias já havia se passado, portanto, nossa aparência física não deveria ser das melhores. Ótima situação para imagens espantosas.

Embora estivéssemos todos exaustos, sentimos o ritmo da Mariza caindo cada vez mais. O esforço era tremendo a cada passo. Ela chorava escondido, como se tentasse engolir o desabafo de um grande sofrimento. Tentávamos ajudá-la nas subidas e descidas, que ela fazia colada às pedras até a chegada ao cânion, onde realmente começaria um trecho perigoso. Deveríamos caminhar por dentro do rio, com vários pontos arriscados. Percebi que a Mariza estava realmente debilitada. Somavam-se ao cansaço a restrição à comida e todas as situações de risco pelas quais já havia passado naquela única competição. Fora os ferimentos ainda abertos, que podiam infeccionar por conta da sujeira.

O momento exigia atenção. Chamei o Diogo e o Rafa de canto e expus todas as minhas preocupações com relação à Mariza. Concluímos que ela não tinha mais condições de continuar na prova. Com os três a favor da decisão, seguimos juntos até a área de transição para um *rafting*.

Encontramos novamente com o jornalista brasileiro e a fiscal antilíngua portuguesa. Trocamos poucas palavras. Aquele era o ponto onde nos reuniríamos para dar a notícia de desistência à Mariza. Mesmo ela ainda acreditando que continuaríamos na prova, como capitão, tive de impor a decisão de que eu a retiraria da competição e que a equipe não seguiria daquele ponto.

Desistir sempre é uma decisão muito difícil. Há todo um investimento de recursos, treinamento e tempo envolvidos. Há ainda o peso da ausência junto a família e amigos, a preocupação em decepcionar pessoas que sempre acreditam em nós. Tudo isso passou pela minha cabeça diante da decisão de desistir daquela etapa, o mundial das corridas de aventura. Mas entre competir e preservar a saúde de qualquer um dos meus companheiros de equipe opto pela segunda. Tínhamos de prezar pela saúde da Mariza. Não dava para arriscar uma infecção séria em um lugar ermo, onde dificilmente teríamos ajuda médica rápida. Uma sepsia poderia matá-la, por isso, resolvi antecipar nossa parada, num momento em que poderíamos contar com toda estrutura e apoio médico. Ficamos tristes com a decisão, a Mariza chorou e não queria parar mesmo sofrendo, mas sabíamos que aquela seria a melhor e única opção naquele momento e eu estava ciente de que ela nunca tomaria essa decisão e eu teria de tomar por ela, porque eu nunca vi uma pessoa de tamanha força de vontade em sempre progredir na prova e com tanto espírito de equipe como ela.

Certos de que nossa atleta estaria razoavelmente recuperada após um merecido banho no *motorhome*, deixamos de lado a tristeza de abandonar a competição e nos presenteamos com uma deliciosa descida de *rafting*. Deixamos o finlandês que dirigiria o veículo cuidando da Mariza, enquanto o restante da equipe e nosso amigo repórter curtiam as corredeiras no bote. Foi uma descida nas corredeiras francesas muito divertida com direito a muitas risadas e situações engraçadas. Em uma corredeira nível 4, o Fernando, que estava na frente, simplesmente, parou de remar e começou a filmar a descida e eu precisava da força e remada dele na frente para conseguir guiar o barco na corredeira, quase viramos! Havíamos combinado que nos encontraríamos com a Mariza novamente na saída do rio, mas ao deixarmos a embarcação, recebemos um recado que ninguém estaria nos esperando naquele ponto.

Basicamente, o bilhete continha um endereço e nos avisava que a Mariza havia se sentido mal logo após o banho. Preocupado, o motorista acionou o médico da prova, que imediatamente a levou para um hospital na cidade de Embrun, região de Provence. A pequena cidade nos abrigou por aquela noite, com a Mariza internada, recebendo medicação. Apesar do susto, ela foi liberada no dia seguinte. Então, pudemos passear pela cidade, passamos em muitos lugares maravilhosos no Sul da França e, também, aproveitamos para acompanhar um pouco mais a prova, como expectadores, e fomos até a chegada da prova em Nice, onde um ar de tristeza tomou a equipe.

Retornamos ao Brasil com o gosto amargo da desistência, porém certos da decisão e com experiência acumulada de uma competição de nível mundial.

> O Caco me acompanha desde que comecei a correr maratonas, há 10 anos. Além de fã do atleta, ele é o técnico mais completo que conheço. A sua disciplina me inspira; sua perseverança me estimula; e sua dedicação e competência me enchem de orgulho.
>
> **Denise Tibiriça**
> ALUNA SELVA/RUN FUN, PARTICIPOU DE DIVERSAS MARATONAS NO BRASIL E EXTERIOR.

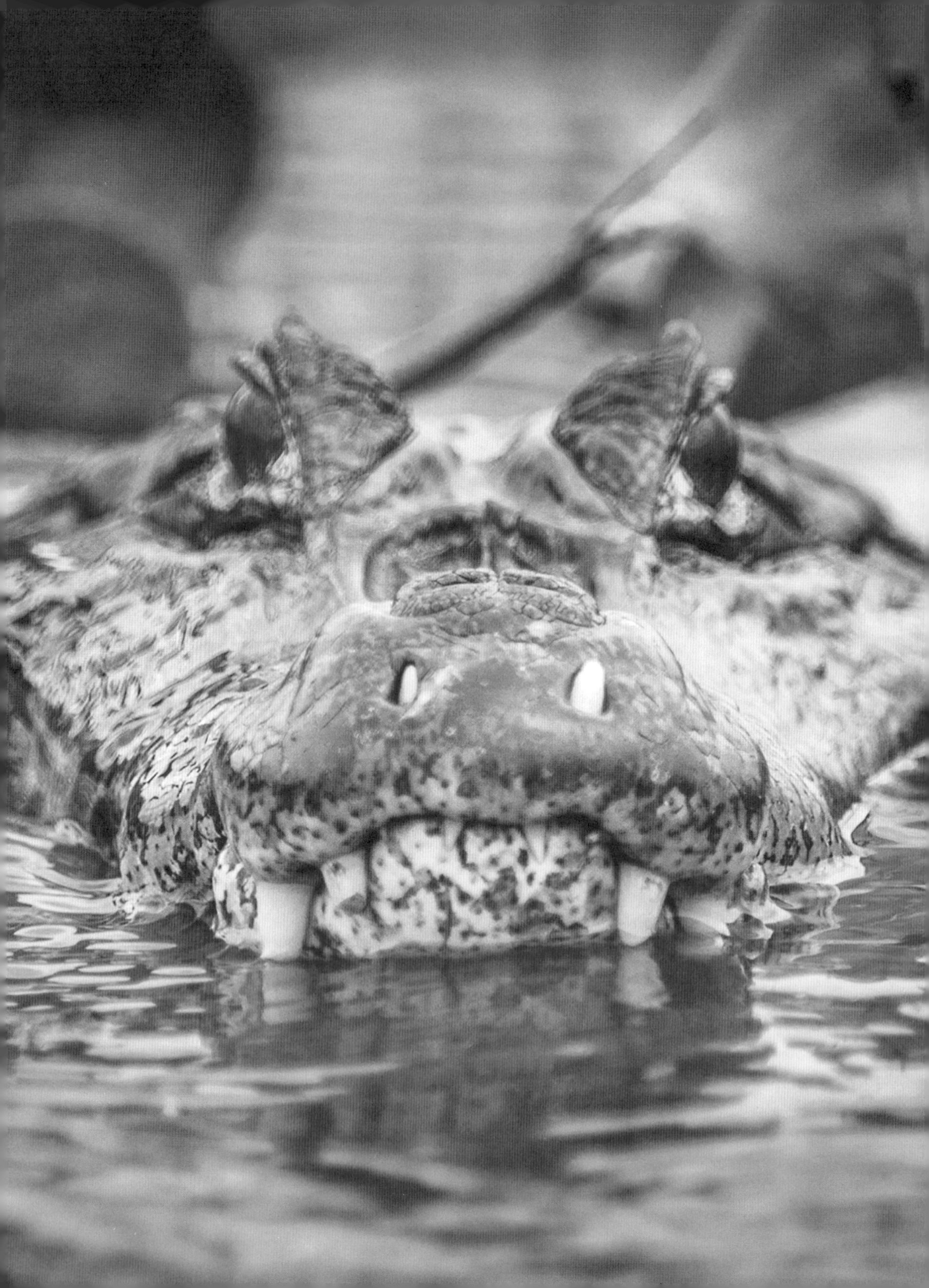

# Capítulo 11

# Pantanal Pro 2015

## MATO GROSSO DO SUL

Integrantes da prova: André Medeiros, Caco Fonseca, Mariana Bordallo e Philipe Campello

## CORRE QUE O BICHO PEGA

A final do campeonato mundial voltava para o Brasil em 2015, depois de 7 anos, quando até então a última edição havia sido o Ecomotion Pro, em Lençóis Maranhenses. Agora seria em outra região, porém com o calor semelhante, percorreríamos a região do famoso Pantanal, passando em locais nunca ou pouco explorados pelo turismo.

A ideia de participar desta prova surgiu por volta de abril de 2015, quando recebi o convite do Philipe e da Mariana, da Terra de Gigantes do Rio de Janeiro, para compor a equipe com eles e com o André. Eu os conheço há vários anos das corridas de aventura e fiquei realmente muito feliz pelo convite. Aceitei e formamos a equipe Terra de Gigantes/Selva.

O Philipe tem um histórico incrível na corrida de aventura dentro e fora do Brasil. No exterior, ele fez a famosa Patagonia Expedition Race (PER) no ano mais longo de todas as edições, com mais de 1.000 quilômetros de prova. Eu já havia feito duas edições da PER, com 600 quilômetros, e já foi cruel! Impossível imaginar 1.000 quilômetros de distância naquela região difícil.

Iniciamos nossa preparação para o campeonato mundial com ajustes de treinos, logística, treinos em equipe e algumas provas em quarteto para nos conhecer melhor e ter ideia de como agiríamos juntos sob pressão.

Montei a nossa programação de treinos adaptando para aquela realidade e o objetivo de cada um. O André participaria da corrida de montanha no Mont

Branc, França, em agosto, e depois ingressaria nos treinos mais específicos para o mundial de aventura. Como treino, o Phil, a Mari e eu resolvemos fazer a prova Sol a Sol, prova de corrida de aventura realizada no Uruguai, como nosso primeiro treino em equipe. Organizada pelo Ruben, grande amigo de longa data das corridas de aventura, a Sol a Sol seria a primeira oportunidade de nos conhecermos em prova.

Sem muita exigência na navegação, a Sol a Sol nos testava fisicamente a todo momento! Foram 200 quilômetros em 20 horas, *non-stop*, e conquistamos o 2º lugar! Foi um ótimo resultado inicial para uma equipe que começava!

Depois do Uruguai, ainda fizemos um treino em Angra dos Reis para ajustar e testar nossos materiais e equipamentos. Em relação aos materiais obrigatórios, nossa maior dúvida era sobre o *pack rafting* (barco inflável portátil que cabe na mochila), uma vez que seria uma novidade em provas aqui no Brasil. Não sabíamos em qual momento exato na prova o utilizaríamos e queríamos treinar nas mesmas condições da prova. Sabíamos que ele seria importante para atravessar alguns rios, uma vez que no Pantanal tem muito jacaré e piranha que podem colocar em risco a vida de alguém. Acreditávamos que seria melhor remar do que nadar!

O Phil pesquisou muito pelo Google Earth sobre a região na qual faríamos a prova. A organização divulgou algumas fotos e ele foi tentando encontrar os possíveis lugares por onde passaríamos em comparação com as paisagens das fotos.

> **Fazia muito calor e já tínhamos dúvida se seria uma competição ou uma condição de sobrevivência, uma vez que haveria grande chance de hipertermia, desidratação e ataque de animais pantaneiros.**

A sede da prova seria em Corumbá, Mato Grosso do Sul, e chegamos três dias antes da largada. Levamos uma parte dos nossos equipamentos conosco no avião. A outra parte foi levada pelos amigos da equipe Ekos, de São Paulo, que foram de carro. Assim não corríamos o risco de pagar excesso de peso dos nossos equipamentos, uma vez que estávamos com pouco dinheiro. Chegando em Corumbá, quando descemos do avião, já percebemos que a prova não seria nada fácil. Fazia muito calor e já tínhamos dúvida se seria uma competição ou uma condição de sobrevivência, uma vez que haveria grande chance de hipertermia, desidratação e ataque de animais pantaneiros. Estávamos ansiosos para começar logo!

Ficamos no hotel indicado pela organização e no dia seguinte começaram as checagens de equipamentos. Recebemos três caixas, A, B e C, para colocarmos, no máximo, 32 quilos de pertences entre alimentos e equipamentos necessários para reabastecimento durante os sete dias de prova. Essas caixas seriam encontradas em pontos específicos durante a prova. Não poderíamos errar!

A cerimônia de abertura foi bem produzida e a organização foi muito cuidadosa para falar com todas as equipes sobre os desafios que enfrentaríamos durante os próximos dias. Sobre os perigos também! Alertou sobre as possíveis queimaduras na pele por causa do sol, a desidratação e sobre os perigos da natureza.

Na manhã seguinte, entregamos para a organização as caixas (A, B e C) para serem pesadas e lacradas. Entregamos também as caixas das *bikes* e a sacola de alimentos e equipamentos que utilizaríamos na canoagem. Depois fomos almoçar e aguardamos a entrega dos mapas.

Com os mapas na mão começamos a traçar nossos caminhos para cada trecho, calculamos a previsão de tempo de cada um e o total para completar a prova. Pelos meus cálculos, terminaríamos a prova em mais ou menos nove dias, apesar de a organização ter dado o tempo máximo de sete dias. Algo já estava estranho! Lembro-me de o André me questionar se receberíamos um corte. Minha resposta foi: "Nenhuma equipe terminará todo o percurso".

Pela minha experiência, a média de velocidade de alguns trechos programados pela organização não condizia com a realidade, e ela teria de fazer alguns ajustes durante o percurso para que todos terminassem em sete dias. Em caso de dúvida, estávamos preparados para o pior das situações!

No final da tarde, todas as equipes embarcaram em três navios da Marinha para o transporte até o local da largada. Esse traslado demorou praticamente a noite inteira, e o Phil e eu continuamos a preparar os mapas!

Ao amanhecer, chegamos à escola Jatobazinho, onde seria a largada da prova, e fomos recebidos pelas crianças do Projeto Caia Pantanal. A empolgação em nos receber foi contagiante! Na sequência, fomos convidados para um superbanquete de recepção e começamos a nos preparar para a largada, que seria uma perna de 50 quilômetros de canoagem no rio Paraguai.

O calor estava extremamente desconfortável! Alinhamos para a largada, sentido rio acima, contra a corrente. Nossa maior preocupação era abaixar a temperatura corporal. No começo, o André estava sofrendo muito com o calor, assim como os demais de todas as equipes. Até soubemos que uma das equipes da Austrália desistiu no PC 1 por causa do calor. Tínhamos de suportar até anoitecer e evitar a desidratação.

> Até soubemos que uma das equipes da Austrália desistiu no PC 1 por causa do calor. Tínhamos de suportar até anoitecer e evitar a desidratação.

Logo que começou a escurecer, saímos do rio Paraguai e entramos em um afluente. Como estava mais fresco, conseguimos melhorar nosso ritmo e terminamos essa perna ainda à noite. Chegamos ao PC, retiramos os barcos da água arrastando-os por 20 metros, e começamos a organizar nossas mochilas para o próximo trecho, que seriam 27 quilômetros de *trekking* para uma transição para o tal *pack rafting*.

Saímos para o *trekking* e no caminho chegamos a uma fazenda em que um banquete nos esperava, especialmente preparado para os participantes da prova! Optamos em não parar por muito tempo para avançar durante a noite, uma vez que a temperatura estaria mais amena neste período e a navegação seria trabalhosa, pois a trilha só iria até uma parte do *trekking* no ponto mais alto na antena de comunicação da fazenda e dali para a frente teríamos de traçar um azimute para descer um morro sem trilha até o PC de transição do *trekking* para o *pack rafting*.

Chegando ao PC, assinamos a planilha e nos preparamos para o trecho do primeiro *pack rafting*, já amanhecendo. Foi umas das partes mais difíceis da prova! O rio estava totalmente navegável e nosso barco não era apropriado para uma grande remada. A posição inclinada para trás que ficávamos para remar era totalmente desconfortável e a velocidade ficava muito baixa em razão da correnteza contra. Progredíamos menos de dois quilômetros por hora e em 36 quilômetros passaríamos o dia inteiro na remada. Não tínhamos escolha nem a opção de lamentar... então, tivemos de fazer força!

> Remamos praticamente o dia inteiro até chegar à lagoa Majoré. Imensa, com vários quilômetros, teríamos de cruzá-la contra o vento.
> O forte vento formava ondas e não tínhamos progressão alguma.

Remamos praticamente o dia inteiro até chegar à lagoa Majoré. Imensa, com vários quilômetros, teríamos de cruzá-la contra o vento. O forte vento formava ondas e não tínhamos progressão alguma. O Phil resolveu pular na água para refrescar e tínhamos a nítida impressão de que havia muitos jacarés e arraias naquele lugar, porque a água era turva e não enxergávamos o fundo da lagoa. Ele descobriu que a lagoa era rasa e resolvemos andar um pouco empurrando os *pack raftings* para aliviar as costas. Já eram 5 horas da tarde!

Terminamos esse trecho interminável já escurecendo, em uma praia de rio depois de 13 horas e nos preparamos para o próximo trecho que seria um *trekking*, sem trilhas, até encontrar o PC no topo do morro. No meio da lagoa, com a visão do morro, já havia montado minha estratégia para chegar ao PC no topo. Começamos o trecho de *trekking* sem trilha com algumas equipes escoradas na nossa navegação e, para tentar confundi-las, paramos diversas vezes fingindo não saber onde estávamos, mesmo sabendo! Quando estávamos quase no topo, chegamos em uma encosta muito inclinada, exatamente como eu havia traçado a estratégia com a visão durante o dia. Quando encontrássemos esse lugar, desceríamos um pouco e depois seguiríamos a curva de nível para a direita e chegaríamos na crista da montanha sem penhasco e lá encontraríamos o PC, e foi realmente isso que aconteceu! Nosso único erro foi que não pegamos água suficiente antes de sairmos para o *trekking* e, por isso, ficamos algumas horas sedentos. Chegamos ao PC de madrugada, e os *staffs* nos ofereceram um pouco de água para molharmos a boca. Seguimos no azimute sem trilha, voltando um pouquinho pela crista e depois descemos para o outro lado da montanha. Tomamos a decisão de seguirmos por um caminho mais difícil em um vale, porque aumentavam as chances de encontrarmos água, e não pela crista que era o lugar mais fácil de descer a montanha. Demos sorte e encontramos um veio de água muito pequeno, de onde extraímos água para encher nossas garrafas. Continuamos a descer e, de repente, tive um surto de sono e passei a não conseguir acompanhar mais o mapa. Já era a segunda noite e não tínhamos parado em momento algum para dormir. A sorte foi que o Phil estava bem acordado e assumiu a navegação em um trecho bem complexo e cheio de trilhas de animais que confundiam a nossa a direção.

> **Continuamos a descer e, de repente, tive um surto de sono e passei a não conseguir acompanhar mais o mapa. Já era a segunda noite e não tínhamos parado em momento algum para dormir.**

Eu estava com tanto sono que não entendia nada e só acordei quando a famosa formiga Tucandeira pulou no meu braço e me picou. Eu acordei de tanta dor que sentia! O Phil encontrou uma estrada e corremos até chegar ao PC. Nossa transição foi muito tranquila, pois sabíamos que deveríamos entrar descansados e bem preparados para o próximo trecho! Comemos uma refeição boa, descansamos por uma hora e meia, cuidamos dos nossos pés machucados e reabastecemos nossas mochilas para o próximo trecho de *trekking* que prometia ser de muitas dificuldades, pois seria em uma região não explorada: a Serra do Amolar.

O *trekking* da Serra do Amolar seria o mais longo da prova. Seriam 78 quilômetros de muito perrengue em um lugar ainda não desbravado por nenhuma outra competição. Sabíamos que era um lugar muito quente e bem escasso de água, e por isso saímos abastecidos com muita comida. A organização não havia nos avisado quanto à escassez de água, e pecamos em levar poucos recipientes para o topo da Serra do Amolar.

Saímos por volta de duas horas da tarde. O sol estava muito forte, na nossa expressão sol a pino! Iniciamos o *trekking* em uma estrada de terra por alguns quilômetros e depois entramos em um trecho de mata fechada e sem trilhas. Havia um rio que seria a nossa referência do azimute para subirmos até o topo da serra. A mata fechada nos obrigou a desviar muito do nosso caminho e com isso acabamos consumindo muita água! Apenas o Phil tinha duas bolsas de hidratação de 2 litros na mochila e mais algumas garrafinhas. Chegamos à noite no topo da serra e enchemos nossos reservatórios. Seguimos pela crista da serra e antes da meia-noite resolvemos parar para dormir uma hora e meia. Philipe e eu estávamos cansados e com muito sono e não queríamos correr o risco com algum problema na navegação naquela região. O lugar era conhecido por ter muitas onças e tínhamos de tomar cuidado o tempo todo, inclusive na hora de dormir para não sermos surpreendidos. Agrupamos e dormimos.

Acordamos e seguimos a crista da serra no azimute. Nossa progressão noturna estava muito boa! O Phil liderou a navegação praticamente a noite toda e eu retomei um pouco antes de amanhecer em um ponto de navegação difícil, pois havia diversos penhascos e a noite não enxergávamos as passagens pelos colos das montanhas. Começou a amanhecer e o trecho perdeu sua complexidade, pois agora tínhamos um excelente visual! Nossa preocupação não eram mais os penhascos e sim mais um dia quente e exposto diretamente ao sol. Continuamos nosso *trekking* e, conforme o sol saía, a temperatura ia aumentando drasticamente! Faltavam aproximadamente 3 horas para a nossa descida, e o Phil, a Mari e o André começaram a ficar bem desidratados e cansados. Eu estava com pressa para sair logo dali, não pela competição, mas para fugir do calor intenso e tentar achar água para esfriar nossos corpos e nos hidratar. O Phil, com seus reservatórios extras, distribuiu água para toda a equipe para ao menos molharmos a boca. Na Serra do Amolar, o solo é uma mistura de terra com pedra de minério de ferro e esquenta muito pelo reflexo do calor que vem debaixo para cima. Assim, além do sol escaldante, também tínhamos esse fator extra como nosso inimigo!

Antes da última subida achamos um pouco de água e conseguimos nos abastecer e esfriar o corpo. O calor estava realmente insuportável e, com isso, diminuímos muito o nosso ritmo. Estávamos verdadeiramente exaustos e acabados já acionando o modo sobrevivência! Seguimos em frente e encontramos a última descida que não era nada convencional, sem trilha, com muitas pedras soltas e bem escorregadias. Nossa água já tinha acabado novamente. Assim que começamos a descer, o Phil entrou em hipertermia. Ele começou a perder a clareza da fala, a coordenação dos movimentos e teve alguns desmaios. A Mari, que é sua esposa, entrou em desespero em ver seu marido naquela situação. Não tivemos dúvidas e naquele momento paramos, por sobrevivência, temporariamente a prova. Nada nos importava mais do que a saúde do Phil! Colocamos ele na sombra, pois o relógio nos mostrava que naquele momento estava mais

> Nossa água já tinha acabado novamente. Assim que começamos a descer, o Phil entrou em hipertermia. Ele começou a perder a clareza da fala, a coordenação dos movimentos e teve alguns desmaios.

de 45 graus! Pedi ao André e a Mari para fazerem companhia ao Phil enquanto eu descia o morro para tentar achar água e trazer para eles. Nenhum de nós tinha nenhum gole sequer! Eu desci a montanha o mais rápido possível e consegui achar uma poça de água praticamente parada. Não era a melhor opção para beber, mas era a única! Enchi as garrafinhas, pinguei um pouco de hidrosteril® e voltei para cima com oito garrafas cheias de água parada! Na metade da minha subida encontrei o André desorientado e desesperado atrás de água. Deixei uma garrafa com ele, indiquei a poça de água e pedi que aguardasse lá e fui ao encontro da Mari e do Phil. Chegando lá, tínhamos água o suficiente para esfriar o Phil, a Mari e para beber! O Phil estava um pouco melhor e consegui levá-lo para baixo até essa tal poça. O colocamos dentro da água, a temperatura do corpo começou a diminuir, ele voltou a raciocinar melhor e seguimos até uma próxima referência de rio de água corrente que tinha na carta. Chegando lá nos hidratamos, mergulhamos no rio para abaixar a temperatura do corpo e reabastecemos tudo o que tínhamos para conseguir prosseguir na prova.

Saímos por dentro do rio até encontrar a nossa próxima referência que era uma estrada. Agora que tudo estava bem, eu estava mais tranquilo e relaxado e comecei a ter sono! Cometi o erro de não passar minha navegação para o Phil ou avisar que estava com tanto sono e que não teria condição alguma para navegar. Com isso, acabamos nos perdendo em uma região baixa, de rios secos e mata alta. Apenas o azimute e uma boa estratégia de navegação para atravessar o mato nos tirariam de lá. Para a nossa sorte, o Phil começou melhorar e juntamos força com a equipe Papaventuras, que também estava perdida, para resolver aquela situação. Depois de muitos erros, muito tempo, muito mato intransponível e muito espinho, achamos a direção e conseguimos achar a estrada que nos levaria ao próximo PC. Confesso que estava com tanto sono que não me lembro direito desta parte da prova!

Finalmente, tínhamos saído da Serra do Amolar e chegamos para fazer a transição do *trekking* para a próxima perna que seria uma canoagem. Todos da equipe estavam com alergia de alguma planta, terra ou água da região. O médico nos tratou e resolvemos parar para descansar um pouco antes de entrar no próximo trecho longo de 65 quilômetros de canoagem. Descemos o rio Paraguai em um ritmo forte até chegar à próxima transição para um *trekking* que seria o segundo mais longo e difícil da prova! Abundância de água, sem relevo, poucas referências, muitas horas de caminhada dentro da água e muitos animais no caminho. Fizemos um planejamento de entrar neste *trekking* e fazer nosso melhor na navegação.

Mesmo depois de tantos problemas não tínhamos perdido o foco de terminar essa prova. Esse *trekking* de 132 quilômetros em diversos campos alagados, no verdadeiro Pantanal, não nos assustou, apesar de estarmos no quarto dia de prova e termos, teoricamente, mais três para finalizá-la, de acordo com a expectativa da organização. Para esse trecho, a organização havia calculado uma média de velocidade de 3 quilômetros por hora, finalizando a primeira etapa em 44 horas, ou seja, em 1 dia e 20 horas. A minha previsão, com base em muitas experiências que já vivi em corridas de aventura, era que teríamos como média de deslocamento a velocidade de 1,5 quilômetro por hora, uma vez que a condição do *trekking* seguraria muito o nosso deslocamento. Assim, faríamos esse trecho em 88 horas, ou seja, 3 dias e 14 horas. Teoricamente já estaríamos fora da programação da organização! E ainda faltavam 250 quilômetros de *mountain biking* e 80 quilômetros de canoagem! Seria impossível alguma equipe terminar essa prova sem corte!

Era uma região de difícil progressão e havia muitos jacarés e arraias pelo percurso. Para nossa sorte, o Phil estava liderando perfeitamente a navegação na primeira parte! Eu estava com muito sono e por diversas vezes nesse *trekking*, estava andando e dormindo, até descobrir a diversão que era pegar os filhotes de jacaré pelo rabo, isso me dava uma descarga de adrenalina e eu acordava. E para o restante da equipe também!

Chegamos em uma fazenda abandonada que era nossa referência de navegação dentro da carta. Paramos em um galpão velho para comer e descansar um pouco. Como havia muito pernilongo, resolvemos prosseguir. Insuportáveis, os mosquitos entravam na boca, nas orelhas e nos olhos! Nessa hora o Phil começou a ter sono e eu assumi a navegação!

Tracei meu azimute e fui fiel à bussola por cinco horas, fazendo algumas correções na rota quando achava o caminho pantaneiro. Não tínhamos como parar, pois esse *trekking* era praticamente todo dentro da água. Usávamos a todo o momento o *trekking pole* para tirar as arraias do caminho. Em um momento, estávamos uns 10 metros separados quando ouvimos um barulho muito forte e esquisito, na hora todos pensaram: a onça! Em milésimos de segundos, estávamos agrupados. Foi assustador! Depois descobrimos que o barulho era um jacaré, e dos grandes! Parecia como a aula de Educação Física do colégio, onde o professor apita e os alunos agrupam. Aqui o jacaré fazia o barulho, a equipe se juntava. Não sei o que seria pior: pisar em um jacaré debaixo da água ou encontrar um onça pintada!

Ao amanhecer, chegamos ao local da segunda referência da carta, que era uma fazenda isolada. Lá encontramos algumas equipes de amigos: a Brou Aventura, a Papaventuras e a Competition Aroeira. Uma senhora da fazenda preparou para nós um arroz carreteiro com ovo e, assim, fizemos um "café da manhã de confraternização" entre as equipes! Organizamos tudo e saímos para a próxima referência. Como era dia, começou a esquentar a temperatura, mas tínhamos água em abundância para nos refrescar. Encontramos uma família de javali no caminho e não imaginávamos o tamanho do bicho, que deveria ter aproximadamente um metro de altura e considerado bem perigoso se estivesse em grupo, mas fugiram. Que bom, só faltava ter de correr deles.

Nosso *trekking* ainda permanecia em áreas de charco e, conforme as horas iam passando, a temperatura da água subia ao ponto de queimar a pele e não conseguirmos bebê-la, nem usá-la para abaixar a temperatura corporal. Chegamos à fazenda do PC no final da tarde do quinto dia de prova, realizando 50 quilômetros desse *trekking* com 25 horas, ou seja, uma média de 2 quilômetros por hora de velocidade. Sabíamos que no próximo trecho nossa velocidade de deslocamento seria mais baixa, pois, provavelmente, usaríamos o *pack rafting*. Nesse PC, encontramos como líder de *staff* o Fran, corredor experiente e organizador da Chauas, uma das provas mais difíceis do Brasil. Não era surpresa colocarem ele exatamente nesse ponto. Ele nos deu a notícia de que a prova estava bloqueada nesse PC, pois algumas equipes estavam com dificuldade na navegação e a organização resolveu parar nesse trecho da prova. Não ficamos felizes com a decisão, pois tínhamos zerado a navegação até então, mas tivemos de acatar. Para avançar as equipes, uma vez que esse trecho estava cancelado, a organização transportou todos de avião pantaneiro até o início do próximo trecho que seria uma perna de *mountain biking*. No entanto, o transporte só ocorreria no dia seguinte, porque o avião pantaneiro não voa à noite.

Aproveitamos para comer, ser tratados das feridas e medicados com anti-histamínico e antibiótico, uma vez que nossas feridas estavam bem infeccionadas. Pensei até em encher o *pack rafting* para dormir, mas estava tão cansado que não deu tempo, dormi antes na areia do lado da casa em que estávamos.

Na manhã seguinte, acordamos e aguardamos o avião. Resolvi pescar para passar o tempo em um píer feito de pneu de trator e tábua. Peguei alguns tucunarés, peixe comum no Pantanal, quando apareceram quatro jacarés grandes atraídos pela pescaria. Claro que ela acabou, pois os bichos assustaram o cardume. Fiquei tão bravo que comecei a dar varada na cabeça deles para ver se eles iam embora. Nada! Depois de um tempo, olhei para baixo do píer e vi uma anaconda gigantesca, enrolada ali embaixo. Agora sim a minha pescaria acabou. Hora de ir embora!

Iniciaram os transportes das equipes por via aérea até a fazenda onde estavam nossas *bikes*. Nosso primeiro contato com o piloto foi espetacular. Ele disse que éramos muito pesados para decolar. Mas mesmo assim ajustou o peso do avião colocando o Phil, que era o mais pesado, na frente e o restante da equipe encostado nos bancos da frente para equilibrar o peso da aeronave. A Mari não disfarçava seu medo da ponte aérea, mas no final deu tudo certo!

Seguimos para o último trecho da prova! Os mapas foram ajustados e agora teríamos 200 quilômetros de *mountain biking* até a chegada. Já era final de tarde do sexto dia de prova e entraríamos na sétima noite! No meio do percurso havia diversos rios cruzando a estrada e passávamos pedalando. Em um trecho, Phil estava pedalando na frente, já que estava navegando, e, de repente, um jacaré gigantesco camuflado no capim bateu no pneu da bicicleta e virou para pegar a roda. Que susto! Quase foi comido!

> Em um trecho, Phil estava pedalando na frente, já que estava navegando, e, de repente, um jacaré gigantesco camuflado no capim bateu no pneu da bicicleta e virou para pegar a roda. Que susto! Quase foi comido!

Seguimos no percurso com uma navegação tranquila que nos levou até um rio onde estava o *ferry boat* que nos atravessaria para o outro lado. Eram 5 da manhã e teríamos de esperar amanhecer para iniciar o nosso transporte. Muitas equipes estavam paradas nesse ponto e acabou que pedalamos a noite toda por nada, pois tanto as equipes que estavam quanto as que estavam na frente se encontraram junto ao rio. Muitas paradas, problemas mal solucionados, transporte aéreo com o objetivo de avançar as equipes em razão de uma falha da organização quanto aos trechos e à velocidade dos percursos, entre outras adversidades. A prova já estava sem sentido. Cruzamos o rio, formamos um grande pelotão com as outras equipes e direcionamos para a chegada. Fizemos todo esse trecho com a equipe Ekos, que tinha como integrantes o Djalma, a Ana Elisa, o Carcaça e o Edu. Tivemos a diversão de finalizar a prova ao lado deles. Foi incrível!

Como eu já havia previsto, a organização teve de cortar muitos quilômetros de percurso para que as equipes terminassem no tempo previsto de sete dias.

Foi uma experiência muito selvagem e dura que tive a oportunidade de participar. Nossa equipe enfrentou muitos desafios durante esses dias. Já presenciei atletas que desistiram de provas por problemas bem mais simples do que o Phil passou na Serra do Amolar. Em momento algum ele, a Mari e o André cogitaram em desistir. São lições que a corrida de aventura proporciona para a evolução do homem. Eu saí satisfeito de ter conhecido o Pantanal selvagem e de ter a oportunidade de correr com pessoas tão espetaculares como o André, o Philipe e a Mariana.

Terra de Gigantes/Selvaaaaa!

*Caco, além de um grande atleta, tem a capacidade de liderar em circunstâncias adversas. Seu controle emocional faz com que toda a equipe consiga manter sua meta e usar todo o potencial nas situações mais difíceis. Tive o grande prazer de compartilhar algumas duras expedições com ele e posso dizer que suas características mais marcantes são o cuidado e a atenção com o bem-estar de todos a sua volta.*

**Mariana Bordallo**
ATLETA EQUIPE TERRA DE GIGANTES/SELVA EM DIVERSAS PROVAS, SENDO AS PRINCIPAIS: CAMPEÃ FINAL LATINO-AMERICANO 2016, PANTANAL PRO FINAL MUNDIAL 2015, XPD AUSTRÁLIA 2016.

Kailash
Kailash
WORLD CHAMPIONSHIP
2016
Track MeLive
XPD
43
as much an expedition as a race
Kailash
43
much an expedition

# Capítulo 12

# XPD Australia 2016

## SHOALHAVEN - NSW

**Integrantes da prova: Caco Fonseca, Fábio Rocha (Carcaça), Mariana Bordallo e Philipe Campello**

## PROVA DOS SONHOS: NUNCA SENTI TANTO SONO!

Já tínhamos definido a equipe logo no começo do ano e seria o Philipe, a Mariana, o Rafael Melges e eu para fazer a edição do ARWC XPD Austrália 2016. Como não possuíamos todos os recursos para fazer esta prova, minha primeira missão era conseguir viabilizar a inscrição de 6.500 dólares! O Philipe é o organizador de uma das melhores provas de corrida de aventura do Brasil, a chamada Terra de Gigantes, e colocaria todo o lucro da prova para custear nossa inscrição. Conseguimos uma boa parte!

O XPD Austrália é uma prova muito aguardada pelas equipes do mundo todo. Além de acontecer em lugares de paisagens incríveis dentro da Austrália, é uma das provas como exemplo de organização e logística do circuito mundial de corridas de aventura. Assim, as inscrições encerraram 15 minutos depois de abrir. Cem equipes já estavam dentro da prova! Não tínhamos nos atentado para isso, mas por sorte já havíamos conversado com o Craig Bycroft, organizador e dono do circuito mundial de corrida de aventura, sobre o nosso interesse em fazê-la, por isso nossa vaga estava reservada.

Com nossa inscrição garantida, tínhamos de viabilizar outras questões. O Phil tinha um contato com uma companhia aérea que patrocinaria nossas passagens para Sidney. Mas ainda faltava correr atrás de materiais, equipamentos e alimentação.

Traçamos um planejamento de preparação física e um calendário de provas para fazermos como testes. Fizemos a final e fomos campeões da Copa América de Corrida de Aventura, na cidade de Costa Rica (MS), com a seguinte formação: Phil, Mari, Fabio (Carcaça) e eu, e aproveitamos para engordar nosso cofrinho do mundial com o dinheiro da premiação. Na Brasília Outdoor, com Mari, Danilo Lima, José Antônio (Choiu), meus alunos da assessoria, e eu, pois o Phil e o Rafa não puderam ir por motivos profissionais, garantimos a 2ª posição. Duas semanas depois, embarcamos para Portugal, agora com a equipe completa, para fazer a Norcha na região norte do país.

Três semanas antes do nosso embarque para o outro lado do mundo, o Rafa teve um problema no trabalho e não pôde mais ir. Assim, tivemos de correr atrás do quarto elemento para substituí-lo! Precisávamos de um atleta que estivesse disposto a correr uma prova de 600 quilômetros, em um fuso de 12 horas à frente e com disponibilidade de pelo menos 20 dias para ficar em terras australianas. Nossa primeira opção foi o Fábio Rocha, vulgo Carcaça! Além de ser um atleta muito forte e estar sempre ajudando, é bem-humorado, e ele já havia feito diversas provas comigo e teve uma recente experiência com o restante do grupo na Copa América. Tínhamos certeza de que daria conta do recado!

Liguei para ele e fui direto ao ponto: "Carcaça, você tem uma missão! Vamos para a final do campeonato mundial. Sem cerimônias!" Ele riu e disse: "Bora!"

A ida dele conosco para a Austrália não seria tão simples! Ele já havia assumido o compromisso de fazer uma prova longa de *mountain biking* na Bahia, por isso, sairia em férias nesse período, seu passaporte estava vencido e não tinha visto para a Austrália nem mesmo a vacina de febre amarela, exigida pelo governo de lá para poder ingressar no país. E foi isso o que aconteceu: o passaporte foi renovado com urgência, o visto saiu em um tempo recorde, a vacina foi tomada com o prazo certo de 10 dias antes e o chefe dele Marco Antônio, ex-aluno da Selva, o liberou para integrar a equipe!

Antes da nossa viagem, ele então participou do Brasil Ride, com Fabio Mesquita, também aluno da Selva, e completaram a prova com sucesso e, o mais importante, sem quedas para não se machucar.

# A FESTA

Alguns dias antes da viagem, o Danilo Lima e a Katia Tedesch, alunos da Assessoria Selva\Run Fun, organizaram um jantar para arrecadação de fundos com um bazar de equipamentos usados da Selva e de doações do Fernando Muramoto, meu aluno da Selva, entre muitas outras doações. Tivemos a presença da banda de outro aluno, Fabio Miyasato, e apresentei um vídeo do mundial da França, editado por um amigo Fernando Bortoleto. Ver alunos e amigos empenhados em viabilizar nossa participação no mundial foi uma motivação enorme e a constatação de que somos formados por uma grande equipe e não apenas pelos quatro que participariam da prova. Essa verba viabilizou a compra dos barcos portáteis, chamado *pack rafting*, porque contávamos que conseguiríamos emprestado no Brasil, mas a pessoa não emprestou e tivemos de comprar nos Estados Unidos e isso não estava no nosso planejamento. A alimentação e a suplementação da prova foram pensadas para serem compradas na Austrália.

> Ver alunos e amigos empenhados em viabilizar nossa participação no mundial foi uma motivação enorme e a constatação de que somos formados por uma grande equipe e não apenas pelos quatro que participariam da prova.

A Austrália é um país rigoroso com a entrada de qualquer tipo de alimentação, mesmo industrializada, e não poderíamos correr o risco de perder nada na alfândega, pois aumentava o custo da prova. Para resolver isso, o Phil e a Mari chegaram três dias antes do *transfer* da organização de Sidney para a cidade-sede da prova. Dia 5 de novembro, o Carcaça e eu saímos do Brasil para a longa viagem e chegamos dia 7 em Sidney. Encontramos a equipe e seguimos para Ulladulla, 2 horas para o sul de Sidney. Tivemos um contratempo na alfândega com o líquido dos pneus da *bike*, os agentes acharam estranho ter um líquido dentro da roda, expliquei que era para vedar um possível furo, mesmo assim fizeram o teste de drogas e um agente até experimentou a cola. Não deveria ser gostoso! Depois de uma hora de muita tranquilidade e bom humor de minha parte, eles liberaram. Uma questão que aprendi com o Marcio Campos, ex-atleta da Selva, hoje monge, não adianta ficar nervoso, um sorriso sempre resolve, e resolveu!

Chegamos à cidade-sede e fomos para a casa que alugamos a 3 quilômetros da base da prova. Lugar bonito, próximo do mar e perfeito para nossa preparação pré-prova. Na casa, conseguirmos cozinhar para ter uma alimentação melhor antes da prova. Os três dias antes da largada são intensos, pois temos de preparar toda a logística e cumprir todos os compromissos agendados pela organização. Compramos o restante da alimentação da prova e a que comeríamos nos dias pré-prova. Com tudo comprado, começamos a organizar os *kits* de comida, com base na estimativa de tempo de cada trecho da prova. Depois de tudo organizado, só faltariam os alimentos mais perecíveis, que prepararíamos próximo da largada e lacraríamos com uma seladora a vácuo. Finalizado isso, partimos para os testes.

A organização fornecia dois barcos diferentes: um barco *sit-on-top*, que possibilita até três remadores, e outro barco de fibra para duas pessoas *sit-on-top*, que atingia uma velocidade maior. Fizemos todas as formações possíveis para realizar a melhor *performance*. Decidimos iniciar a canoagem, a Mari e eu no barco mais rápido para ajudar o outro barco grande.

A água do mar estava gelada, mas tivemos de fazer um teste de natação, todos deveriam conseguir se salvar. Finalizado isso, seguimos para a checagem dos equipamentos obrigatórios e para os testes teóricos do regulamento da prova: navegação, primeiros socorros e, por último, o localizador via satélite para a organização acompanhar a equipe durante a prova. Depois de algumas horas, passamos por essa etapa e ganhamos nossas caixas de abastecimento, as caixas A, B, C e D. Essas caixas eram um quebra-cabeça, pois as encontraríamos durante a prova e elas deviam estar abastecidas com a alimentação e os materiais do próximo trecho, não poderíamos errar. A Mari chefiou com dedicação a questão da alimentação e o Phil dos materiais e das vestimentas, onde deveria estar cada item.

## DIA "D", QUE NÃO QUEREMOS QUE CHEGUE, MAS SEMPRE CHEGA

No dia 10, entregamos cedo todas as caixas de *bike*, as caixas da nossa logística e a sacola dos equipamentos para o trecho *pack rafting*, só permaneceu com a equipe o saco com os materiais obrigatórios para a canoagem, que seria a largada. Finalizamos essa primeira parte e entramos em um confinamento para receber e preparar os mapas da prova, proibidos de usar a internet, e dar aquela olhadinha no Google Earth. Teríamos exatamente 2 horas para preparar os mapas com 532 quilômetros de prova. E em 10 horas teríamos de parar a preparação e embarcar nos ônibus em um *transfer* de uma hora até o local da largada. Na praia da largada, alinhamos os barcos diante da bandeira do Brasil e fomos ao Pórtico para uma largada "Le mans", ou seja, correríamos 300 metros e entraríamos no barco para começar a prova.

## LARGOU, UFA!

Exatamente no horário programado, às 12 horas e 30 minutos, largamos para os 35 quilômetros de canoagem. Daríamos uma grande volta e retornaríamos para esse mesmo ponto. Baía maravilhosa, porém, segundo um grande amigo meu do Exército, Ricardo Souza, repleta de tubarão branco. Nossa probabilidade de ser comido era 0,5%, seria muito azar! Mas a organização tem consciência do risco e amenizou com um grande número de lanchas na escolta.

A nossa estratégia do meu barco rebocar o outro não deu certo, ele era muito baixo e próximo da superfície, por isso entrava muita água com as marolas e não tinha como escoá-la enquanto remávamos. Seguimos assim até o final do trecho, colocando mais força para acompanhar o outro barco, mas estamos ali para suportar as dificuldades na melhor forma possível. Nesse trecho havia um total de seis prismas (PCs) virtuais com picotador, tínhamos de clipar um cartão de resposta que indicava nossa passagem no ponto. Finalizamos esse trecho no tempo que havíamos previsto, deixamos os barcos e saímos para uma corrida de 14 quilômetros, beirando o mar pela costeira, em ritmo bom e conservador pensando em tudo que viria pela frente. Logo terminamos esse trecho e voltamos para mais canoagem em uma lagoa (sem tubarões, ufa!) com 13 quilômetros. Mudamos a estratégia, fui para a frente do barco grande para dar o ritmo, o Carcaça no meio, o Phil no leme e rebocamos o outro barco com a Mari; nossa velocidade aumentou. Na lagoa, ventava contra (claro, nunca remei a favor do vento) e formava muitas ondas, foi uma delícia receber ondas geladas no corpo e no rosto durante 2 horas, mas nessas horas prefiro me expor à dificuldade do que deixar que outro da equipe se exponha. Em razão da facilidade da navegação, o ritmo das equipes estava muito forte. Finalizamos a canoagem e fizemos a transição já na primeira noite para um trecho de *mountain biking* de 95 quilômetros, com um início tranquilo de desnível, conseguimos empregar um bom ritmo; após 30 quilômetros, iniciamos nas montanhas. Cumprimos com o planejado de não dormir na primeira noite. No final desse trecho de *mountain biking*, quando já havia amanhecido, um pouco cansados e distraídos, cometemos dois erros de navegação, simplesmente por falta de comunicação, pois, teoricamente, os dois estavam prestando atenção no mapa, mas no final descobrimos que ninguém estava. Um exemplo parecido em um jogo de vôlei quando o adversário corta a bola que bate entre os dois jogadores e ninguém vai defendê-la, pois um achava que o outro iria. Foi a mesma situação, achei que ele estava navegando. Errar na descida é triste, porque tem de voltar depois! É um desgaste desnecessário, ainda mais errar em um lugar de fácil navegação, mas estamos sujeitos a isso, continuamos e finalizamos esse primeiro trecho de *mountain biking*.

Fizemos uma transição rápida para o *trekking* de 38 quilômetros. Nesse trecho, passamos por diversas praias desertas e com visuais lindos. Tive um surto de sono no meio da tarde, pois estava sofrendo ainda com o fuso horário e no Brasil era noite, segurei na mochila do Carcaça para continuar avançando na prova, sem precisar parar para dormir. Corremos boa parte do trecho e chegamos à transição no final da tarde e com plano de dormir lá mesmo antes de iniciar a canoagem de 37 quilômetros, mas logo percebemos uma inversão da maré, começaria a vazar, ou seja, teríamos de remar contra! Mais força! (Isso é claramente visto em uma tabela de maré ou na posição dos barcos ancorados). Não hesitamos! Vamos avançar logo para dentro do rio que a influência da maré é menor. Mudamos a estratégia, teríamos um PC virtual no meio do percurso a 18 quilômetros. Depois de algumas horas, chegamos nesse ponto, eu subi uma escada para encontrar o prisma para clipar o cartão de resposta, fazia muito frio e estava molhado da canoagem, não conseguiríamos dormir. Conversei com o Phil e decidimos beber um energético com cafeína e continuar até o final do trecho para descansar. Depois de um tempo, o Phil começou a sentir um sono incontrolável e era fácil perceber, pois ele era o leme e estava direcionando o barco para o lado errado. Mudamos a configuração, eu fui para o leme e o Phil para a frente, ali ele poderia cochilar, que não influenciava na direção do barco e, assim, conseguimos avançar e finalizar esse trecho. Chegamos às 4 horas da manhã da segunda noite na pior situação possível de sono e cansaço. Montamos um plano para a transição, nos

**Montamos um plano para a transição, nos arrumaríamos, montaríamos as *bikes* e depois dormiríamos por 1 hora e 20 minutos para sair quando amanhecer.**

arrumaríamos, montaríamos as *bikes* e depois dormiríamos por 1 hora e 20 minutos para sair quando amanhecer. O plano parecia perfeito, mas fizemos tudo isso sob uma chuva torrencial, em uma pequena barraca, e ainda dormimos na lama, que ótima recordação!

Ao amanhecer, saímos para os 58 quilômetros de *mountain biking* com muito desnível e *single track*. Descansados e motivados, fizemos praticamente direto, sem erros de navegação. A maioria dos PCs é escondida porque se deixar na estrada ou trilha a chance de alguém roubar o prisma é grande e isso atrapalha o andamento da prova. Chegamos nessa transição para o *trekking* mais difícil da prova. Entramos na tarde do terceiro dia e estávamos cansados. Sentia o meu sono tradicional da tarde. Desmontamos as *bikes*, colocamos nas caixas, a Mari preparou a comida desidratada, ajustamos tudo, comemos, pegamos água e saímos para o *trekking*, porque tínhamos de aproveitar ao máximo a luz do dia, pois a navegação é mais fácil pelo visual.

## TREKKING DOS SONHOS

Passamos por lugares incríveis, mas o sonho estava mais relacionado ao sono mesmo! Tínhamos 45 quilômetros com muita navegação e desnível. Saímos da transição e eu estava com muito sono, não entendia nada o que acontecia, apenas acompanhava a equipe. O Phil assumiu a navegação e seguimos na prova. Cometemos um erro em uma bifurcação, entramos à direita, descemos e não era, a entrada certa estava 500 metros para a frente. Voltamos e retomamos o caminho certo. O cansaço nos fez perder mais tempo, pois não encontramos uma trilha para subir a montanha, fomos por um caminho fora da trilha até encontrá-la mais para cima. Chegamos ao topo e eu assumi a navegação para o Phil descansar, seguimos em uma navegação complexa à noite, pois tínhamos de rastrear a trilha entre muitas rochas. Prosseguimos por uma hora e resolvemos parar para dormir por 30 minutos. Acordamos e seguimos com muito sono ainda. Eu estava cansado, andava por alguns instantes com olho fechado e perdia a trilha. Com isso, tivemos mais dois erros, a sorte é que conseguimos perceber rápido e consertá-los. Na madrugada, resolvemos parar por mais uma hora para dormir até amanhecer. Acordamos e seguimos no *trekking*, bem melhor com a luz do dia, e tivemos a oportunidade de ver o lugar bonito que estávamos entre os chapadões. Por algumas horas, conseguimos progredir bem. No final desse trecho, encontramos uma equipe e fomos juntos para manter a motivação e seguir em um ritmo forte. Finalizamos em 28 horas, 8 horas acima da nossa previsão. Na transição, montaríamos as *mountain bikes*. Naquele momento, havia uma pessoa vendendo sanduíche de churrasco. Que delícia! O melhor que já comi na vida! Nessa hora até jiló é gostoso!

## *BIKE* QUEBRADA

Tivemos um problema, a *bike* do Phil quebrou. A mola da roldana do câmbio de trás quebrou e não tínhamos outra para repor, com isso o câmbio não tinha tensão para esticar a corrente e, consequentemente, não dava para pedalar. Mesmo assim, saímos para um trecho fácil de 70 quilômetros com muita estrada de asfalto. A sorte é que temos o Carcaça na equipe com força para rebocar. Eu fui com a Mari para dar uma força, mesmo assim, não estávamos conseguindo avançar no ritmo que gostaríamos. Depois de 20 quilômetros, eu estava atrás do Phil, olhando o câmbio e tive uma ideia que poderia resolver. Peguei um enforca gato (tairapi) e travei o câmbio, era um princípio de um modelo de câmbio que travava para endurecer a corrente e evitar um problema que acontecia quando tinha lama. Travamos a mola e passou a funcionar uns 90% e conseguimos prosseguir melhor. Logo escureceu e entraríamos na quarta noite, terminamos o trecho e chegamos na região das cavernas.

## NOITE CRUEL

Chegamos ao trecho das cavernas, que era dentro de um parque nacional. Apenas deixamos as *bikes* no PC e recebemos todas as instruções. Estávamos na quarta noite, e quando vi que teriam muitas instruções complexas tomei dois energéticos e fui receber as instruções. O mapa das cavernas era praticamente desenhado à mão, onde tínhamos de encontrar cinco cavernas das seis opções que haviam passado para nossa equipe. Achar um buraco no meio do mato com um mapa sem localização pelo norte e saber se a caverna era a certa foi um grande desafio e havia um atenuante: a noite.

As cavernas tinham classificações: fácil, moderada, desafio e muito desafio, e mais, cada integrante recebia uma pulseira lacrada no punho para ser clipada no picotador dentro da caverna. O *staff* recomendou e enfatizou a cada integrante que levasse duas lanternas. Tínhamos no mínimo 5 horas para realizar essa etapa ou qualquer tempo que levasse, mas cada caverna não encontrada penalizaria com 4 horas no resultado final. A primeira caverna foi difícil de encontrar a entrada, pois tínhamos de nos acostumar com a leitura do mapa. Nessa primeira caverna, pelo mapa tínhamos de descer bastante. Fomos descendo de um salão para o outro, ora por escadas ora por pedras escorregadias, depois de vários patamares, acabaram as escadas e estávamos uns 100 metros da superfície. Começamos a procurar o picotador e nada, havia vários outros salões naquele patamar, que acessávamos no rastejo, e nada de achar. A Mari ficou próxima da escada no salão principal para servir como referência e o Phil, o Carcaça e eu nos dividimos para procurar. Quando aconteceu um episódio desesperador comigo: na procura do picotador, passei no rastejo para outro salão, e nada do picotador, achei outro buraco e rastejei mais dez metros e achei outro salão, e assim por diante, quando estava no quinto salão depois da referência a Mari, e nada, achei mais um buraco e resolvi chegar apenas em mais um salão e depois retornar, pois estava muito longe da equipe. O último buraco era bem estreito, fiz uma curva para a direita e ainda continuava e seguir, quando de repente apagou a lanterna de cabeça! Lembrei que a lanterna reserva estava no bolso da mochila que estava na entrada da caverna. Não enxergava um centímetro na minha frente. Comecei rastejar de ré para voltar para o último salão, pois não tinha como virar o corpo de tão apertado, quando bati meus pés na parede atrás, deveria ser alguma curva que fiz. Nossa, que situação horrível! Estou preso! Pensei e não achava uma solução, gritei para eles, mas não ouviam, pois eu estava muito longe. Lembrei que na noite anterior havia trocado as pilhas da lanterna e no pacote vinha quatro pilhas e para o meu *head lamp* são três e tinha colocado a quarta pilha no bolso da calça. Fiz uma manobra para descer o braço e consegui pegar a pilha no bolso, pois era muito apertado, consegui e voltei a mão para frente da cabeça e tive de ter muita calma para trocar a pilha no escuro. Deu certo, só que a lanterna ficava acesa por 5 segundos e apagava. Cheguei ao salão de ré, e comecei a voltar rápido de salão para salão, pois não sabia qual era a duração da pilha, e fui chamando pelo Phil até ele me escutar e vir na minha direção. Ufa, voltei! Aprendi na prática o motivo de levar duas lanternas! O Phil encontrou o picotador, estava em um buraco que não tinha saída, só que tinha um detalhe: tinha de entrar rastejando de costas, pois estava em outro buraco na parte de cima. Todos entraram lá para clipar suas pulseiras e fomos para a próxima caverna. Saí com aquele pensamento, se essa caverna era moderada, não quero nem imaginar a classificada como "desafio". Fomos para a próxima caverna que era a fácil, realmente era fácil, o picotador estava a apenas 20 metros da entrada. A terceira caverna era classificada como "grande desafio", pois era muito estreita, tanto na entrada quanto no deslocamento dentro, deixamos as mochilas na entrada, pois não caberiam duas equipes na caverna. A entrada começava em uma posição em pé em um buraco e o primeiro rastejo tinha de ser com a perna para a frente, muito colado no chão, tinha lugares que o ombro não passava direito, se alguma pessoa tivesse 1% de claustrofobia, morreria naquela situação. Depois do primeiro rastejo, havia um salão que mal cabia os quatro; no segundo rastejo, viramos e fomos de frente, mas havia uma curva no meio para a esquerda de 90 graus, muito apertada; saímos em outro salão maior e o último rastejo era de frente e para baixo em uma posição não muito agradável! Achamos o picotador e retornamos, o Phil voltou primeiro, eu entrei logo atrás dele e pedi para o Carcaça ir por último por causa da Mari. E, inacreditavelmente, voltamos para o salão anterior, havia vários buracos e não achávamos a saída, entramos em todos os buracos e não tinha saída. A Mari chegou ao salão e não queríamos transparecer que perdemos a saída, e era noite, não tínhamos luz no fim do túnel (agora entendi essa expressão). Ela ficou com um leve desespero, mas logo me lembrei do túnel com uma curva a 90 graus para a direita e encontrei o buraco que aparentemente não parecia ter saída por causa da curva. Tudo era uma situação atípica para a equipe, que depois se tornou engraçado. Quarta caverna, classificada como "fácil", mas foi difícil achá-la à noite, pois estava confusa a marcação dela no mapa. Achamos ao amanhecer e seguimos para a quinta e última caverna, também classificada como "desafio" e foi a mesma situação da outra caverna apertada, um pouco mais tranquila, mas havia alguns lugares apertados e a entrada era um pouco perigosa, pois tínhamos de descer em uma escada até chegar ao primeiro salão, achamos o picotador rápido e retornamos ao PC com sete horas de atividade nas cavernas.

No PC, pedimos para a Mari ir descansar para se recuperar. Desmontamos as *bikes* para colocar nas caixas e começamos a preparar tudo para o próximo trecho, que seria um *trekking* até chegarmos ao rio e ali começar o *pack rafting*. Fizemos comida desidratada, arrumamos as mochilas, deixamos tudo preparado para só então chamar a Mari. O Phil me pediu para conversar com a Mari, pois estava enjoada. Fui falar com ela e a convenci a continuar, pois logo entraríamos na canoagem e ficaria fácil para ela se recuperar. Saímos para um *trekking* curto, mas com muito desnível. No caminho, aconteceu uma situação com decisão complicada. Estávamos em um topo de uma montanha e havia um PC virtual na parte baixa, com uns 400 metros de altitude, e teríamos de descer e voltar pelo mesmo caminho. A primeira decisão foi eu descer sozinho e poupar a Mari e o restante da equipe, comecei a descer correndo, apenas com o cartão de resposta e uma garrafa de água, e pensei que talvez infringiríamos a regra de separação da equipe por mais de 100 metros. Voltei e dei a notícia que todos deveríamos descer, infelizmente, mas era o correto a fazer. Descemos, subimos de volta e seguimos para o rio, nesse momento o sono voltou avassalador, e com alucinações, e tive uma situação interessante. Estava à frente do Phil e da Mari e, de repente, parei, agachei e comecei a passar a mão em uma rocha. A Mari perguntou o que eu estava fazendo, respondi: "Olha, que cachorrinho bonitinho!". Com a privação de sono, acontecem alucinações.

Chegamos ao rio e iniciamos a descida de 44 quilômetros pelas corredeiras nível I e II, tínhamos de acelerar, pois teríamos apenas 4 horas de remada, às 8 horas da noite, e não poderíamos prosseguir dentro do rio porque sinalizaria o *dark zone* (termo utilizado para que a equipe pare por questão de segurança), mas, nesse caso, poderíamos prosseguir à noite por terra. Às 8 horas, encostamos com muita chuva, tomamos a decisão de parar e dormir, acordar no dia seguinte e continuar a prova. Abortamos o *trekking* beirando o rio porque a Mari ainda não estava recuperada. Montamos acampamento, comemos e dormimos os quatro apertados em uma barraca com capacidade para duas pessoas.

## AS ÚLTIMAS 27 HORAS DE PROVA

Acordamos às 5 horas da manhã, arrumamos todos os equipamentos, calibramos os barcos e, às 6 horas da manhã, hora permitida, continuamos no *rafting*. Como havíamos previsto, uma hora depois passamos no PC que era o limite do *dark zone*, desse ponto para a frente poderíamos ter remado à noite, mas paciência, seguimos a regra e não remamos à noite, mas também seria muito difícil caminhar nas encostas do rio. Terminamos o *rafting* bem rápido, a correnteza e as corredeiras ajudaram.

Na transição, encontramos nossa caixa de reabastecimento, havia comida enlatada, comemos e prosseguimos com mais canoagem, só que agora com os barcos rígidos, por mais 56 quilômetros. Mantivemos a mesma formação nos barcos, três em um barco e o outro rebocado com a Mari. E seguimos em um ritmo forte rio abaixo. Todos bem depois de uma noite de sono, terminamos às 7 horas da noite, remamos praticamente 13 horas. Fizemos uma transição rápida para o último trecho de *mountain biking* de 99 quilômetros com grande desnível no começo. Como a Mari estava 100% recuperada, empregamos um ritmo bom, pedalamos a noite inteira e completamos ao amanhecer. Fizemos a transição rápida para aproveitar a motivação de terminar logo a prova. Saímos para o último *trekking* de 18 quilômetros. O horário era perfeito, pois cruzamos vários rios a nado e à noite, com a água gelada e a temperatura mais baixa, passaríamos frio. No último rio que cruzamos, a maré estava cheia e tivemos de nadar em uma correnteza muito forte. O Phil entrou antes, pois havia um PC do outro lado e ele adiantaria a passagem. A Mari foi na sequência e foi arrastada pela correnteza e gritou para o Phil ajudar. Achei melhor eu ficar perto do Carcaça, pois ele é 3 NNN (termo militar, Não Nada Nada), fomos juntos e orientei para ter calma e nadar a favor da correnteza com progressão para a frente, que sairíamos no banco de areia. Eu dei umas empurradas e saímos do outro lado.

Seguimos para os últimos PCs e logo chegamos na cidade de Ulladulla. Picotamos o último PC e seguimos para a chegada na base da prova. Finalizamos na 35ª posição, fomos a terceira equipe latino-americana a completar a prova. Foi uma competição interessante! Tivemos muitos problemas, mas conseguimos superá-los para cumprir o objetivo que era finalizar 100% da prova sem penalizações.

A chegada se tornou uma grande reflexão de dez meses de preparação logística, treinamentos, provas, muitos dias cansado de trabalhar 14 horas e depois ter de cumprir um treino focado na prova, a ausência com a família e todas as etapas para conseguir o recurso para cruzar a linha de chegada, e foi uma satisfação muito grande para a equipe. A irmã e o cunhado da Mari e o organizador da prova receberam a equipe com uma champanhe para comemorar os 5 dias e 22 horas de prova, com 12 horas de sono distribuídos nos dias.

Missão cumprida! Parabéns, time Terra de Gigante/Selvaaaa!!

*Correr com o Caco é sempre divertido. Ele é um excelente navegador, capitão e contador de histórias, e muito experiente em todas as modalidades da corrida de aventura! Graças a Selva, conheci os princípios da corrida de aventura, como espírito esportivo, companheirismo, cuidado com a natureza e trabalho em equipe. Obrigada, Caco, por me convidar para correr ao seu lado. Sempre é uma honra! Selvaaaa!*

**Fabio "Carcaça" Monteiro**
ATLETA EQUIPE TERRA DE GIGANTES/SELVA EM DIVERSAS PROVAS, SENDO AS PRINCIPAIS: CAMPEÃO SOL A SOL URUGUAI 2014, CAMPEÃO FINAL LATINO-AMERICANO 2016, XPD AUSTRÁLIA 2016.

# Costa Rica Adventure Race 2012

↑ Preparação para a largada na cidade de Punta Arenas - Costa Rica.
← Equipe esquerda para direita: Diogo, Mariza, Rafa e Caco.
↗ Trecho de MTB na cidade de Monte Verde - Costa Rica.
↓ Canyoning no trecho do Vulcão Arenal.

# Raid in France 2012

↑ Trecho de canoagem na região de Provence.
↗ Preparação do mapa após a largada.
↓ Canyoning próximo dos Alpes.

# Pantanal Pro 2015

CORRIDA DE AVENTURA · A ALEGRIA DE NOSSO BISAVÔ

205

↑ Travessia de rio no trecho de MTB.
→ Largada de canoagem no Rio Paraguai.

# XPD Australia 2016

→ Trecho de canoagem.
↓ Trecho de *trekking* com todos os equipamentos para iniciar a canoagem com os *packs rafting*.

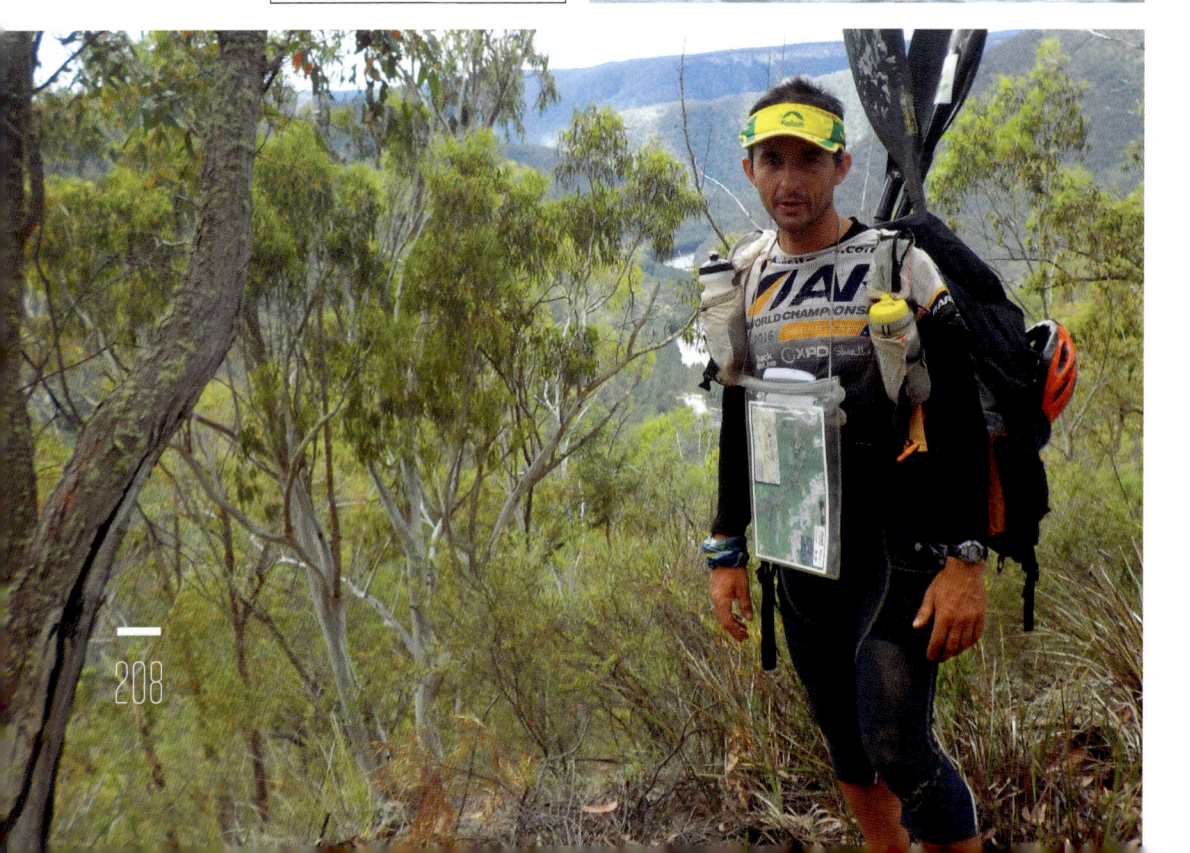

# Glossário

**ascensão negativa:** quando a técnica vertical não tem o apoio de parede, é um vão livre.

**atividade *outdoor*:** atividade feita na natureza.

**azimute:** direção na bússola que mostra o ângulo entre o norte magnético e a direção a ser seguida.

**bivaque:** acampamento sem estrutura de barraca ao relento.

**caramanhola:** *squeeze* para hidratação.

***cockpit*:** local do caiaque onde encontra o banco para sentar e tem um fechamento de uma saia para não entrar água.

**escalaminhada:** escalado de montanha sem corda e sem risco de queda.

***fleece*:** roupa técnica com tecido especial para suportar baixas temperaturas.

**grampons:** equipamento de alta montanha que prende no tênis ou bota para caminhar sem escorregar.

**greta:** buraco ou fenda na montanha escondido no meio da neve.

**jumar:** equipamento de técnicas verticais para subir em corda fixa.

***light stick*:** bastão luminoso.

**mar flat:** mar calmo, tranquilo, sem onda.

**perna:** trecho de uma modalidade da prova.

**piqueta:** equipamento de *trekking* de alta montanha nevada.

**plotar:** marcar os postos de controle (PC) no mapa topográfico da prova.

**polia:** equipamento de técnicas verticais tipo rondana para deslocamento em corda.

**portagem:** na modalidade de canoagem, local perigoso de um rio que passamos por terra para desviar do perigo.

**QG (quartel general):** local base da organização do evento.

***race book*:** o caderno com todas as explicações da prova.

**rapelar:** técnica vertical para descida por corda.

**saco bivaque:** saco para salvamento em locais de baixa temperatura.

**saco estanque:** saco impermeável para guardar equipamentos e roupas para não molhar.

***shunt*:** um equipamento de técnicas verticais para frear a descida de um rapel.

***tairapi*:** lacre plástico.

***trekking*:** modalidade conhecida nos esportes de aventura como caminhada em locais com desnível e irregulares.

***underwarm*:** roupa térmica com tecido especial para suportar baixas temperaturas, chamada de segunda pele.

**vara-mato:** trecho do percurso sem trilha definida.

***via ferrata*:** modalidade dentro das técnicas verticais, que utiliza cadeirinha e com duas fitas solteiras com mosquetões em suas pontas para prender em uma corda fixada em um penhasco para usar como segurança para se deslocar.

# Histórico de competições

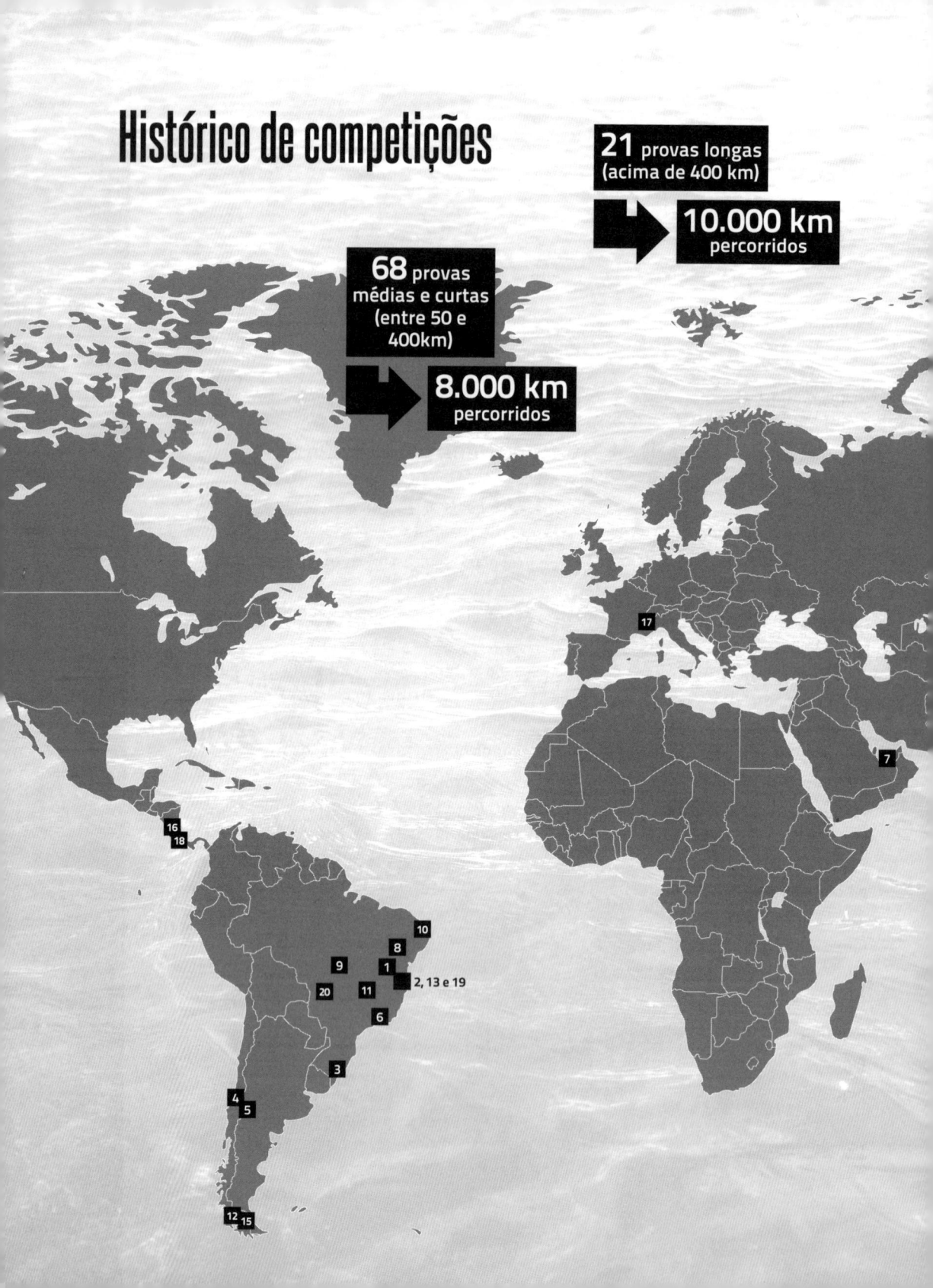

**21** provas longas (acima de 400 km)
➡ **10.000 km** percorridos

**68** provas médias e curtas (entre 50 e 400km)
➡ **8.000 km** percorridos

| # | Evento | Local | Integrantes |
|---|---|---|---|
| 1 | **Ecomotion Pro 2003 (Capítulo 1)** | Chapada Diamantina – Bahia, Brasil | Aurora, Caco Fonseca, Marcio Campos e Ricardo Conceição |
| 2 | **Ecomotion Pro 2004** | Costa do Dendê, Bahia (Brasil) | Caco Fonseca, Carolina Hess, Marcio Campos e Ricardo Conceição |
| 3 | **Ecomotion Pro 2005 – Etapa Mundial** | Serras Gaúchas, Rio Grande do Sul (Brasil) | Alexandre Hadade, Caco Fonseca, Carolina Hess e Marcio Campos |
| 4 | **Desafio dos Vulcões 2006 (Capítulo 2)** | Chile – Argentina | Caco Fonseca, Marcio Campos, Ricardo Conceição e Rose Hoeppner |
| 5 | **Desafio dos Vulcões 2007 (Capítulo 3)** | Argentina – Chile | Caco Fonseca, Erasmo Cardoso (Chiquito), Mario Campos e Rose Hoeppner |
| 6 | **Ecomotion Pro 2007 – Etapa Mundial** | Rio de Janeiro (Brasil) | Caco Fonseca, Erasmo Cardoso (Chiquito), Marcio Campos e Rose Hoeppner |
| 7 | **Abu Dhabi Adventure Challenger 2007 (Capítulo 4)** | Emirados Árabes | Caco Fonseca, Erasmo Cardoso (Chiquito), Marcio Campos e Ursula Pereira |
| 8 | **Brasil Wild Extreme 2008 (Capítulo 5)** | Bahia, Pernambuco, Minas Gerais, Alagoas (Brasil) | Caco Fonseca, João Bellini, Marcio Campos e Rose Hoeppner |
| 9 | **Brasil Wild Extreme 2009** | Jalapão, Tocantins (Brasil) | Caco Fonseca, João Bellini, Marcelo Sinoca e Sabrina Gobbo |
| 10 | **Ecomotion Pro 2008 – Final mundial** | Maranhão, Piauí, Ceará (Brasil) | Caco Fonseca, João Bellini, Marcio Campos e Rose Hoeppner |
| 11 | **Ecomotion Pro 2009 (Capítulo 6)** | Diamantina – Minas Gerais (Brasil) | Caco Fonseca, João Bellini, Marcelo Sinoca e Soledad Cristiano |
| 12 | **Patagonia Expedition Race 2011 (Capítulo 7)** | Punta Arenas (Chile) | Caco Fonseca, Marcelo Sinoca, Ricardo Conceição e Rose Hoeppner |
| 13 | **Ecomotion Pro 2011** | Costa do descobrimento, Bahia (Brasil) | Caco Fonseca, Marcelo Sinoca, Pavel e Rose Hoeppner |
| 14 | **XPD Australia 2011 – Final Mundial** | Tasmânia (Austrália) | Caco Fonseca, Barbara Bonfin, Diogo Malagon e Rafael Melges |
| 15 | **Patagonia Expedition Race 2012 (Capítulo 8)** | Punta Arenas (Chile) | Caco Fonseca, João Bellini, Marcelo Sinoca e Mariza Helena Souza |
| 16 | **Costa Rica Adventure 2012 – Etapa Mundial (Capítulo 9)** | Costa Rica | Caco Fonseca, Diogo Malagon, Mariza Helena Souza e Rafael Melges |
| 17 | **Raid in France 2012 – Final mundial (Capítulo 10)** | Alpes-Côte D'Azur | Caco Fonseca, Diogo Malagon, Mariza Helena Souza e Rafael Melges |
| 18 | **Costa Rica Adventure 2013 – Final Mundial** | Costa Rica | Caco Fonseca, Frederico Gall, Jennifer Moos e Rafael Melges |
| 19 | **Ecomotion Pro** | Itacaré, Comandatuba, Bahia (Brasil) | Ana Elisa Siqueira, Caco Fonseca, Djalma Siqueira e Eduardo Salum |
| 20 | **Pantanal Pro 2015 – Final mundial (Capítulo 11)** | Mato Grosso do Sul (Brasil) | Andre Medeiros, Caco Fonseca, Mariana Bordallo e Philipe Campello |
| 21 | **XPD Australia 2016 – Final do Campeonato mundial (Capítulo 12)** | Shoareven (Austrália) | Caco Fonseca, Fabio Monteiro (Carcaça), Philipe Campello e Mariana Bordallo |

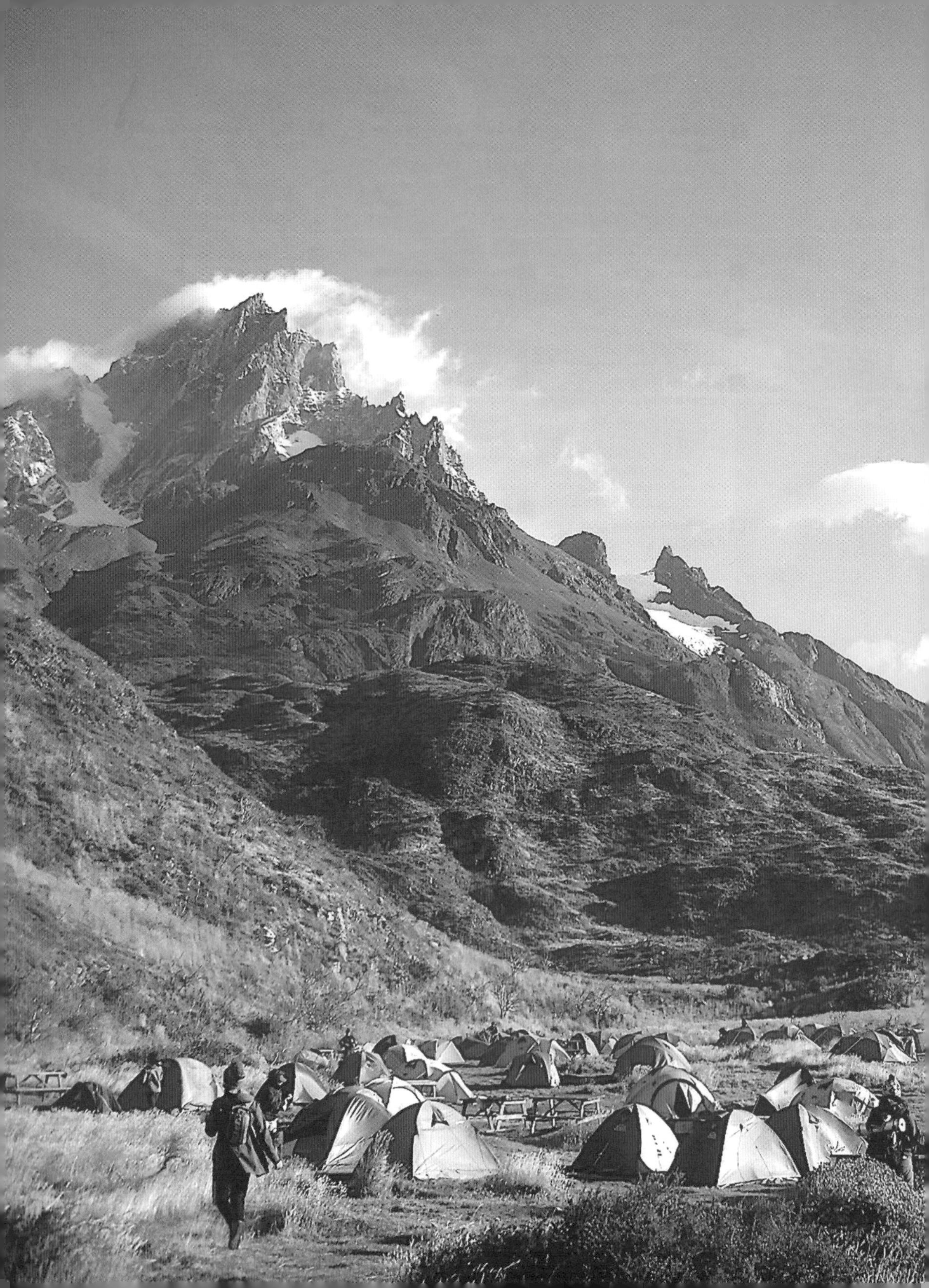

# Agradecimentos

Admar Concon Neto, Adriana Dalman Boccia, Alessandra Baronni Garrido, Alexandre Boneto, Alexandre Dalman Boccia, Alexandre Hadade, Alexandre Rossi, Alexandre Ventura de Medeiros, Alfredo Abe, Alisson Durello, Álvaro Leopoldo e Silva Filho, Ana Elisa de Siqueira, Ana Paula Miyazaki, Ana Paula Neves Bordallo, Andre Gouveia de Medeiros Medeiros, André Lemmi, Andre Petroff, André Pinheiro, Andre Stefanini, Andre Tolosa, Antonio Calmon, Antonio Carlos Zorzi, Antonio de Luiggi Barbanti, Arnaldo Maciel, Augusto Macedo, Barbara Bomfim, Barbara R. Mohn, Camila Valery, Camila Vergueiro Catunda, Camilo Motta Pinto Alves, Hamã Batista de Oliveira (canoa bahia/karamuru canoes and accessories), Carlos Augusto Canova Filho, Carlos Eduardo Sene, Carlos Rodolfo Martins Luz, Carolina Tibiriçá, Celso Goldenberg, Christian Faricelli, Christian Guariglia, Christian Morinaga, Christina Pousada, Claudecir Ricardo Biazoli, Daniel Florenzano, Daniel Franquin, Daniel Hannun, Daniel Poli, Daniela Gorski, Danilo de Oliveira Lima, Denise Tibiriça Machado, Diogo Rehder, Diones Machado, Djalma de Siqueira Junior, Eduardo Becker, Eduardo Lage, Eduardo Sallum, Eduardo Siqueira, Eraldo Osele, Erico Jacomini, Fabio Henrique Oliveira do Bem, Fabio Mesquita, Fabio Miyasato, Fabio Monteiro, Fabio Tavares, Fernando Freitas, Fernando Muramoto, Filipe Aquino das Neves, Filipe Jeronimo, Geraldo Isoldi, Geraldo Souza Junior, Gilberto Tarantino, Giselli Souza, Guilherme Costa, Gustavo Nogueira, Hugo Moura Duarte, Ilana Wainer, Isabel Oliveira, Isadora Soares, Ivy Miranda, Jaqueline Sluiuzas, Jeferson Luis da Silva, Joana Gomes, João B. L. Figueiredo, João Marcos Ruzzante, João Roberto Vieira da Costa, Jonas Junckes, José A. Leca Pereira, José Antonio de Freitas, José Candido Affonseca Netto, José Elias Martins Neto, José Luiz Marins, José Roberto Prado Alfaia, José Wilton Ferreira da Silva, Juliano Cesar Abreu, Katia Tedeschi, Leandro Nigro Malavazi, Lilian Araujo, Luciane Rizzo Calabrese, Luigi Fiorito, Luis Felipe Praça, Luiz Fernando Silva Lottfi, Marcela Leme Torino, Marcelo Asakura, Marcelo Lage, Marcelo Sinoca Domingues Sinoca, Marcio Osako, Marcio Razera, Marco Antonio Rebotini, Marco Fabio Ulhoa Levy, Maria Ines Prazeres, Maria Manuella Roberto Rocco, Maria Marta J. P. Bréscia, Mariana Gorski, Mariana Neves Bordallo, Marília Clauzet Leite de Souza Mario Bazzali, Mario Sergio Andrade Silva, Mariza Helena Araújo Souza, Marlos Jose Almeida, Mauricio Cury Coti, Mauricio Hiroshi Muramoto, Miriam Epstejn, Murillo Bonaroti, Omar Louzada, Osmar Rossetto Bambini Filho, Otavio Previdi, Patrícia Andrade, Patrick Barzel, Paula Cristina de Barros Pereira, Paula Giantomaso, Pedro Lavinas, Pedro Vianna Martins, Rafael Lopes da Costa, Rafael Melges, Rafael Niro Torquato Alves, Rafael Saghy, Raony Bourscheidt Rossetti, Ricardo Conceição da Silva, Ricardo da Ponte, Ricardo Tanus Poletto, Rodrigo Epi Freitas Guimarães, Rodrigo Fujita, Rodrigo J. Arrais, Rodrigo Leme Alfaia, Rodrigo Vitale, Rodrigo Yamamoto Abe, Rosangela Brito, Ruy Korbivcher, Sandra Antonia Pena, Sandra Lopes, Sandra Simões, Sergio Bueno, Suzana Fontenelle, Talita Lazzuri, Tani Oreggia, Thomas Araujo, Thomas Cox, Tiago Candido Alves Martins, Valdemar "Taka" Abe, Valdemar Castro Jr, Valmir Luis Schneider, Valter Jagosich, Vanius Romanelli Moreira, Victor Renato de Freitas Malheiros Vitão, Vitor Shida, Wagner Graziani de Almeida e William Kern.

# CRÉDITO DAS IMAGENS

Capa: Fernando Navarro
Página 6: David Santos Jr
Página 19: Wladimir Togumi
Página 20: Wladimir Togumi
Página 21: Wladimir Togumi
Página 26: David Santos Jr
Página 39: David Santos Jr
Página 40: David Santos Jr
Página 55: David Santos Jr
Página 56: David Santos Jr
Página 77: Theo Ribeiro
Página 78: Arquivo pessoal
Página 88: Arquivo pessoal
Página 89: David Santos Jr
Página 90: Arquivo Ecomotion/Pró
Página 91: David Santos Jr
Página 92: David Santos Jr
Página 93: David Santos Jr
Página 94: Théo Ribeiro
Página 95: Arquivo pessoal
Página 96: Alexandre Socci
Página 105: Alexandre Socci
Página 106: David Santos Jr
Página 113: David Santos Jr
Página 114: Arquivo pessoal
Página 128: Arquivo pessoal

Página 129: Alexandre Socci
Página 130: David Santos Jr (cima) e Alexandre Socci (abaixo)
Página 131: Alexandre Socci
Página 132: David Santos Jr
Página 133: David Santos Jr
Página 134: David Santos Jr
Página 135: Arquivo pessoal
Página 136: Arquivo pessoal
Página 149: Arquivo pessoal
Página 150: Fernando Navarro
Página 163: Fernando Navarro
Página 164: Fernando Navarro
Página 175: Fernando Navarro
Página 176: Alexandre Socci
Página 187: Alexandre Socci
Página 188: Ger Cuevas
Página 200: Arquivo pessoal
Página 201: Fernando Navarro
Página 202: Fernando Navarro
Página 203: Fernando Navarro
Página 204: Fernando Navarro
Página 205: Alexandre Socci
Página 206: Alexandre Socci
Página 207: Arquivo pessoal
Página 208: Arquivo pessoal/Ger Cuevas
Página 212: Arquivo pessoal

# Sobre o autor

**Carlos Eduardo Ribeiro da Fonseca**, mais conhecido como Caco, é graduado em Educação Física, Especialista em Fisiologia do Exercício e Mestre em Biodinâmica do Exercício. Segundo Tenente do Exército Brasileiro e Técnico em Ciclismo e *Mountain Biking* pelo International Olympic Committe. Fundador da empresa Selva aventura, que atua no treinamento físico/técnico nas modalidades dos esportes de aventura e em treinamentos e palestras para empresas. Diretor técnico da Assessoria Esportiva Run Fun.

**Agradecimentos às empresas**

Agradeço a todas as empresas que tornaram possível a publicação deste livro.